李嘉诚 我的管理哲学

赵伟 编著

图书在版编目（CIP）数据

李嘉诚：我的管理哲学 / 赵伟编著. — 北京：北京联合出版公司，2014.10

ISBN 978-7-5502-3577-9

Ⅰ.①李… Ⅱ.①赵… Ⅲ.①李嘉诚－企业管理－经验 Ⅳ.①F279.23

中国版本图书馆CIP数据核字（2014）第210404号

李嘉诚：我的管理哲学

编　　著：赵　伟
责任编辑：徐秀琴
封面设计：刘红刚

北京联合出版公司出版
（北京市西城区德外大街83号楼9层　100088）
北京慧美印刷有限公司印刷　新华书店经销
字数：220千字　700毫米×990毫米　1/16　印张：19.5
2014年10月第1版　2014年10月第1次印刷
ISBN：978-7-5502-3577-9
定价：39.80元

目录

CONTENTS

第三章

领导力管理：管理者要赋予企业生命

第四章

团队管理：公司不是靠一个人，而是靠整个组织

第七章
投资管理：东方不亮西方亮

第八章
风险管理：境界不同，结果就不同

第九章
自我管理：天下事成败都在自己

前言

李嘉诚经营企业很注重管理的艺术。如何能够管理好企业，作为管理者，首先要进行好自我的管理。李嘉诚说："在我看来，要成为好的管理者，首要任务是自我管理，在变化万千的世界中，发现自己是谁，了解自己要成为什么模样，建立个人尊严。"李嘉诚有很强的自我管理意识，这主要是源于他早年受到的各种挫折，在他很小的时候，便因为父亲去世，不得不挑起家庭的重担。

年纪尚幼的李嘉诚步入社会，开始为生存打拼，在茶楼打工，进钟表厂当学徒，去五金厂做销售，这些经历造就了李嘉诚吃苦耐劳的精神和正直的品质。在李嘉诚创业之后，他的这种精神和品质一直没有向现实妥协。成为一家公司的管理者后，李嘉诚知道此时自己身上担负的不再是自己一个家庭的责任和担子，还有公司许许多多员工的生存担子，为了能够更好地肩负起责任，李嘉诚更加注重管理的方式方法。

李嘉诚认为知识必须与意志相结合，静态管理自我的方法必须延伸到动态管理中去，理性的力量必须加上理智的力量，而如何避免让聪明的组织干愚蠢的事才是问题的核心。李嘉诚对于管理有一套自己的心得，不论是在员工管理方面还是经营管理方面，李嘉诚的管理智慧总是令人叹服的。

在汕头大学的一次演讲中，李嘉诚激昂地阐述自己的观点，他提道："我认为胡先生笔下对中国人夸张的描绘虽不全面，但发人深省。然而这家喻户晓的人物，这有一双眼睛，但看得不是很清楚；有两只耳朵，但听得不是很分明；有脑袋但缺乏洞察力和没有层次思维的先生却依然活着，而且可能有特强的繁殖力。

"现代科学至今还未找到人不死的灵丹妙方，何以独是差不多先生能成功存活于世？也许胡适的差不多先生已变异为病毒，通过其散播，感染越来越多的人。病毒强烈的僵化力使脑筋本质聪敏的人思想停滞不前，神志昏沉，虚度其既漫无目的也无所期待的庸碌日子。

"也许他还有发白日梦的本事，但缺乏追求梦想的意志，发酸地堕入无底的借口世界以哄慰自己，种种似是而非的理由还在蔓延，慢慢侵蚀我们的社会、价值观、体系、技术和经济。

"当我重读胡适的这篇名著，令我惊骇的不仅是差不多先生可怜的愚昧，令我觉得更糟的是旁人接受如此荒谬的存在方式，还企图自圆开脱，这种扭曲式的浪费智慧行为足以令人哭泣。

"医生常常说准确断症是痊愈的起点，差不多是一种折损人灵魂的病，令人闲散；要知道人的生命光辉须凭仗自我驰骋超越。

"各位同学，如若你不愿被命运扣上枷锁，你必须谨记，活着是一种参与，你要勇于思考、尊重科学、尊重原则，能感受、有追求、能关心，敢于积极，能经得起考验，骨中有节、心中有慈、心中有爱。

"你们都知道我生长在离汕头大约 45 分钟车程的地方，当年为了逃避战乱，离乡背井的时刻我并不知道命运前景将会如何，我只知道在理性误区中是不可能建造信念或希望的。终我一生，我将毫不含糊和不变地活出我精神力量的华彩和我血肉热切之心。”

李嘉诚不但是香港的传奇，更是华人的传奇，他的一生可谓跌宕起伏，从白手起家到富可敌国，从茶楼的跑堂到塑胶花大王再到地产大亨和股市大腕，人们看到的是李嘉诚作为一个成功商人的形象，但他们不知道李嘉诚之所以能成为今天这么成功的商人，是因为他智慧的管理艺术。凭借着自己的管理智慧，李嘉诚带领着长实集团一次又一次度过危机，走上新台阶，取得新成就。

李嘉诚是如何做到的？这是很多人关心的问题，他们都想从李嘉诚身上学习到成功的诀窍。本书通过对李嘉诚的方方面面经历的介绍，解读李嘉诚的管理精髓，全面分析李嘉诚商业上的成就和李嘉诚行事做人方面的心得，总结出李嘉诚各方面管理的理念。本书将李嘉诚的个人案例和一些精彩小故事相结合，使读者能够在轻松愉悦地阅读的同时，体悟到李嘉诚的管理之道。

第一章

目标管理：

做生意不需要学历，需要的是全力以赴

穷富不是命中注定

人们赞美我是超人，其实我并非生来就是优良的经营者。到现在我只敢说经营得还可以，我是阅历了许多挫折和磨难之后才懂得一些经营的要诀的。

——李嘉诚

伏尔泰曾说："要在这个世界上获得成功，就必须坚持到底，剑至死都不能离手。"每个人都想获得成功，但是获取成功的道路上是充满荆棘的。遇到困难时选择放弃是最简单的方法，却让我们很难再有成就；而在绝境中不轻言放弃，自强不息地努力拼搏，虽然过程充满艰辛，却终能看到成功的曙光。

作为全球华人首富，拥有诸多光环的李嘉诚，在面对记者的采访时，总是能够对自己的从商经历侃侃而谈。在他呈现于世人的荣耀与财富背后，隐藏着许多艰难与辛酸，这却是大多数人不得而知的。很多人看到他成功时的光鲜明丽，却不清楚他一路拼搏的艰辛。

作为商界大亨，李嘉诚是被迫无奈走上商道的。李嘉诚祖籍潮州，他的家族是一个书香门第，祖父曾是清朝末年的秀才，叔叔和父亲都是当地小学的校长，幼年时期的李嘉诚生活在这样的环境中，自然也受到熏陶。最初的时候，李嘉诚的理想是从事教育行业，而不是做商人。

但天有不测风云，人有旦夕祸福。1940 年，为了躲避战祸，李嘉诚的父亲李云带着一家人逃往香港，想觅得一处安身之所。可是世事艰难，在生活的艰辛与家庭重担的双重压力下，父亲病倒了。在李嘉诚 14 岁那一年，父亲去世，如晴天霹雳，李嘉诚的人生从此改变了。

父亲在临终时将母亲和弟妹的生计都交给了李嘉诚，只留下一句："阿诚，这个家以后就要靠你了，你要把这个家维持下去啊……"

李嘉诚从父亲那里没有接来丰厚的遗产，只有一家的生计问题。为了完成对父亲的承诺，也为了能够让家人过上好日子，14 岁的李嘉诚谢绝了舅舅资助他继续上中学的好意，开始外出打工挣钱。因为李嘉诚深知，有人可以帮你一时，却没有人可以帮你一辈子；有人可以帮你一事，却无人可以事事帮你。

残酷的现实和生计问题就这样逼着李嘉诚放弃了想当教育家的梦想，走上了打工之路。毫无积蓄的李嘉诚只有从打工仔做起，由于年龄小又瘦弱，他几经挫折才在茶楼找了一份堂倌的活儿。在茶楼干活的日子，每天的工作量是 15 个小时以上，起早贪黑是常事，但李嘉诚并没有怨天尤人，他坚信命运是掌握在自己手中的，只要自己努力，就可以改变命运。凭着这种自强不息的精神，李嘉诚努力奋斗，越挫越勇，一步一个脚印地走出了属于自己的道路，最终从一个穷小子成长为大富翁，登上了成功的巅峰。穷与富、失败与成功都不是命中注定的，不思进取的富人也可能沦落为乞丐，努力进取的穷人也会有朝一日家财万贯。只要肯努力，肯想办法，就能够改变自己的命运。

古语云："天行健，君子以自强不息。"马克思也曾说："在科学的道路上没有平整的路途，只有不畏劳苦沿着崎岖山路攀爬的人，才能到达光辉的顶点。"每个人都有远大的梦想，但再高再大的梦想也要从一点一滴做起。在通往远大目标和理想的道路上，不可避免地会遇到各种各样的困难，不要对这些困难低头，要做的是面对困难迎头而上，从这些困难中看到机会，很多成功的人士就是这样一路迎着挫折而上、最终取得成功的。就好比在电灯泡发明之前，有人曾嘲笑爱迪生说："你失败了这么多次，还不准备放弃吗？"爱迪生则淡定地回应说："一千次的失败，证明了这一千种材料不适合做灯丝。"而最终，爱迪生成功发明了电灯泡。

有一个故事，一个人在很小的时候父亲就去世了，于是家庭的重担全部压在他的身上，他不得不辍学回家，一边耕地一边照顾瘫痪的母亲。

因为日子过得艰辛，他就想通过经商来改变生活，于是他借钱承包了村里的鱼塘，结果鱼苗刚投放没多久，就被别有用心的人下药毒死了。后来他又借钱买了一些小鸡搞养殖，结果还没等鸡长大，一场鸡瘟袭来，所有的鸡都病死了。后来他还开过酿酒作坊、豆腐坊，结果全都赔得血本无归。人们都像躲避瘟神一样躲着他，不愿意再借钱给他，几乎所有人都认为他这辈子已经完了。

可是让人意想不到的是，经过百折不挠的拼搏，他最终竟然成了身价千万的老板。当别人问起他成功的秘诀时，他拿起一个杯子说：

“如果我松手，这只杯子会怎样？”

提问者说：“当然会掉在地上摔得粉碎。”

老板笑了笑，把杯子摔在地上，杯子并没有碎，他说：“几乎所有人都认为这个杯子会碎掉，但是它不是普通的玻璃杯，而是用钢化玻璃制成的，我就像这个杯子一样，即使只有一口气，我也会努力去拉住成功的手。”

有些人在经商时，遭遇一点点挫折，就会变得心灰意冷，从此一蹶不振。而有些人则不同，他们能够坦然面对逆境，把逆境看作是一种人生的挑战，他们会在困境中看到机遇，而不是在困境中对未来望而生畏，止步不前。如果李嘉诚一味地埋头在困境中挣扎，只求解决温饱问题，那就不会有日后的“塑胶大王”了。那些站在成功巅峰的人并不是一朝一夕就攀登上去的，他们也是经历了很多磨难、很多挫折，在不断克服困难的过程中，一步一步走向成功的。

立下远大目标，才有压力和动力

我们做任何事，都应有一番雄心大志，立下远大目标，才有压力和动力。

——李嘉诚

苏联著名作家高尔基曾经说过：“一个人追求的目标越高，他的才力就发展得越快，对社会就越有益。我确信这也是一个真理。”的确，当一个人树立了远大目标，他才会有压力和动力，才会一步一个脚印地实现这些目标。始终心怀远大目标，对自己而言是一种推动力，它能长时间调动你的激情，让你为实现目标而不懈努力。

李嘉诚在刚开始创业的时候，可以说是一穷二白，无论是资金还是人脉，都无法和同行们竞争，但是他却能始终坚持向着既定目标进发，永不放弃，最终带领着公司在磨炼中逐渐成长起来。

1971 年 6 月，李嘉诚宣布成立长江地产有限公司，集中大部分资金发展房地产业。在做出决定的那次会议上，李嘉诚踌躇满志地提出：要以老牌英资企业置地公司为奋斗目标，不仅要学习置地的成功经验，还要力争超过置地。

香港置地土地有限公司是香港同行业的领头军，在全球的排名也不出前三，它不仅仅经营地产，还涉及酒店餐饮、食品销售，市场已经遍及亚太 14 个国家和地区。与之形成对比的是，当时长江地产仅仅拥有 35 万平方英尺的物业，所以，很多人认为长江地产想超过置地公司简直是太自不量力了。事实上，李嘉诚并非是做白日梦，他是有着远大的目标和长远眼光的，敢声称赶超置地公司，他自有他的理由和底气。

其实，当李嘉诚将目光投向地产业时就逐渐摸透了置地的底细，对于置地的成功经验和有待提高的地方了如指掌。李嘉诚认为："置地的基地在中区，中区的物业已发展到极限，寸金难得寸土，而是寸土尺金。长江的资金储备不足，自然还不敢到中区去拓展，但我们可以去发展前景大、地价处于较低水平的市区边缘和新兴的市镇。待资金雄厚了，再与置地正面交锋。"

李嘉诚并没有因为外界的质疑而改变目标，他曾说过："世界上任何一家大型公司都是由小到大，从弱到强。赫赫有名的渣打爵士由英国初来中国香港，只是一个默默无闻的贫寒之士，他靠勤勉、精明和机遇，发展成巨富，创九仓（九龙仓）、建置地、办港灯（香港电灯公司）。我们做任何事，都应有一番雄心大志，立下远大目标，才有压力和动力。”

果不其然，长江地产在努力8年后就已经在楼宇面积上超过了置地，居于香港地产集团的第一位置。李嘉诚取胜的法宝就是规避了置地的不足，没有选择价格昂贵的土地，而是选择地广价廉的土地进行房屋建设。

李嘉诚将置地作为自己超越的目标，他不惧置地公司已经发展壮大、规模成熟，他下定决心超越置地，就努力去实现这个目标。置地是上市公司，那就将长江也发展为股份公司，一步一步地追赶上去，然后超越。经过几年的发展，到1979年，从拥有的楼宇物业和地盘的面积来看，李嘉诚拥有1450万平方英尺，而置地公司拥有1300万平方英尺，李嘉诚最终实现了超越置地公司这一目标，成为香港名副其实的地产大王。

在一次会议上，李嘉诚问道：“你开车进加油站后最想做的事情是什么？”底下众人异口同声地回答：“加油！”李嘉诚听了之后脸上露出失望的表情，众人又开始七嘴八舌地补充道：喝水、休息、吃东西、上厕所……李嘉诚告诉大家：“开车进加油站的人，最想做的应该是早一点离开，朝着目的地继续他的旅程。”李嘉诚是想说，人做事当然有着无数的具体目的，但它们必须从属于一个远大目标。

因为一直以来，李嘉诚都有着始终不变的远大目标，他在一次又一次地解决难题中不断成长，也日渐成熟自信，所以才能成就他今日辉煌的一切。如果当初李嘉诚没有胸怀大志，那么他很可能现在只是一个熟练的推销员；如果在小有成就的时候他故步自封，没有继续进取，那么他很可能只是一个小厂的老板；如果他没有着眼于全球，树立走向世界的目标，那么世界华人首富很可能与他无缘。一个商人到底有没有前途，取决于他的开拓意识和远大眼光。做大事者必有坚忍不拔之志，再大的困难也会输给耐心和毅力，只要能坚持不懈，很难不成功。

在犹太人中，流传着这样一句格言："希望完成自己所能的是人，希望完成自己所希望的是神。"这句格言是说，想要成就一番事业，就一定要有崇高的目标，以超越自我，才能取得杰出的成绩。

我们每个人或许都有这样的体验，当我们跑步的时候，将终点设定在 5 公里时，那么当我们跑到 4 公里的时候就会因为即将接近目标而懈怠，就会感到非常累；而当我们将终点设定在 10 公里的时候，当我们跑到 4 公里时肯定不会懈怠，因为相对于终点来说，跑到这里仅仅是少了一半路程。所以说，胸怀远大的目标会让人精神抖擞，激发人无限的潜能。

在唐朝时，一匹马被玄奘大师选中，作为坐骑陪同玄奘前往印度取经。多年以后，历经磨难的这匹马回到长安，在磨坊见到了自己的驴子朋友。当驴子听马讲起这次旅途历经的千辛万苦时，它非常羡慕，并且感叹说如果让自己去走那么遥远的路，自己肯定会半途而废。

马说："其实你在磨坊拉磨时所走的路，并不比我少多少，但不同的是，我和玄奘大师有一个远大的目标，那就是将经书带回长安，当我们坚定不移地向这一目标前进时，我们就打开了一个广阔的世界，而你心中没有目标，只能在磨坊这块狭隘的地方围着磨盘不停地打转。”

一个人如果没有了奋斗的目标，就好像是失去了舵的船一样，只能在茫茫大海中盲目航行，而无法到达彼岸。无数的事实证明，一个人要想成功，必须要有自己的人生目标，否则，再大的才能和努力都是徒劳无益的。

三个建筑工人在烈日下拼命地工作，一个路人路过时问三个人为什么要这么拼命地工作。甲说：“我为了赚钱养家糊口。”乙说：“我要在今天砌完这一面墙。”丙则说：“我要建造一座世界上最漂亮的房子。”

多年以后，甲和乙还是普普通通的砌砖工人，而丙却成了伟大的建筑师。

托尔斯泰曾说过：“人活着，一定要有生活的目标。”对于企业的管理者来说，更要将眼光放得长远一些。要想让企业得到长久发展，就要制定一个长远的看似无法实现的奋斗目标，然后在压力之下产生动力，推动企业的发展。

商业意识要渗透进一举手一投足

商人必须亲理业务，他不能指望他的雇员能像他一样，既能做又能思考。如果他们能，他们就不会是雇员了。精明的商家可以将商业意识渗透到生活的每一件事情中去，甚至是一举手一投足。

——李嘉诚

通用电气CEO杰克·韦尔奇曾经说过："干事业实际上并不依靠过人的智慧，关键在于你能否全心投入，并且不怕辛苦。实际上，经营一家企业不是脑力工作，而是体力工作。"可见，在我们的工作中，学历和能力并不是最重要的，如果你沉不住气，不能全身心投入工作，就无法取得成功。

来到五金厂做推销员后，李嘉诚每天需要完成一定数额的销售任务，如果不能完成，轻则扣发薪水，重则当场被解雇。但是，李嘉诚面临一个严峻的问题，就是他面对的消费者大多是香港的下层贫民，这些人有了旧的小铁桶以后，很少会再换新的，即使是有意想购买的，也会和李嘉诚讨价还价，把价钱压得很低，往往李嘉诚费尽口舌谈成一笔买卖，结果核算完成本才发现自己一分钱没赚。面对可能随时被"炒鱿鱼"的处境，李嘉诚那段时间每天都如坐针毡，他决定改变销售策略。

李嘉诚开始把销售目标锁定在香港的几家大酒店，但是经过调查他发现，尽管这些酒店的客房都需要这种小铁桶，但是他们都会去一些大的五金厂采购，像李嘉诚所供职的这种小五金厂，这些大酒店根本不屑一顾。

但是李嘉诚并没有气馁，他来到一家大酒店，尝试着说服了老板的秘书，并最终见到了老板，但是还没有等李嘉诚说明来意，老板就不客气地打断他，并说："年轻人，你不要再白费口舌了，我们的酒店是从固定的大厂进货的，你们这种小厂我们根本不考虑。"

遭到拒绝的李嘉诚只能礼貌地向老板致意，然后转身想要离开。就在这时，一个念头闪现在他的脑海里，他马上转身对老板说："还要打扰您一下，您能告诉我您是从哪家厂进货的吗？”当听到老板说出那家厂的名字后，李嘉诚很高兴，因为他知道虽然这家厂规模很大，但是产品却不怎么好，他们厂的小铁桶全部是用五金厂不用的边角余料加工制成的。于是他马上把这一情况告诉了老板，并再次礼貌地告辞。

老板经调查后发现情况果然如李嘉诚所说的那样，而且他也得知李嘉诚所供职的五金厂虽小，生产的小铁桶却全部使用上好的材料制成，并且价格要比大厂低很多。没过多久，酒店老板就从李嘉诚那儿订购了一大批小铁桶。

凭着百折不挠、全力以赴的拼劲，没读过多少书的李嘉诚完成了一个又一个订单。当他开始创业的时候，他仍然奉行着这种全力以赴的精神。

创业之初，李嘉诚以厂子为家，平时吃住都在厂子里，只有周末才回家与家人团聚。后来，厂子发展大点后，他便在新蒲岗租了一间阁楼，这间简陋的阁楼既是厂子的写字间，又是他的卧室，还要储藏生产出的成品。当时的李嘉诚一心扑在厂子上，他已和长江厂合二为一了。

李嘉诚就是这样日夜守在厂子里，照顾着厂子里的大小事，这种深入实际的做法不但为厂子节约了开支，也让他对厂子的每一个细节都了如指掌。老板带头干，员工也觉得有心劲，长江厂上上下下都齐心协力把事情做好。样品生产出来后，李嘉诚更是亲自带着样品跑客户。由于早年的销售经历，跑客户对于他来说轻车熟路，效果非常好，长江厂的产品很快顺利售罄，新订单又铺天盖地地来到。

马云曾说过："很多年轻人是晚上想着千条路，早上起来走原路。中国人创业，关键不是因为自己有出色的想法、理想、梦想，而是在于是不是愿意为此付出一切代价，全力以赴地去做它，证明它是对的。所以人一旦看准了方向，找准了出路，就要毫不犹豫地付诸行动。毕竟机会难得，稍纵即逝。"想要取得傲人的成就，就要付出百分之百的努力去好好做自己的工作。很多人认为一些大老板的成功得益于他们深厚的学历背景，而自己没办法成功，是因为自己所受的教育程度不高，没有喝过洋墨水。其实，学历不过是成功因素之一。北京街头一家法式餐厅开门营业，人潮涌动，每天都有很多顾客，记者前去采访老板，问他将这家餐厅经营得如此有声有色，有什么秘诀。

老板说自己的成功得益于在一家欧洲大饭店的厨房工作的经历。记者问老板是不是因为在欧洲学习了很多经营技巧才能成功创业。老板摇摇头笑着说："如果你做法式炸薯条，就把它做成世界上最好的法式炸薯条。成功的关键不在于学习到了什么，而是在做的过程中竭尽全力把一切做得尽善尽美，不管是复杂的主菜，还是最简单的配菜。"

美国钢铁巨头安德鲁·卡耐基曾说过这样一段话："获得成功的首要条件和最大秘密是——把精力和资金完全集中于所干的事业上，一旦开始干那一行，就要决心干出个名堂，要出类拔萃，要点点滴滴地改进。要采用最好的机器，要尽力通晓这一行。"只有全力以赴，才能将事业做到极致。无论是努力创业的李嘉诚，还是法式餐厅的老板，他们都是在自己工作领域中付出了百分之两百的努力，他们能够认识到自己工作的价值，同时也能够激发出身体内蕴含的无限潜能。全力以赴对待每一项事业，你一定能够摆脱平凡，走向卓越，在更大的世界崭露头角。

信风水也可以，但最终还是事在人为

风水这个东西，你要信也可以，但是最终还是事在人为，重要的是自我充实，做好自己的工作，相信很多本来认为不可能的事情可以转变为可能。眼光放大放远，发展中不忘记稳健，这是我做人的哲学。

——李嘉诚

很多成功的企业家都有自己的一套经商哲学，可是，当面对媒体询问成功之道时，李嘉诚说出来的却是人人皆知的道理，那就是："商业的成功，取决于做人的成功。做生意的人都精明能干，可是并不是每个人都能成功，关键在于，你得靠自己踏实的做人之道赢得别人的信任，让别人愿意和你达成交易。"

李嘉诚认为作为一个成功商人的第一课就是做人，其次才是做事做生意。那些看似精明的急功近利者，在赢取利润时却断了后路，没了出路，是不可取的。"事在人为"就是李嘉诚的人生格言，他一向都坚信只要自己付出百分之百的努力，就一定会成功。在香港，迷恋风水被认为是商界人士的常事，一个人生意做得越大越小心翼翼，动不动就请个风水大师来观风水，做一些重要决定时总喜欢选一个"好日子"。李嘉诚却凭着"事在人为"四个字，将每一天都变成了好日子，将每一个地段都变成了发财宝地。

1955年，李嘉诚首次开始扩张业务，他成立了一家中型工厂。订单拿到了，新机器也购置了，只差厂房没有确定。巧合的是，这时，士美菲路有一家商场倒闭了，厂房大小和李嘉诚预想的很适合，他决定租下这个厂房。这时，有一个人告诉他说："李先生，你很努力，也很有勇气，但是，我得提醒你，这条路风水不好，做生意的没有一家是赚了钱后离开的。很多老板都怀着雄心而来，怀着失望离去。你没见这附近的厂子都没精打采的吗？恐怕不久就要关门大吉了。你还年轻，损失点订金就算了，赶紧换个地方去做吧。"

李嘉诚非常感激这位好心人的提醒，可是他觉得订单已经接了，机器也买好了，如果就此作罢，将会失信于人，企业刚成立就失信于人，这样恐怕不好。李嘉诚决心留下来，并且要做好。

李嘉诚将企业搬进去后，用心经营，时刻保持冷静的头脑，在稳健中求发展，果然发展得很好。士美菲路的风水果然不好，邻居家的厂子真的纷纷倒闭了，李嘉诚将他们的厂房也租了下来。可是，奇怪的是，李嘉诚的企业刚开工一个月，就赚到了足够两年用的经营资金。李嘉诚也很感慨，他说："风水真的很奇妙，真的存在好与坏的问题，关键是看遇到什么样的人。风水会随人而动。一方水土养一方人，一方努力的人也成就一方好风水。"

对于坚持自己经商原则的李嘉诚来说，做好生意是首位，风水的好坏不过是见仁见智，信则有，不信则无。对于李嘉诚来说，努力才是第一位的。制定了目标之后就坚定不移地去执行，不要因为外界的某些干扰而打退堂鼓，事在人为，没有战胜不了的困难。

俗话说："谋事在人，成事在天。"这是说个人虽然能够谋划一件事，但是这件事的成败最终还要取决于命定天数。但胡雪岩却偏偏不信，一次在和朋友讨论这个问题时，他随口把这句话改成"立志在我，成事在人"。正是因为拥有这种超乎常人的大自信，才最终让他成为晚清时期富可敌国的红顶商人。

同样，"事在人为"也被李嘉诚奉为人生格言，时时刻刻提醒着他在商海里稳健前行。成功之路总是艰难的，一路上总会遇到这样或者那样的挫折与坎坷，只有排除万难走下去才有成功的机会，而因为害怕挫折早早放弃的人，注定看不到成功的影子。牛顿说过："胜利者往往是从坚持最后 5 分钟的时间中得来成功的。"

马云在创业初期，曾去美国与人合作项目，但让人没想到的是，马云遇到的竟然是骗子，等马云恍然大悟为时已晚。身处异地的马云被软禁了起来，如果不答应合作，就会被干掉。

僵持了几天之后，马云假意答应合作，这才换取了自由。为了能够回国，马云借口要回国考察一些其他的项目。那时的中国，互联网还是个陌生的名词，但马云在美国的那些日子，多多少少对这个高科技名词有了些了解，所以，他对那个美国公司的老板谈起了要在中国发展互联网行业，就这样，马云被"放行"了。

在机场，马云没钱买机票，正一筹莫展的时候，他看到了候机厅里的老虎机，他把全部身家——25 美分都投了进去，终于在最后一次赢得了 600 美元。拿着这 600 美元，马云看到了回国的希望。

但就在他排队买票的时候，心里渐渐感到不是滋味起来，带着杭州人民的希望来到美国，却这样狼狈地回去，实在太不甘心了。马云越想越窝火，他干脆走出买票队伍，重新思考起下一步的计划来。

忽然之间，他脑海中闪现出他为了脱身所找的借口。互联网这个新奇的事物，马云知晓得甚少，但他在国内的时候，曾听一个外教同事提过自己的女婿在西雅图和人合伙搞互联网。既然来了，就不能轻易回去。

马云踏上了前往西雅图的路程。虽然互联网是一个陌生的概念，但马云凭着天生敏锐的嗅觉，知道这一定是能够带来改变与转机的事物。放弃就是最大的失败。马云自己也说过：“我不知道如何定义成功，但我知道什么是失败，那就是——放弃。”

在人生的道路上，我们可以流泪、流汗，可以停下脚步，甚至可以掉头往回走一段，但只要不放弃，就永远都有看到曙光的那一刻。

司马迁如果在遭受宫刑后不再写作，那《史记》也就不会在历史中流传下来，成为传世之作。蒲松龄如果在三次落榜之后一蹶不振，也就不会有著名文学作品《聊斋志异》的诞生。许多人才华横溢，却往往因为抵抗不住外界的压力而与成功失之交臂。面对失败和困境，放弃就好像魔鬼的咒语，会令你坠入失败的深渊。抵抗放弃的信心越强，成功的概率就越大。事在人为不是一句空话，一定要落实在行动中。只要我们树立坚定的信念，努力向上攀登，最终一定会取得一番成就。

苦难生活是人生最好的锻炼

苦难的生活，是我人生最好的锻炼，尤其是做推销员，使我学会

了不少东西，明白了不少事理。所有这些，是我今天用10亿、100亿也买不来的。

——李嘉诚

有一位名人曾说过："最伟大的人和最优秀的人，都出生在苦难这所学校中，这是一所催人奋发的学校，也是唯一能出伟人和天才的学校。"对于任何一个想要成功的人来说，苦难是一笔宝贵的财富，在苦难中体验人生、积累经验，是大多数成功企业家的必经之路。

在一次演讲中，李嘉诚在回忆年轻时的那段经历时，不无感慨地说道："我成长的年代，香港社会艰苦，是残酷而悲凉的。那时候没有什么社会安全网，饥饿与疾病的恐惧是强烈迫人的。求学的机会不是每一个人的权利，贫穷常常像一种无期徒刑。今天社会前行，新的富足为大部分人带来相对的缓冲保障，贫穷不一定是缺乏金钱，而是对希望及机遇憧憬破灭的挫败感。很多人害怕可上升的空间越来越窄，一辈子也无法冲破匮乏与弱势的局限。我理解这些恐惧，因我曾经一一身受。没有人愿意贫穷，但出路在哪里？

"七十年前这问题每一个晚上都在我心头，当年14岁时已需要照顾一家人，没有接受教育的机会，没有可以依靠的人脉网络，我很怀疑只凭刻苦耐劳和一股毅力，是否足以让我渡过难关？我们一家人的命运是否早已注定？纵使我能糊口存活，但我是否有出人头地的一天？

"我迅速发现没有什么必然的成功方程式，首要专注的是，把能掌控的因素区分出来。如果成功是我的目标，驾驭一些我能力范围内可控制的事情是扭转逆境的关键。我要认清楚什么是贫穷的枷锁，我一定要有摆脱疾病、愚昧、依赖和惰性的方法。”

为了能够有更大的发展，17 岁的李嘉诚辞去了在中南钟表店的工作，到一家很小的五金厂做推销员。销售是最锻炼人的，只有做过销售的商人，才真正懂得市场。与在茶楼和钟表店的坐店销售不同，五金店的销售需要跑出去找客户，这是在不知道对方有没有购买意愿的情况下将自己的产品推销出去，显然，和前两种客人找上门来的销售有很大区别。

面对新的挑战，李嘉诚经过深入思索，发现在推销之前首先要弄清楚很多问题，比如：如何和客户搭上话？第一句话应该说什么，怎么说？对于老客户，又该如何维持关系？这对于生性腼腆的李嘉诚来说是不曾遇到过的问题，在书本上也没学过，他只能在实践中去悟。当年的李嘉诚绝对没想到，几十年后的他，在各种场合中竟然能谈吐优雅、思路敏捷，俨然成了一个辩论家。

五金厂的销售一般对口的是杂货铺，这样做每次销售额度大，还能建立长期的客户关系。很多人都按照这个路子做销售，而李嘉诚却有意避开了，他决定向客户直销。他直接找到酒楼、旅店的相关部门，一次就销售了 100 多只产品。而对于家庭用户，他则跑到居民区上门服务。他摸清了老太太们的脾性，晓得只要在一个小区里能卖掉一只桶，也就意味着能卖掉一批，因为，老太太们不上班，喜欢串门，自然就是他可利用的宣传员。于是，他就专门找老太太卖桶，物美价廉，自然不愁销路。

亲身体会挣钱的不易，一个人才会迅速成长。李嘉诚在早期的茶楼生活中练就了从早到晚跑腿的功夫，所以，在做销售时也往往以步代车走遍大街小巷，既省钱，也能揽到更多的客户。

曾经有一个记者问李嘉诚的推销秘诀是什么，李嘉诚没有给予正面的回答，而是给记者讲了一个故事：

日本的“推销之神”原一平在69岁时的一次演讲会上，有人问了他同样的问题，原一平当场脱掉鞋袜，将提问者请上台，说：“请摸摸我的脚底板。”该提问者摸过之后，惊讶道：“您脚底板的老茧真厚！”原一平说：“这是因为我走的路比别人多，跑得比别人勤，所以脚底板的茧子特别厚。”提问者恍然顿悟。

李嘉诚讲完故事，对记者说：“我没有资格让你来摸我的脚底板，但我可以告诉你，我脚底的茧子也很厚。”

对于早年曾经历的那段苦难和繁忙的生活，李嘉诚表示感谢。他认为正是那段苦难的日子锻炼了他的心智，让他成长得更快、更强大，取得了现如今的成就。

但是，对于不同的人来说，苦难带给他们的体验也是不同的，正如大文豪巴尔扎克所说：“世界上的事情永远不是绝对的，结果完全因人而异。苦难对于天才是一块垫脚石，对于能干的人是一笔财富，对于弱者是一个万丈深渊。”

在国外的一个贫民窟里住着两个小男孩，他们的母亲在他们很小的时候就去世了，爸爸则因为犯罪被关进了监狱。为了生活，他们不得不四处捡垃圾变卖来换取食物，当卖废品的钱略有结余时，兄弟俩会把钱平分掉，哥哥拿到钱后就会直接跑到赌场拼一下，妄图一夜暴富，而弟弟则把钱全部存起来，当作自己的学费。

十多年后，整日滥赌的哥哥最终因为盗窃被关进了监狱，而发愤读书的弟弟则最终小有成就。

有一名记者对兄弟俩截然不同的结局很好奇，于是分别问了他们同一个问题：“你能走到今天，是什么原因造成的？”

哥哥给出的回答是：“苦难，儿时的苦难就像一块巨大的石头压在我的心头，让我总是抬不起头。”

弟弟的回答同样是苦难，面对记者疑惑的表情，弟弟说：“哥哥始终把苦难这块石头压在自己的心上，所以他就看不到前方，没有前进的动力，而我却一直把苦难这块石头踩在脚下，把它当成我人生向上的一个台阶。”

就好比从石头缝中长出的小树最具有生命力一样，从苦难中成长起来并能正确对待苦难的人，会从苦难中汲取财富，最终迎来阳光人生。

打工是最愚蠢的投资

很多人会认为打工并不是投资，而是在赚钱，我强烈反对这种观念。其实打工才是最愚蠢的投资。人生最宝贵的是什么？除了我们的青春，还有什么更宝贵？！很多人都抱怨穷，抱怨没钱，想做生意又找不到资金。多么可笑！其实你自己就是一座金山（无形资产），只是你不敢承认。宁可埋没也不敢利用；宁可委委屈屈地帮人打工，把你的资产双手拱让给你的老板。

——李嘉诚

在这个世界上，打工赚钱的人有很多，但是其中能够大富大贵的人却很少，李嘉诚就曾告诫儿子要“做自己的老板”，因为他始终认为“打工是最愚蠢的投资”。在茶楼打工时，李嘉诚的梦想绝不是做一个茶楼的堂倌，茶楼注定只是他起步时积攒经验的小场所。不过，他始终对茶楼的经历和老板都抱有感激之心，这份最初的工作给了他养家糊口的薪水，并培养了他观察人的能力。

一年后，李嘉诚辞去了茶楼的工作，去了舅舅庄静庵的中南钟表公司。舅舅为了锻炼李嘉诚，并没有告诉公司的人他们的关系，当然，也谈不上特别的照顾。李嘉诚来到中南钟表公司后也是从端茶倒水等跑腿杂事做起的，这对李嘉诚来说是极易的事，所以他轻车熟路。同行们都觉得这个小年轻伶俐勤快，他们便在庄静庵的面前夸赞李嘉诚，说他做事效率高，还能经常猜中别人的心思而主动帮忙。

经过观察，庄静庵发现李嘉诚在工作之余跟着师傅学习装配修理钟表，并且技艺飞速进步，就对李嘉诚刮目相看，认为是时候让他锻炼锻炼了，便将他调到公司下属的高升街钟表店当店员。

茶楼的生活教会了李嘉诚与人打交道，在中南公司的基层生活中，李嘉诚学会了装配修理各种钟表，并且对它们的性能了解得非常透彻。到了高升街钟表店后，李嘉诚又很快掌握了销售技术。店员们回忆说：“李嘉诚来到高升店后，年龄最小，大家都没把他当回事儿。不过，没几天他便出了业绩，销售技术熟练得像个行家。我们都觉得这个年轻人日后一定会是个出色的钟表商，没想到，他后来发展得超出人们的预想。”

在高升店做销售的日子，李嘉诚细心观察并分析了香港的钟表市场，对此还有了比较成熟的看法。没多久，他就向舅舅辞职，临行前表达了对香港钟表市场的远见，他认为钟表技术当数瑞士最好，可日本人抢先开发了电子石英表新领域，所以，中档市场是当时香港钟表市场可以赚钱的领域。果不其然，香港物美价廉的中档产品成为能和瑞士、日本争夺市场的一个亮点，中低档表的生产也发展成为香港的支柱产业之一。庄静庵的中南钟表公司成为香港钟表界的领头羊。

李嘉诚之所以取得成功，就在于他能够努力把每一份工作做好，并摸清每一个行业的每一道脉络，同时他只是将打工当作通往成功人生的一种过渡，而不是把打工这种状态作为人生的一种常态。

在一次演讲中，李嘉诚对打工这一问题做了如下阐述："我们试想一下，有谁生下来上天就会送给他一大堆金钱？有谁是准备非常齐全了完美了再去创业就成功的？含着金汤匙出生的毕竟是极少数人，富不过三代，许多伟业都是平凡人创造出来的。计划赶不上变化，特别是在如今这个信息高度快速传播的年代！我曾经问过我的一个朋友为什么不去打工。他的回答是：'说句得罪点的话，出去打工简直就是在愚蠢地浪费青春！'为什么你一直是打工仔？因为你安于现状！因为你没有勇气，你天生胆小怕事，不敢另择他路！因为你没有勇往直前、没有超越自我的精神！虽然你曾想过改变你的生活，改变你穷困的命运，但是你没有做，因为你不敢做！你害怕输，你害怕输得一穷再穷！你最后连想都不敢想了，你觉得自己也算努力了、拼搏了，你抱着雄心大志，结果你没看到预想的成就，你就放弃了。你就只能是一个打工仔！

"为什么你一直是打工仔？因为你随波逐流，近墨者黑，不思上进，一分钱没有，却死爱面子！因为你畏惧你的父母，你听信你的亲戚，你没有主张，你不敢一个人做决定。你观念传统，只想打工赚点钱结婚生子，然后生老病死，走跟你父母一模一样的路。因为你天生脆弱，脑筋迟钝，只想做按部就班的工作。因为你想做无本的生意，你想坐在家里等天上掉馅饼！因为你抱怨没有机遇，机遇来到你身边的时候你又抓不住，因为你不会抓！因为你贫穷，所以你自卑！你退缩了，你什么都不敢做！你只会给别人打工！你没有特别技能，你只有使蛮力！你和你父母一样，恶性循环！所以，你永远是一个一直在打工的打工仔！”

小王大学毕业后到一家装饰公司做业务员，勤奋好学的他每天除了完成自己的分内事情外，还利用周末报名参加了诸如设计之类的业余培训班，从而提高了自己多方面的技能。两年后，对小王倍加欣赏的老板决定提拔他当公司的部门经理，但是小王却拒绝了，因为他早已开始斟酌自己做老板这步棋。没过多久，他就靠筹集来的资金开始招兵买马。

由于当时的装饰工程市场非常火爆，再加上小王独特的超前设计理念，小王所承揽的工程总是能够让客户们赞不绝口，就这样，老客户介绍来新客户，一年的时间小王接到了多笔工程，迅速从一个打工仔变成了身家数百万的老板。

正如李嘉诚成为世界闻名的企业家之后所说：“力争上游，虽然辛苦，但也充满了机会。我们做任何事情，都应该有一番雄心壮志，立下远大的目标，用热忱激发自己干事业的动力。”

对于个人而言，在一个工作岗位上踏踏实实锻炼几年后，在资源储备、沟通能力、协调技巧等方面有了一定积累后，不妨选择创业。虽然你可能会成功，也可能会遇到更大的失败，但我们不应以暂时成败论英雄，只因你的努力，不但会给自己，也会给更多人更多的勇气与执着的信念。

只要付出努力，任何人都可以成功

生长与变化是一切生命的定律，昨天的答案未必适用于今天的问题，只有你的原则才是你生命导航的坐标，只有你的情操才是你鼓舞自我生命的力量。

——李嘉诚

成功没有什么秘诀可言，成功也不是遥不可及、高不可攀的。任何人都可以成功，只要付出努力。能够在失败的时候不自暴自弃，每个人都可以品尝到成功的果实。当别人在娱乐玩耍时，你能够静心发奋，成功就会是你的。将未来把握在自己手中，而不是一直等着机会来找自己。

李嘉诚在 2004 年汕头大学的毕业典礼上对学生们发表了演讲，令在场同学们都很受益。

“每当我们要展开新的一页，追求一个新的梦想，编织一个新的希望，都是我们需要思考时，Are you ready？Do you have what it take？当你们梦想伟大成功的时候，你们有没有刻苦地准备？当你们有野心做领袖的时候，你们有没有服务于人的谦恭？我们常常都想有所获得，但我们有没有付出的情操？我们都希望别人听到自己的话语，我们有没有耐性聆听别人？每一个人都希望自己快乐，我们对失落、悲伤的人有没有怜悯？每一个人都希望站在人前，但我们是否知道什么时候甘为人后？你们都知道自己追求什么，你们知道自己需要什么吗？我们常常只希望改变别人，我们知道什么时候改变自己吗？每一个人都懂得批判别人，但不是每一个人都知道怎样自我反省。大家都看重面子，But do you know honor？大家都希望拥有财富，但你们知道财富的意义吗？各位同学，相信你们都有各种激情，但你们知不知道什么是爱？

“这些问题，没有人可以为你回答，只有你自己才知道你将会怎样给出答案。这四年来你得来的知识，可助你在社会谋生，但未必可以令你懂得如何处世。只有你知道，你将会怎样运用脑袋内的知识素材，将其转化为做人的智慧。生长与变化是一切生命的定律，昨天的答案未必适用于今天的问题，只有你的原则才是你生命导航的坐标，只有你的情操才是你鼓舞自己生命的力量。没有人可以为你打造未来，只有你才知道怎样去掌握。各位同学，Are you ready？”

李嘉诚能够取得今天的成绩，靠的就是自己不断奋斗、不断努力，从未因为困境而抱怨，也未因为跌倒而绝望。李嘉诚在茶楼打工的那段日子，虽然每天非常辛苦，但为了能让自己有更光明的未来，而不是永远做一个跑堂的，他一有时间就捧起书本学习。不但学习书本上的知识，还有生活中的任何细节，他都不放过，他细心学习一切可以学习的社会经验、为人处世之道。

很多人会羡慕别人的成功，他们总认为别人拥有比自己更好的机会，拥有比自己更好的家境，所以他们才能够成功，而自己却总是失败。这样的人一味地在羡慕别人，却不知道反省自己。李嘉诚只相信自己的努力，他说："我不看小说也不看娱乐新闻，这是因为要从小争分夺秒地'抢'学问。我的学问、我的知识都是在有限的时间内抢回来的。我一直好勤力，有时间便自修。现在的人说求学问，我是偷学问。一个真正做大事、有远见的人，是看世界的潮流，估计自己未来发展的方向。事在人为，不能有志无才。你可以夸口说你的志向是摘下天上的月亮，但你知道怎么摘下？所以我说事在人为，靠自己，靠意念，还要有最新的知识及经验积累才能达到。"

回忆自己走过的路时，李嘉诚对自己的苦难表示感恩。他说正因为自己不是温室里的花朵，才能在风雨中没有凋零；他说夹缝中的小树根基更稳，也更有生命力。苦难是一种磨炼，淘汰掉弱者，让强者更强。经历磨难的人，也更懂得珍惜来之不易的今天。

如同建房造屋一样，做任何事情，若想成功，都得从基础做起。以前，有个暴发户，仗着祖业发家的，实则毫无智慧而又喜欢攀比。他见到邻村盖了一栋漂亮的三层楼房，便找来附近最有名的建筑师，要求建筑师给自己盖一栋和邻村一样的房子。建筑师告诉他："请你放心，邻村那栋房子就是我设计的。"

于是，建筑师开始着手为暴发户盖房子，丈量、挖地基、垒砖，没过多久，第一层开始拔地而起。这时，暴发户看到了，很不高兴，对建筑师说："我只喜欢那家最上面的一层，我不要下面的，请你把这地下的给我拆掉！"建筑师疑惑了，不建第一、二层，第三层拿什么来承载呢，莫非是让我建空中楼阁不成？

可是，愚昧的暴发户只知道他喜欢第三层，无论如何也不要第一、二层。建筑师只好让他另请高明。最终，暴发户一辈子也没有找到能给他只建第三层而舍弃第一、二层的建筑师，抱憾而终。

建房造屋要先打地基，再一点一点地往上垒砖，这个道理很多人都懂，但是，对于做事业要从点滴做起、稳扎稳打，很多人反而不懂了。急功近利，总看着别人最后的成功，却忘了应该做好现在。

目光短浅的人，往往只看到眼前的利益，而忽视为明天的壮大积攒实力。不一步一步地踏实做事，暂时的成功也是过眼烟云。如果我们想走得稳些，走得远些，取得较大的成功，就应该沉下心来，做好每一件现在需要做的事，把根基打牢。

李嘉诚曾说：年轻人一定要脚踏实地。我们在用人时非常关注一个人是否脚踏实地，不管他现在做得怎么样，如果不脚踏实地，走得越远，也就越麻烦。就像一栋大楼，如果地基没打好，建得越高越危险。

经营生意就像盖房子，如果地基不稳，即便盖出多么漂亮的摩天大楼，也会有坍塌的一天。想要生意像坚固的房子一样无坚不摧，那就要做到以下几点：

第一，与客户坦诚相待。

有的商家为了赚取更多的利润，常会隐瞒一些对自己不利的信息，欺瞒客户，在客户发现后，不但不承认错误，还一味狡辩，想办法遮掩。这样的商家都是不会长久的，挖空心思耍小聪明只会短时间内挣一点钱，最后还是会被市场淘汰的。

第二，做好自己。

市场竞争很激烈，想要在其中站稳脚跟，最根本的一件事情就是做好自己，完善自己，让自己越来越强大，自然不怕被比下去。

第三，了解对手。

兵法中讲究“知彼知己，百战不殆”，商场中也是如此，了解更全面的信息，才能更好地发展自己，立于不败之地。

李嘉诚就是这样靠着自己，非常顽强地一步一步走向成功，他的成功全部是自己努力的结果。只要比别人多做一点，那就能离成功更近一点。

第二章

经营管理：

不怕没生意做，就怕做断生意

生意要靠敏锐目光去发现

一个人能否成功，有时要看他对事物的感受能力。随时留意身边有没有生意可做，才会抓住时机把握冲浪起点。着手越快越好。遇到不寻常的事发生时，立即想到赚钱，这是生意人应该具备的素质。

——李嘉诚

没有商机是许多创业者感到苦恼的事情，他们觉得好的机会都被别人抢先一步夺走了，自己蓄满了力量，就是无法得到发展事业的机会。这样的想法是被动的，因为生意不是等来的，而是要靠敏锐目光去发现的。李嘉诚曾说过：“精明的商家可以将商业意识渗透到生活的每一件事情中去，甚至是一举手一投足。充满商业细胞的商人，赚钱可以无处不在、无时不在。”

机会总是垂青有准备的人，作为企业的管理者，必须要眼光独到，才能善于发现商机。管理者想要为自己的企业带来更好的发展，开拓出更广的业务道路，就必须学会捕捉商机，因为商机不会平白无故地从天上掉下来。李嘉诚认为做生意就好比指挥作战，瞄准时机才能取得先机，占得上风。

在改革开放以后，中国的各项事业都有了突飞猛进的发展，可谓欣欣向荣、蒸蒸日上。在这时，李嘉诚发现中国内地市场对于港商或者是外商来说完全是一片空白，李嘉诚认为中国的内地市场很有发展潜力，他毅然决然地挺进中国内地市场，他坚信这片土地能发挥无穷的潜力。

在李嘉诚的决策下，他的企业携带百佳和屈臣氏进入了中国内地的零售市场，成为首家登陆中国内地的外资零售商。1989 年 4 月，和黄旗下的屈臣氏在北京开了内地的第一家分店。李嘉诚的眼光果然独到，他没有看错内地市场的巨大潜力，内地市场给了李嘉诚无比丰厚的回报。

当时，中国的政策还是刚刚放开，很多港商和外资企业虽然也觉得中国内地市场有利可图，但他们对中国内地政府刚刚开放的零售业市场不敢轻易下结论，便一直持观望态度。但李嘉诚可不那么瞻前顾后，他认为中国内地的人口众多，随着中国经济的发展，人们的消费水平会越来越高，零售业的发展空间是很大的。如果不趁早进入中国内地市场，那么等到中国内地市场的零售业发展起来，就没有商机了。

就这样，李嘉诚成为香港企业界进军内地市场的第一人，他在中国内地开的第一家店比家乐福在中国内地开的第一家还要早 11 年，李嘉诚成为第一个吃螃蟹的人，并且吃得很成功。在成功打入中国内地的零售业市场之后，李嘉诚并没有就此满足，他通过观察和分析之后，又将自己企业的发展目标定在了中国内地的房地产业上。李嘉诚觉得中国内地人口众多，但住房却并不多，在人们的经济有所增长之后，必然会对生活质量的要求有所提高，到那个时候，房地产业的发展势头会越来越好。

李嘉诚认为房地产业会是个挣钱的好机会，所以在一番权衡之后，于 1992 年通过长安街王府井东方广场的项目高调杀入中国内地的房地产界。而事实也再次证明了李嘉诚的分析判断是准确的，在几年之后，李嘉诚成为地产界的大亨，而中国内地的地产业也蓬勃发展起来，李嘉诚再次赢得了商机。

罗曼·罗兰说："如果有人错过机会，多半不是机会没有到来，而是因为等待机会者没有看见机会到来，而且机会过来时，没有一伸手就抓住它。"正如李嘉诚曾说的那样："很多人抱怨环境不好，实际上是没有静下心来认真去找机会。中国有太多的机会，到处是金矿，中国企业家应该好好抓住这些机会。"在当今这个飞速发展的社会，想要经营好一家企业，一定要多思考，多问些"为什么"，只有勤于思考，才能在追问"为什么"的过程中找到事物的本质规律，才能在看似机会渺茫的社会中，一眼发现做绝佳生意的机会。

对于一个目光敏锐的人来说，处处都是商机。一个贫瘠的村子里，农民们大多靠种地为生，其中一个农民头脑灵活，他认为种玉米、土豆并不能满足自己挣钱的欲望，他便开始寻找其他的商机。有一年，政府给每个村都修了公路，这个农民灵光一闪，他开始在山上承包了一块荒地种苹果树，村里的人都笑话他，觉得他是瞎折腾，可是没想到一年过后，这个农民的苹果大丰收，他把苹果卖给了城里的果商，自己大赚了一笔。

看到种苹果树可以挣钱，村里的其他农民也纷纷种果树，但那个农民却不再种果树，而是在村里修建工厂，到来年大家的果树都结出果实，他便收购了大家的苹果，放进他的工厂里加工成了各种食品。

由此可见，只要有一颗敏锐的心，总会看到商机的存在。但是比知识重要的是思维，比思维重要的是悟性。万物有法，需要用心去悟才能真正得法。经营之道也在于悟，在于对市场的灵动悟性。想要发现商机，一定不要像没头苍蝇一样乱撞，要学会思考。

如果李嘉诚没有将目光投远，只盯着眼前的那一点点微薄利润，那他就不可能发展成华人首富。李嘉诚从创业开始就一直在认真细致地寻找机会，然后将发掘到的每一个生意都经营到最好。

一定要树立成熟可靠的企业形象

商业的存在除了创造繁荣和就业机会，最大的作用是服务于人类的需要。企业是为股东谋取利润的，但应该坚持固定的文化，这是经营的一项成就，也就是企业长远发展最好的途径。

——李嘉诚

美国有一位著名的市场营销学专家说过：“一个公司可能有优质的产品、完善的营销方案，但要进入某个特定地理区域时，可能面临各种政治壁垒和公众舆论方面的障碍。营销者越来越需要借助政治技巧和公共关系来有效地开展工作……”

李嘉诚十分认同这个看法，他认为现代的市场营销已经把公共关系看作是营销组合的一个非常重要的因素，特别是当企业进行异地市场营销时，这种公共关系就显得更加重要。所以，一个企业如果想要在未来的全球市场竞争中站稳脚跟，拔得头筹，就必须十分重视公共关系的运作，一定要注重树立企业成熟可靠的公共关系形象，只有这样，才能对企业打入新的市场有所帮助。

李嘉诚在经营企业的过程中，非常会给自己的企业创造良好的公共关系，他指出，企业的管理不仅关系到企业内部的员工和制度，更关系到整个社会和国际大环境的变化，所以，一个成熟优秀的管理者，对于企业的形象是万分注重的，不管发生什么事情，一定要在社会中为自己的企业树立起一个成熟可靠的企业形象来。

李嘉诚刚刚创建长江塑胶厂时，运用了从意大利偷学过来的先进技术，一时间订单纷至，出现了产品供不应求的局面。一时糊涂，长江塑胶厂采用了降低产品质量来完成订单的错误举措，结果，客户对产品质量很不满意，先是一家客户对李嘉诚的塑胶厂制品的质量评价反馈很差，接着其他客户也纷纷站出来指责李嘉诚，他们拒收长江塑胶厂的产品，还要求长江塑胶厂赔偿自己的损失。

前段时间还供不应求的长江塑胶厂，一下子陷入了困境，仓库里堆满了质量欠佳的产品，索要赔偿的客户纷至沓来，还有一些新客户想来做生意，但看到这种情形，便二话不说扭头就走。

客户是企业的衣食父母，长江塑胶厂刚迎来好日子，就遭遇到这样严重的打击，李嘉诚急得像热锅上的蚂蚁。屋漏偏逢连夜雨，客户纷纷要求退货赔款时，银行也在得知长江塑胶厂的情况后，上门催李嘉诚还贷款。一时之间人心惶惶，大家都陷入破产的恐慌之中。产品的质量保证是企业的保证，急功近利的心境下，李嘉诚竟然犯下了产品质量不过关的失误，他很是懊恼。

为了能够让自己创建的厂子不会就这样垮掉，李嘉诚展开危机公关，他主动找到客户和银行道歉，请求他们原谅自己犯下的这个错误，他保证如果客户肯放宽一定的期限，他一定能够想办法将这个错误弥补了。他的诚意打动了银行和客户，也挽救了长江塑胶厂。

在塑胶厂面临危机的时候，李嘉诚也不忘安抚厂里的员工。他坦诚地对大家说厂子出现了问题，有可能会因为躲不过这次危机而倒闭，但李嘉诚也诚恳地请大家放心，只要大家齐心协力，共渡难关之后，他一定不会亏待大家。李嘉诚终于将残局收拾了，使企业重振雄风。

在企业面临倒闭的情况下，李嘉诚打造了企业的良好形象，从而迅速扭转了败局，让企业扭亏为盈。李嘉诚通过树立良好可靠的企业形象来挽救企业是很聪明的做法，只要让客户相信企业是可靠的，那么客户便会原谅企业所犯的错误，给企业一个再次发展的机会。

其实，利用公共关系形象拯救企业的方法，很多著名的企业家也是懂得运用的。2000 年 2 月 27 日，英国《星期日泰晤士报》发表了一篇名为《秘密报告指控甜味剂》的文章，这篇文章指出了可口可乐和百事可乐以及许多饮料在制造过程中使用了一种含有有害物质、能够影响人们大脑正常思维的甜味剂，它叫作“阿斯巴甜”。这篇文章刊登后，人们对可口可乐等饮料纷纷敬而远之，可口可乐原本销量很大，但在这篇文章刊登后，销量大减。

看到企业受到损害，可口可乐公司迅速作出对策，急忙召开了新闻发布会，给全球各个分部发去了传真，还出示了一份美国全国饮料协会2000年2月28日发给英国《星期日泰晤士报》的声明，那份声明上称“阿斯巴甜”已经被全球90多个国家批准使用，对人体不会造成危害，而且可口可乐中并不含有“阿斯巴甜”。

在进行了这一系列公共关系活动后，可口可乐再次赢得了消费者的信任，大家重新开始购买可口可乐。可口可乐能够度过这次危机，与该公司应对危机的冷静处理分不开，但更与可口可乐平时一直保持的有口皆碑的公关形象分不开。

一家企业的形象是否健康良好，是否被消费者信任，靠的不是一次两次的努力，而是长久的维护。李嘉诚的企业能够经营得这么好，与他对企业形象的持久维护、给消费者和客户带来安心分不开。

只要有钱赚，就是一门好买卖

做生意当然要有所顾忌，但是在选择行业、分析市场的时候，首先要有开放的心胸和视野，不能用个人喜好、他人意见加以限制，只要有钱赚，就是一门好买卖。

——李嘉诚

李嘉诚不局限于做一种生意，他只要嗅到可以赢利的商机，就会接手去做。从创业开始到现在，李嘉诚是典型的“跨业大王”，他由制造业到地产业，再到港口业、电信业，最后又做零售业，涉及的行业种类繁多，虽然在每一个行业中，李嘉诚都不算是领头人，但他总能适时地超越对手，最终成为每一个行业中数一数二的人物。

人们常说："女怕嫁错郎，男怕入错行。"很多经商者认为做生意一定要选对行业，如果选错了行业，那么不但不可能发财，还有可能赔本。所以很多人想要做生意，但却在选择做哪行的生意时犹豫不决，最终什么也做不成。李嘉诚不认为在这个世上有什么生意是绝对挣钱的，也不认为有什么生意是绝对赔钱的，他认为只要善于学习和调整经营的策略，看准行业的特点，无论做哪一行都能成功。

凭借着自己的努力，李嘉诚也的确是在多个行业都游刃有余，做得风生水起。李嘉诚之所以能够在这么多行业的生意管理中都获得成功，与他不断调整经营策略是分不开的。李嘉诚认为现代社会是一个竞争非常激烈的社会，同时也是一个推陈出新很快的社会，想要在商场中始终立于不败之地，就要不断寻找新的机会，如果只在一条道路上走，很可能会被淘汰掉。

现在很多人做生意很挑剔，挑来挑去到最后一事无成。李嘉诚做生意不会有那么多挑剔，只要不违反自己的原则底线和法律法规，他都会尝试。同李嘉诚一样，张茵也是这样头脑灵活的人，张茵第一次出现在胡润富豪榜的时候，许多人还对这个名字过于陌生，不了解这个女人究竟靠什么起家。

其实，张茵的事业是从回收废纸开始的。1985 年，27 岁的张茵选择了创业，她放弃了原本安逸舒适的生活，带着 3 万元创业积蓄来到了香港，选择了废纸回收这个行业。这个行业当时做的人并不多，张茵敏锐地发现了这一行的巨大商业潜力，她发现了中国内地纸张短缺的情况，这是因为虽然中国地大物博，但森林资源并不算非常丰富，而随着社会的发展，纸张的用量不断提升，这无疑给森林和环境带来了很大的压力。

如何能够减轻环境压力，同时又保证用纸量，就成为造纸业的一个问题。张茵看到了这其中的契机，她将目光瞄向了废纸回收这一块，在大家一开始都不看好的行业里，张茵努力探索，终于完成了自己的原始资本积累。同时她也开创了自己的事业，也就是日后中国最大的高档纸出口企业——玖龙纸业。

对于一个精明的商人来说，不存在行业的高低贵贱之分，李嘉诚一开始选择塑胶行业的时候，正是看准了这个行业中蕴藏的商机，虽然利润不算丰厚，但只要坚持做下去，做好做大，照样可以闯出一番天地。李嘉诚的成功，张茵的成功，都是因为他们的头脑灵活，在生意经营方面能够逮到机会。

在人们印象中，温州商人非常有名，他们勤劳肯吃苦，遍布全国各地，所经营的行业也是五花八门。在 20 世纪 80 年代的时候，温州商人从做小买卖起家，有的做皮鞋，有的做纽扣，只要有钱赚，温州商人就去做。温州商人的经营态度与李嘉诚有几分相似，他们都不会因为所赚的是蝇头小利就不屑一顾，他们总是能在坚持中将小生意经营成非常有规模的企业。

李嘉诚身上闪耀着经商的智慧，又通过他做生意的行为表现出来：首先，他从不嫌弃一桩小生意，认为小生意汇集在一起就是大生意。这样不但给了很多小企业机会，也给自己的发展铺好了路子；其次，他坚持“有钱大家赚”，做生意就是合作共荣，不独贪一时利润，让人很乐意与他合作；最后，李嘉诚认为只要有钱赚，做什么产业都没关系。所以，他的商业之路非常宽。

“变通”是一件听起来简单、做起来不易的事，很多成功人士正是在了解了商业环境中的方圆之道后，在成功之路上越走越通畅。

商人要不断寻找未开发的市场

商人一定要不断寻找未经开发的市场，世界上大部分的人都盼望能买到外国货，精明的商人要向国外市场动脑筋。很多人抱怨环境不好，实际上是没有静下心来认真去找机会。中国有太多的机会，到处是金矿，中国企业家应该好好抓住这些机会。

——李嘉诚

李嘉诚的商业头脑之灵活是公认的，他总是能想到别人想不到的地方。李嘉诚经常做一些人们看不懂的事情，在人们还摸不着头脑的时候，李嘉诚便已经将自己的事业又发展了一步。作为企业管理者，李嘉诚非常懂得如何做好广告宣传。对于企业和商人来说，广告是非常重要的，美国的商业评论员卡鲁曾经说过：“广告是看不见的金子。”

李嘉诚对广告的运用并非是普通的广告操作。在这里介绍几个例子，你可以从中看出李嘉诚运用广告的超强能力。在第二代移动电话即将面世的时候，李嘉诚参加了一个拍卖会，其间他突然做出了一个举动——中途离场，跑出去用大哥大和客户通起了电话。李嘉诚一向是媒体关注的焦点，当时在场的媒体纷纷举起相机，拍下了这个场景。

到了第二天，香港各大报纸杂志都刊登了这个画面，有的标题为"'超人'推销有妙招，摩托罗拉做广告"，一时之间，大家纷纷称赞李嘉诚的精明头脑和巧妙推销技术。但到了最后，有一家媒体出来证实，李嘉诚那天用的大哥大不是摩托罗拉的，而是他的竞争对手代理的一个产品。

李嘉诚为什么会用竞争对手代理的牌子，是否是为了帮对手造势，或者有什么别的原因，当时人们不得而知。但李嘉诚那天的一个小小举动，足以令人们对那个大哥大有百分之百的关注度了。

还有一件事情是关于李嘉诚乘坐的汽车，李嘉诚名下有几辆名车，但他自己并不经常坐那些豪车，只是用作公务。李嘉诚常坐的一部车是日本产的房车，他刚开始乘坐那辆房车时，这个车的品牌并不是很知名，在市场上，人们认为房车还是欧美出产的比较好一些，可是李嘉诚乘坐了这辆车后，这个品牌的房车一下子被人们熟知起来，购买量也增加了很多。这就是李嘉诚的名人效应。

直到过了很久人们才知晓，李嘉诚常坐的这辆房车是他本人参股的一家汽车公司的代理经销商在销售。李嘉诚不动声色之间便为自己的公司做了广告，而且效果非常好，令销售额大增。

没有费"一兵一卒"，李嘉诚就使自己旗下的一个公司营业额大增，这就是李嘉诚的经商本领。李嘉诚总是能看到市场上的空白处，运用自己的智慧将生意做好。同李嘉诚一样懂得广告效应的还有马云。2004年国内出现了轰动性的新闻——"阿里巴巴逾亿元在美打电视广告"。也许阿里巴巴并没有花这么多钱打广告，但这条新闻让阿里巴巴赚足了人们的眼球，加强了阿里巴巴在市场上的影响力，还吸引了很多海外会员来加盟。

马云很懂得造势，为了能够更好更快被国际市场所接纳，马云可是煞费了一番苦心。2005年，在上海网商论坛上，马云发表了一番演讲："去年我们的战略有一些调整，我们觉得整个中国的电子商务市场又开始热起来了，由于淘宝的加入，我们在国内做了很多的广告，尤其在中央电视台等媒体上面做了大量的广告。2002年以前，阿里巴巴在中国的广告预算为零，但是去年我们花了很多钱。

"很多会员讲，阿里巴巴花了那么多钱是不是烧钱？我认为不是，我们是把赚来的钱继续投入市场。去年我们有不少钱投在中国的市场上，我们在中国投入广告以后，有很多企业向阿里巴巴学习。所以去年我们决定干脆到国外去，我们在美国的CNBC包了大量的广告。

"大家觉得这个时候做广告可能是最贵的，但因为我们是第一个这样在美国本土做广告的中国公司，所以我们谈业务的时候价格就很便宜。我们跟他们讲，我们代表中国市场，如果我们做得好，很多企业会进来。其实我们是以很便宜的价格，在美国和欧洲进行宣传。去年开始，我们的重要战略是进行海外推广，今年我们参展的次数几乎是去年的三倍，所有的展览都有阿里巴巴的展位。我本人这一年也跑了很多地方，这是我们去年的战略。包括今年和明年，我们依旧会在国外进行大量的宣传。"

成功的商人总能看到商机，通过不断寻找还没开发的市场，将自己的生意越做越大。李嘉诚认为生意是永远做不完的，经商者要有一双能够发现生意的眼睛。企业的管理者也不要自满于当下的经营状况，要不断开拓进取，这样才能将企业发展得越来越出色。

让敌人都相信你，你就成功了

有人问我：何为做人成功的要诀？我认为做人成功的重要条件是让你的敌人都相信你。要做到这一点，就是诚信。我答应的事，明明吃亏都会做，这样一来，很多商业的事，人家说我答应的事，比签合约还有用。曾经我有个对手，人家问他，李嘉诚可靠吗？他说，他讲过的话，就算对自己不利，他还是按诺言照做，这是他的优点。答应人家的事，错的还是照做。

——李嘉诚

作为一名成功的商人，不光要有精明的头脑，还需要有为人处世的智慧。李嘉诚在商业上之所以成功，更多的是取决于他做人的成功。在商场里摸爬滚打，人脉决定着财源。一个商人，只有做到广结善缘，才能左右逢源，才能上不得罪达官，下不失信于客户，中不遭同行挤对。如此，财源才能滚滚，生意才能越做越大，越做越长久。

李嘉诚的发家史也是他的企业的收购扩张史，在每一次收购时，他都特别考虑股东的利益，特别是在收购永高公司、和记黄埔、青洲英坭、港灯等公司时，都从双方的利益出发，竭力做到双方满意，皆大欢喜。

1979 年，李嘉诚看中了老牌英资财团和记黄埔的土地资源，决定收购和黄。在李嘉诚收购和黄之前，在黄埔船坞旧址上做地产生意的是和黄洋行大班祈德尊，但祈德尊不擅长做地产生意，没有赚多少钱。后来，韦理取代了祈德尊，售房时选错了时机，竟然坑苦了股东。

幸好，这块风水宝地还没有被他们全部建上房子，这给李嘉诚留下了建大型屋村的机会。1984年中英两国代表签订了《中英联合声明》，香港迎来了前所未有的发展机遇，恒生指数回升，地产业又开始见到了阳光。李嘉诚等这个机会已经等了很久。在当年底，和黄准备投资40亿港元兴建商业中心的大型住宅区，地点就选在黄埔船坞旧址。

李嘉诚早在1981年就盯上了这块地，当时地产发展得还不错，若要建黄埔花园屋村，和黄须补上28亿港元的抵价，这对和黄来说是一个较大的负担。而李嘉诚故意拖延与香港政府的谈判，一直到1983年底，当时地产业低迷，香港政府以3.9亿港元的价格将这块土地的商业住宅开发权转给了李嘉诚。李嘉诚以极低的价格获得了开发权，降低了成本，算下来，屋村每平方英尺的成本还不到100元。

这样，屋村计划还没面世，李嘉诚就赚了一大笔，和祈德尊、韦理相比真是技高一筹。黄埔花园总面积19公顷，计划用于建楼的面积约760万平方英尺，建94栋住宅楼，提供的住宅单位是11224个，车位2900个，另外还有一栋170万平方英尺的商厦。黄埔花园从1985年动工到1990年竣工，共12期，是香港史无前例的大工程，在世界上也是罕见的大工程。专家估计，李嘉诚在这个项目中获利达60亿港元。如此肥厚的利润乐坏了和黄的股东们，也让其他地产公司羡慕不已。

李嘉诚获得老牌英资财团和记黄埔9000万普通股，得到了和黄22.4%的股份。由于这些股份是从汇丰银行手里买的，很多华商港商认为李嘉诚不是凭本事而是靠汇丰的恩惠获得的，对李嘉诚能管理好这个庞大的老牌银行也抱否定态度。为了得到确切的消息，《南华早报》和《虎报》的外籍记者多次询问汇丰的老板沈弼："为什么会让李嘉诚接管和黄？”沈弼非常诚恳地说：“长江实业发展得很好，信誉又好，和黄也从 1975 年的困境里走了出来。汇丰销售和黄的股份不是很完满的事吗？”

李嘉诚成了和黄最大的股东，拥有的股权最多，完全可以凭自己的权力做上董事局的主席。但是他却选择了另外一条路：他拒绝董事局给他的优惠，为和黄出差、应酬都自己掏腰包。在决策时，李嘉诚丝毫没有摆架子的态势，而是以商量和建议的口气表达自己的看法，通过自己的努力，他获得众董事和管理层的信任，也为自己赢得了董事局选举的选票。

李嘉诚不计小利，却紧抓大利。李嘉诚认为在经营过程中没必要在利益上计较太多，就算是和竞争对手竞争，也没必要争得鱼死网破，双方可以共同获利，一起发展才是最理想的状态。所以李嘉诚在商场上不树敌，只和敌人成为共同赢利的伙伴。他曾说过一个在经营过程中的案例：

“举个例子，有一次，我们将和一家拥有大幅土地的公司进行合作，他们公司有个董事跟其他的同业是好朋友，有利益关系，就说为什么要跟长江集团合作，不考虑其他的公司。他们主席（指董事长）说，跟李嘉诚合作，合约签好以后你就可以高枕无忧，麻烦就没有，跟其他的人，合约签好后，麻烦才开始。

“这是家大公司，公司全部的人包括高级主管都知道，结果没有人反对，所以一次会议就通过。这个案子，长江集团赚了很多钱，对方也赚了很多钱，是双赢。敌人相信你不只是因为诚信，而是因为相信你不会伤害他。例如，我是他的竞争者，但他相信我不会伤害他，不会用不恰当的手段来得到任何东西，或是伤害任何一个人。除了诚信，第二是自强不息，第三是真的要追求知识和准确的信息。”

所以说，真正集大成的管理者不是在企业经营过程中处心积虑地打垮对手，而是和对手共同发展，正如李嘉诚说的：“让敌人都相信你，你就成功了。”

想成功，要先花 90% 的时间想失败

我从 22 岁开始创业做生意，超过 50 年，从来没有一年亏损，很多人都对此很好奇，其实想要做到在大胆扩张中不翻船并不难。

——李嘉诚

李嘉诚在 1950 年创业，经历了几十年的风风雨雨，经受过无数波折与困难，但他与他的企业都未曾倒下。李嘉诚作为一个成功的企业家，时至今日，他所取得的成就十分辉煌。李嘉诚做的生意不仅仅局限于香港，而是遍布全世界。在李嘉诚看来，他能够将生意做这么大，很大一部分原因是自己总是未雨绸缪，在未成功之前先考虑失败，然后稳步走向成功的道路。

李嘉诚在接受《全球商业》和《商业周刊》采访时，道出了他做生意成功的“秘诀”：“你一定要先想到失败。从前我们中国人有句做生意的话：‘未买先想卖。’你还没有买进来，就先想怎么卖出去，你应该先想失败会怎么样。因为成功的效果是 100% 或 50% 之差别根本不

是太重要，但是如果一个小漏洞不及早修补，可能带给企业极大损害，所以当一个项目发生亏蚀问题时，即使所涉金额不大，我也会和有关部门商量解决问题，所付出的时间和以倍数计的精神都是远远超出比例的。我常常讲，一个机械手表，只要其中一个齿轮有一点毛病，你这个表就会停顿的。一家公司也是，一个机构只要有一个弱点，就可能失败。了解细节，经常能在事前防御危机的发生。”

老话说：“防患于未然。”多思虑并不是多此一举的事情，很多时候，考虑周全一点能够在关键时刻力挽狂澜，尤其是在竞争激烈的商场中，必须小心谨慎，不然一个不小心，就会损失巨大。

一位记者在采访李嘉诚时问他：“在建北京东方广场的时候，您甚至对建东方广场的每一块大理石都亲自过问。对于您管理长江这么大的企业，到今天在全球 52 个国家里有超过 20 万员工在工作，您是如何处理经营中的微观与宏观、细节与大局这样一个关系的？”

李嘉诚笑着回答：“在世界各地，单以金钱来计，东方广场不算最大，还有很多比它更大的地产项目。这些项目从来都是我的同事负责去看地盘，有很多比东方广场更大的地产项目，我还从来没有去看过，甚至有的项目从开始到完工我都没有去过。但是，我每个礼拜都要跟他们开会。东方广场为什么值得我留意？第一个原因是东方广场的规模在亚洲来讲是最大的，它有 70 万平方米，停车场等等加起来应该是 80 多万平方米。这在全世界来讲，也算是一个较大的建筑。另外，因为自己是一个中国人，东方广场也是自己最瞩目的建筑，所以我下定决心一定要和其他的合作伙伴把东方广场做到最好。

“东方广场是一件感情多于商业的作品。至于宏观和微观层面，按照我的个人经验，当你每决定一件大事的时候，你一定要去看看你的业务在今天或者在未来的前景怎么样，你的竞争对手会怎么样，这是宏观层面。然后到了决定实施的时候，每天你要做的事就一定要非常微观，就是非常仔细地看看你做的事有什么问题、有哪些漏洞，世界又发生了什么新变化。如果竞争对手接近了你一点点，又向前迈进了一点点，那你就要微调一下，这就是微观层面。‘价廉物美、物超所值’，就是说你无论做什么事、出什么样的产品，你的东西都要做到最好、最超值，同时你的成本也要非常低，这样的话你才会成功。”

正是由于李嘉诚在经营过程中事事都想到了极致，他的生意才能越做越大。但很多人一心想要经商挣大钱，却不具备缜密的思虑，在面临机会时，常常会做出错误的选择，从而令经营失败。

李四和张三是好朋友，他俩头脑灵活，一心想要做出一番事业来。李四四处借钱，注册了一家公司，红红火火地开始创业了。眼看李四的生意越做越大，张三却一直没有什么动静，李四几次邀请张三去他公司工作，张三也婉言拒绝了。

李四的公司越开越大，经营的项目也越来越多。一次吃饭的时候，李四对张三夸耀自己现在的成就如何了得，张三却给他泼了一盆冷水，让他不要急着扩大经营规模，要慢慢来才好。

但李四并没有听张三的，他认为张三是在嫉妒自己。几年之后，张三瞅准了一个商机，也办起了自己的企业，虽然起步有些晚，但经营得也算是有声有色。一天，张三在路边遇到了好久不见的李四，李四一脸愁容，张三问明原因，才得知李四丢了几个大单，资金链一下跟不上，欠银行的贷款还不了，公司快破产了。

李四后悔当初没有听张三的话，被眼前的利益冲昏了头，却没能看到长远发展的隐患，导致了这样的下场。

在创业初期，很多经营者都会遇到像李四这样的情况，无法正确判断形势，从而做出错误的决定。李嘉诚却并没有犯这样的错误，他靠塑胶花起家，之后慢慢发展，周旋于好几个不同的领域做生意，但每进入一个领域，他都提前做好准备，掌握最准确、最新的资料，不会为了利益而盲目跟风去做。

从商几十年的李嘉诚，在令人眼花缭乱、险象环生的商业大战中屡屡获胜，即便是在金融危机时也能够全身而退，就是因为他总是能对失败做出预测。任何一个商家，想要生存、发展、取胜，首先要对形势做出精准的判断，将一切可能发生的情况都考虑到。一个出色的生意人，总是能够在顺境中窥见不良因素，及时将这些因素消除掉。

“知止”才能不败的大智慧

儒家精神最简单地来讲就是“过犹不及”，这是孔子讲的。还有老子讲的“知止不败”，这两个哲学是非常有用的。“过犹不及”，你过度地扩张，容易出毛病；你过度地保守，就不容易跟人家竞争。任何企业，任何一个行业，过度扩张都是不好的，所以知道什么时候应该停止，知道什么时候应该扩张，这都是很重要的。怎样从小型企业到中型企业，怎样从中型企业到大型企业，步步为营，这是一门学问。

——李嘉诚

经营企业赚钱是一种高智商的游戏，稍有不慎便容易落入陷阱，不但赚不了钱，还会让自己陷入资金周转困难的局面。合适的发展速度，是适度地投资，是对行业情况和企业自身情况熟知的前提下的决策，要规模，更要发展。所以，企业的决策层一定要意识到，追求发展，但不要过分追求规模。一定要在自己企业能承受的范围内扩大规模，让企业花的每一分钱都带来相应的利润，不然，随意扩大规模，急功近利，就会丧失了判断市场的能力。对于企业来说，能否把企业做大，并不是判断领导者能力的标准，而能在外部环境十分复杂的情况下，带着企业在稳中前进，才是一种大智慧。

每个人都有证明自己的欲望，而对于商人来说，证明自己的方式往往是把生意做大。生意做大证明了自己的能力，给企业带来了利润，但这会让人欲望膨胀。对于这一点，李嘉诚始终保持着一种高度的警惕。他曾说："经营企业，'知止'两个字最重要。我从12岁就开始投身社会，到22岁创业时就已经过了10年非常艰苦的日子，到今天我已工作了60多年。在香港我看过有些人成功得容易，但是掉下去也非常快，是什么原因呢？'知止'是非常重要的。全世界很多企业之所以失败，最少一半都是因为贪婪。"

做人要知足，做生意也要知足。俗话说，事不过三，如果你连续三次都获得了利润，那么第四次就不要贪心想着要赚更多，而是应该提高警惕，确保第四次不赔，这就是科学的做法。如若不然，反而加大投入，以期更大的收入，这样往往会埋下危机。

在生意场上，李嘉诚始终保持着清醒的头脑，他认为，做事必须有欲望才会成功，但是，欲望应该成为一种适度的动力，而不能膨胀过度。从塑胶花到地产，再到多元化经营，李嘉诚的公司一步步扩大，每一步扩大，李嘉诚在欢喜的同时更多的是警惕。他警告自己不可贪心，要在稳中求胜，而不可在冒进中翻船。

李嘉诚经常提醒手下：我们已经连续3年赚钱了，如果今年还能赚钱，那是我们付出了百倍的努力。可是，任何事都不可能一帆风顺，如果今年不赚钱，大家也要坦然处之，想一想，就算是赚了2年的钱，这样心里就踏实了，切不可贪心过大。

李嘉诚的话语虽然朴实，但寓意却很深刻，包含了深刻的经济学规律。按照经济学规律，无论哪一个行业的经济曲线都是会出现波动的。所以，李嘉诚这样安慰员工是有道理的。

有心的人会发现，在各大企业排行榜上，每年都有10%左右的公司被淘汰，而涌现出一批新的企业。商场如战场，在形势巨变的情况下，更是几家欢乐几家愁。

总结规律发现，那些被淘汰的企业，很多是由于盲目扩张造成的。在企业发展正兴旺的时候，领导人的欲望也膨胀起来，自信心和实力都被夸大，于是失去理智，见到利益就想要，见到钱就想赚，甚至不惜在实力不够的情况下向规模要效益，最后往往资金链出现问题，铸成大错。

对于这一点，李嘉诚指出：“做生意要有良好的心理素质，投资时要审慎，一定要学会自制。”他还举出贪心不自制的具体危害：贪心首先会导致诚信丧失，失去合作伙伴。一个商人过于贪心时，往往希望一口吃成胖子，在现实条件达不到的情况下，会不惜采用欺诈手段以牟取暴利。以次充好、以假乱真等都是目光短浅所致，短暂的赢利，却失去了原本可以长期合作的伙伴，真是得不偿失。

从前，有一对贫苦的夫妇，为了生活每天起早贪黑地忙碌着，还是难以果腹。突然有一天，丈夫发现家里养的母鸡竟然下了一颗金蛋，于是他兴奋地拿着金蛋来到市场变卖，买了一些食物回到家中和妻子大吃了一顿。

从那以后，这只母鸡每隔几天就会下一颗金蛋，凭着这些金蛋，夫妇两人的生活越过越好，他们再也不用辛勤忙碌了。

一天夜里，妻子突然对丈夫说："既然母鸡每隔几天就下一次金蛋，为什么我们不杀了它，把金蛋一次性全取出来呢？"

听了妻子的话，丈夫表示非常赞同，于是他们找来一把刀，把那只母鸡杀了，但是剖开母鸡的肚皮之后，他们发现肚子里除了内脏之外，根本没有什么金蛋，等到钱都花完之后，这对夫妇又回到了从前食不果腹的状态。

商人一定要克服贪婪的心理，不要奢求一夜暴富，否则就会像那对夫妇一样，最终得不偿失。那么怎么克服贪婪的心理呢？首先要保持冷静的头脑，克制冒险的头脑，不可想着在冒险中取得更大的利润。投资专家沃伦·巴菲特说："在别人贪婪的时候恐惧，在别人恐惧的时候贪婪。"这样企业才能在别人畏首畏尾的时候抓住机遇，在同行"头脑发热"的时候规避风险。当然，克制贪婪并不是固守原地不发展，保持合适的发展速度对于一个企业来说是必要的，也是企业做大的重要路子。

《荀子·宥坐》中有这样的记述：孔子到鲁桓公的庙里参观的时候，看到一只倾斜的器皿，便问庙里的人这个器皿是做什么用的，那个人告诉孔子，这是君王放在座位右边提醒自己的器皿。孔子告诉弟子们，这个器皿空着的时候就会倾斜，倒入一半水便会端正，而灌满了水就会倾覆。

弟子们不相信，孔子就让他们往那个器皿里倒水，果然如孔子所言，在水灌满的时候，器皿就翻倒了。弟子不明白这是何道理，孔子告诉他们："聪明圣知，守之以愚；功被天下，守之以让；勇力抚世，守之以怯；富有四海，守之以谦。此所谓挹而损之之道也。"

意思就是说高深的智慧，要用愚钝的方法来保持；功劳遍及天下，就以谦让来保持；勇武盖世，就用胆怯来保持；富裕满天下，就用节俭来保持。这是抑制并防止自满的方法。这个器皿是为了提醒君王凡事要讲究分寸，处事要有度。商人的心里也应该装有这样一个容器，在利益快要装满容器的时候，容器就会倾覆，这样就提醒了商人不要贪小利而吃大亏。

其实，人心不足蛇吞象，当贪心得不到满足时，人会丧失理性。对于商人来说，丧失理性就等于将企业推上倾覆之路。非理性的投资会给企业带来不可扭转的危机，稍不留神，企业就有破产的可能。

第三章

领导力管理：

管理者要赋予企业生命

不要只做老板，还要做团队的领袖

我常常问我自己，你是想当团队的老板，还是团队的领袖？一般而言，做老板简单得多，你的权力主要来自你的地位，这可能是上天的眷顾，或是你凭仗你的努力和专业的知识得来的。做领袖就比较复杂，你的力量源自人性的魅力和号召力。

——李嘉诚

由1950年只有几个人的小型塑胶公司发展成为今时今日拥有20万员工的大集团，作为集团领头人的李嘉诚总是备受人们瞩目，他的管理经验和管理心得也备受企业界人士的推崇，人们纷纷向他取经，希望能够得到点拨。李嘉诚对此总是非常谦虚，他说："我不敢和那些管理学大师相比，我没有上学的机会，一辈子都努力自修，苦苦追求新知识和学问。管理有没有艺术可言？我有自己的心得和经验。"

"要做一个成功的管理者，态度与能力一样重要。领袖领导众人，促动别人自觉甘心卖力；老板只懂支配众人，让别人感到渺小。"李嘉诚认为，一个成功的企业管理者不应当仅仅是企业的老板，更应该是企业的灵魂、精神领袖。

企业的管理者责任重大，就像领导力大师沃伦·本尼斯说的那样：“领导者扮演着剧作家、制片人和导演的多重角色。”在一个企业中，领导者应当在适当的时候扮演好适当的角色，很多领导者一直是单一的角色，有的时候，对员工会起不到促进作用。比如在和员工沟通时，如果一直是给员工讲一些枯燥无味的大道理，那员工一定会听不进去，没准还会产生反感的心理。

所以，作为企业的管理者，就要有一些管理的技巧。李嘉诚作为企业的管理者，在管理方面很有技巧。他常常通过演讲的形式，向员工阐述自己的理念。李嘉诚的演讲内容丰富，很有深度，听过的人往往都会受益匪浅。

2008 年 6 月 26 日，广东汕头大学举行应届毕业典礼。身为校董会名誉主席的李嘉诚先生为该校博士生颁发了学位证书。在毕业典礼上，李嘉诚发表了一篇题目为《自负指数》的演讲，所谓的“自负指数”意思是衡量检讨自我意识、态度和行为的简单心法，李嘉诚说：“我与大家分享的这项秘诀，那是终生指引我能凭仗情感和智慧，超越感受和本能的导航器。”

在演讲中，李嘉诚说道：“要活出有意义的非凡生命，需要有能超乎‘匹夫’的英雄特质。一个英雄所具备的品德，不单要有勇气，有胜不骄的度量和败不馁的懿行，更要知道生命并不仅仅是连连胜利的短暂欢欣或失败的挫折。希腊哲学家对‘卓越’与‘自负’有一个非常发人深省的观念，他们相信每一个人都有责任把自己的潜能发挥得淋漓尽致，但同时，人的内心应有一条戒律，不能自欺地认为自己具有超越实际的能力。系统性扩大变为自我膨胀幻象，如陷两难深渊，你会被动地、不自觉地步往失败之宿命。

“在‘卓越’与‘自负’之间取得最佳平衡并不容易，因为有信心、‘勇敢无畏’也是品德，但沉醉于过往和眼前成就以及与生俱来的地位或财富的傲慢自信，其实是一种能力的溃疡。我们要谨记传统智慧，即老子的八字真言‘知人者智，自知者明’。

“我想和大家分享的诀窍是什么？我称它为‘自负指数’，那是一套衡量检讨自我意识、态度和行为的简单心法。我常常问问自己，我是否过分骄傲和自大？我是否拒绝接纳逆耳的忠言？我是否不愿意承担自己言行所带来的后果？我是否缺乏预视问题和结果以及解决办法的周详计划？

“我深信‘谦虚的心是知识之源’，是通往成长、启悟、责任和快乐之路。在卓越与自负之间，智者会亲前者而远后者。背道而驰的结果，可能是一生成就得之极少，而懊悔却巨大，成为你发挥最佳潜能的障碍，减弱你主控人生处境的能力。在现今无限可能的电脑时代，大家对‘重新启动’按钮相当熟悉。然而，在生命这场永无休止的竞争过程中，我们未必有很多‘重新启动’的机会。我相信，给你这个机会，也没有人期望过着一个不断要‘重新启动’的人生。”

管理者有一个好的沟通能力是很重要的。不论这个管理者能力有多高，思想有多么深刻，如果他没有一个好的沟通能力，那就无法将自己的想法和思维灌输给企业的其他人，无法被其他人很好地接受，那会令工作事倍功半。如果管理者能够在沟通中将故事运用得恰到好处，既有趣又不浮夸，那管理起来会更加有效，也会更加容易被企业的其他人接受，让他们从中得到更深的领悟。

作为一个领导，首先要想一想下属最希望的是什么

我不是一个聪明的人，我对我的员工只有两个简单的办法：一是给他们相当满意的薪金花红，二是你要想到他将来要有能力养育他的儿女。所以我们的员工到退休的前一天还在为公司工作，他们会设身处地地为公司着想，因为公司是在真心为他们着想。

——李嘉诚

李嘉诚认为企业的管理就是人的管理，一个成功的企业管理者应当使用“以人为本”的管理模式。所谓“以人为本”，就是一个企业要发展，一定要有好的文化氛围，小型企业的管理者要争取每件事情亲自处理，所谓“力不到，不为财”；而大型企业，则一定要有组织，要建立主要行政人员对公司的信任感，让他们觉得公司很有吸引力，值得终生效力。同时也要让员工明白，他们的工资与分红越来越多，他们的工作能力也要同时配合，这样公司才能维持下去。

管理企业就是管理人心，管理好人心，自然能够管理好企业。“心”是影响工作的根本，管理者对人员的“心”进行很好的经营管理，才能使员工将“心”完全放在企业上，与企业同心，与企业同进退。“我自己的公司里现在有很多中国人和外国人，留住他们的办法很简单：作为一个领导，首先要想一想下属最希望的是什么。”

李嘉诚十分注重在日常管理中注入感情因素，他对儒家思想非常有研究，将其运用在了企业管理中，他把宽厚为怀的“仁爱”思想应用到工作和生活中，对待员工总是非常仁爱宽厚，关注他们的利益，因此也赢得了员工的尊敬，使他们尽心尽力地为公司效力，从而为公司创造更大的经济效益。试想一下，在生意场的竞争中，一个员工们同心同德、上下一致的企业和一个员工们钩心斗角、阳奉阴违的企业狭路相逢，谁会获胜呢？

对于患病和离职的员工，李嘉诚会十分关心，当他们遇到困难时，李嘉诚总是第一时间伸出援手。有一个跟随了李嘉诚十多年的会计因为患了青光眼，不得不选择病退，此时公司规定限度的医疗费用已经被他全部用光，这让他感到压力倍增，李嘉诚知道这件事后，对他说：“首先，我再支持你去看病，另外不知道你太太的工作是否稳定，如果她工作不稳定的话，可以来这里工作，我可以担保给她一份稳定的工作。你太太有一个稳定的工作，你就不用担心收入和生活了。”

后来这位会计接受医生的建议，到新西兰进行治疗，李嘉诚仍然十分关心他，每当看到报纸上有治疗青光眼的文章，他就会让秘书剪裁下来给那位会计邮寄过去，以便对他有所帮助，那个会计一家人都非常感激李嘉诚。

在长江实业的发展过程中，虽然也会有跳槽的人员，但总体上公司行政人员十分稳定，流失率很低。每当公司有员工离职时，李嘉诚总是十分愧疚地说：“公司有员工辞职，是因为我们做得不够好，没能给员工充分的施展空间，希望他们都能找到一份好的工作。”只要有时间，他一定亲自为离职的员工举行饯别酒会，并对他们说：“公司的大门永远为你们开着，只要在外面做得不开心，随时都可以回来。”

不过，李嘉诚对待员工也不是一味宽厚，也会非常严厉。长江实业的员工回忆说：“如果哪个员工做了错事，李先生必批评不可，不是小小地责备，而是大大地责骂。他真要急起来、恼起来时，半夜三更挂电话到员工家，骂个狗血淋头的也有。”当然，李嘉诚并不是喜怒无常地“乱骂”，总是“骂到实处”。他也会有骂错人的时候，一旦知道自己错了，李嘉诚就会向被骂者赔礼道歉。一般在长江实业，越是被李嘉诚看好的员工，挨的批评越多，李嘉诚对谁越严厉，谁就会在李嘉诚的锤炼之后，很快升职加薪。

美国著名成功学家戴尔·卡耐基在其著作《关爱人》中写道：“一个能够从细微处体谅和善待他人的人，一定是一个与人为善的人，必定有很好的人缘关系，这种人缘关系就是他成功的基石。”同样，管理者要想赢取民心，就必须做到以人为本。作为管理者，只有凭着一颗仁爱之心，处处为员工着想，知道他们的困难所在，并及时予以解决，才能促使员工真正发挥自己最大的作用和能力，最大化地促进企业的发展。

在沃尔玛，创始人山姆·沃尔顿把所有的员工都当合伙人来看待，和他们共存亡、同利益。在山姆·沃尔顿看来，沃尔玛最大的财富不是它的资本，而是沃尔玛的所有员工。他曾经说，沃尔玛的业务 75% 来自于人力方面，是所有沃尔玛非凡的员工肩负的关心顾客的使命。所以，他采取了一系列措施来保障员工的权益，例如鼓励员工入股，允诺给予他们优惠的股份和离休后的待遇等，同时山姆·沃尔顿还会经常与员工进行交流，满足他们的合理需求。有一次山姆·沃尔顿结束工作回家，尽管已经是凌晨，但是当他经过沃尔玛的一个发货中心时，还是停下来和一些刚从装卸码头上回来的员工聊了一会儿，了解了他们的需要，事后便为员工改善了沐浴设施，这让所有员工都十分感动。

沃尔玛这种尊敬员工、善待员工的企业文化理念，极大地激发了员工的进取心和创造性。他们为降低公司经营成本出谋划策，为商店的货品设计出别出心裁的陈列方式，经常举办一些灵活多变的促销活动，在吸引顾客的同时，也提高了沃尔玛的整体收益。

香港作家何艾翔曾这样评价李嘉诚：“任人唯贤，知人善任，既严格要求，又宽厚待人。李嘉诚成功的关键，是他融会了中西文化的精华，采用了西方先进的管理方式。”在企业管理上，李嘉诚的确是显露出了高人一筹的能力。

李嘉诚认为以人为本的概念应当从两个层面来理解：一个层面是，员工成年累月辛苦工作，企业应当给员工优厚的待遇，令员工衣食无忧；另一个层面则是，当员工付出劳动后，要收获到愉悦感。让员工愉悦地工作，并获得合理的报酬。

建立好团队首先要能聆听到沉默的声音

要建立同心协力的团队，第一条法则就是能聆听到沉默的声音，问自己的团队和你相处有无乐趣可言，你是否开明公允、宽宏大量，你能否承认每一个人的尊严和创造能力，你是否有原则和坐标，而不是费时失事、矫枉过正。

——李嘉诚

美国著名学者约翰·奈斯比特说过："未来竞争将是管理的竞争，竞争的焦点在于每个社会组织内部成员之间及其与外部组织的有效沟通。"而日本著名企业家松下幸之助也有一句名言："伟大的事业需要一颗真诚的心与人沟通。"由此可见，一个企业的领导人能否做到与员工互动沟通，对企业的发展会起到至关重要的决定作用。

李嘉诚从白手起家到创造属于自己的财富神话，其中自然离不开他在投资方面独到的眼光和准确的判断，但也离不开他知人善任，建立精英团队来为公司效力，而他对与员工时常沟通的重视也是一个重要原因。

洪小莲曾经做过李嘉诚的秘书，在回忆过往经历的时候，她说："如果当年我的老板不是李先生，就没有今日的我。"

那时的洪小莲就负责每天为李嘉诚收发文件，接打电话，工作内容非常无聊，为了消遣，她总是利用午饭的时间来关注报纸上的娱乐新闻。有一天李嘉诚回办公室，恰好看到洪小莲在看娱乐新闻，就对她说："你看这些东西是没有用处的，非常浪费时间。"洪小莲心不在焉地应付了几句，等李嘉诚走后，她心里说：我浪费的是我自己的时间，又不是你的，关你什么事？

但是从那以后，李嘉诚一有空闲时间就找洪小莲进行沟通，对公司和社会上的一些事情和她交流看法，并鼓励洪小莲利用业余时间多学点知识，不断提升自己。随着不断沟通，洪小莲也从最开始的抵触变得慢慢接受，于是开始利用下班后的时间进修，最终从一名普通的打工者变成李嘉诚地产王国的高管，而她也被视为香港打工族的传奇典范。

管理是一门高深的艺术，也是一项非常困难的工作，而沟通更是一个管理者所面临的艰巨任务。很多管理者平时习惯于发号施令，缺乏与员工的沟通，这就弱化了员工向心力。一个优秀的团队必然会是一个沟通良好、协调一致的团队，因为团队如果缺乏沟通，队员们就不会达成共识，没有共识，团队成员就会站在不同的立场，为着不同的目的行动，从而影响团队的整体发挥。

相传在古代，人类的祖先讲的是同一种语言，因为语言相通，所以大家都生活在一起，他们找到一块肥沃的土地，在那里定居，形成了繁华的巴比伦城。随着日子越过越好，人们开始为他们所创建的功绩而沾沾自喜，于是决定建造一座高塔，来传颂他们的业绩。

很快，这座高塔就修建得高耸入云，这让上帝感到十分恐慌，因为他绝对不会允许人类达到自己的高度。他经过仔细观察，发现人类之所以强大，是因为他们使用同一种语言，沟通起来十分方便。于是，上帝施展法术，让世界上的语言发生混乱，导致人类之间的语言不再相通。很快，人类就因为大家都说着不同的语言而无法沟通，思想上自然也就不能统一，于是就产生了误解，随之而来的就是战争，高塔的修建自然也就半途而废。

虽然这是一个寓言故事，但是其中的寓意十分深刻，那就是沟通在团队合作中能够起到非常重要的作用。人与人之间的理解与支持关键在于沟通，沟通能够带来理解，理解才能促进合作。而沟通不良会给企业带来许多无法避免的问题，向心力不够使效率下降，品质与服务不佳使成本增加，最终造成的损失还是由企业来埋单。

美国前总统里根被人们誉为“伟大的沟通者”，他绝对不是浪得虚名。在里根数十年的政治生涯中，他已经深刻体会到与民众沟通的重要性。即使在担任总统期间，他也保持经常阅读选民来信的习惯，并挑出一些信件，利用晚上的时间在家里回复。

克林顿常常利用电信与民众进行面对面交谈，这样做的目的也是想让选民们了解一些自己的想法，而他也能够了解选民的想法。即使他无法解决所有人提出的问题，但是他会亲自出席一些聚会，聆听民众意见，说出他自己的想法，这本身就具有沟通的意义。

其实，里根和克林顿的做法并不是什么创新之举，在一百多年前，林肯就采取了类似的做法。在当时，美国公民能够直接向总统请愿，而林肯在收到他的公民的信件后，经常会亲自回复请愿者。

美国的这三位总统之所以这么做，是因为他们明白，了解民意是自己作为总统的首要职责，而他们也都很愿意亲自去了解民情，与民众进行沟通。

其实，沟通是每个人都要面对的问题，也是每个人都应该学习的课程，作为一个管理者，只有通过良好的沟通，才能真正创建一个理解互信、高效运作的团队。

要给员工犯错然后改正的机会

凡事都留个余地，因为人是人，人不是神，难免有错处，可以原谅人的地方，就原谅人。

——李嘉诚

作为一名企业的管理者，如何和自己的员工、合作者相处，是一个很复杂的问题，在工作和生活中，很多管理者对待员工的态度常常不尽如人意。当管理者发现员工出错时，时常会给予责骂或者批评，有的管理者甚至会因为员工犯了一次错误就将员工开除掉，一点情面也不讲。

作为一个管理者，应该有宽容之心，能够包容下属的过失和错误。因为人的思维有限，有些时候会考虑不周，过失也就在所难免。如果一个管理者没有一颗包容的心，在员工犯错之后，不是将他降职，就是开除了事，时间长了，必然会埋没贤才，而这样的领导者也必然会成为孤家寡人，没有什么人愿意追随他了。只有能够包容下属过失的管理者，才能赢得下属的追随和拥戴。李嘉诚就是这样一名有包容心、能够给员工犯错机会的管理者，就像他说过的那样："职工平时马马虎虎，我一定会批评，但有时做错事，你应该给他机会去改正。"

李嘉诚深知，经营企业绝非易事，犯错是常有的事。对于公司里那些犯错的员工，李嘉诚在命令其改正的同时，也会带头检讨，将责任揽在自己身上，尽量不给部下留下失败的阴影。在长实公司，越是被李嘉诚重用的员工，所挨的批评也就越多，但是被李嘉诚批评后，这些员工并不会被扫地出门，也不会受到严厉的责罚，李嘉诚会给他们改正的机会。李嘉诚认为，谁都不会希望自己经常犯错，只有经历过失误，并且能够从中学到新的东西，以后才不会在同样的路上第二次摔倒，企业为员工的错误埋单也就值得了。正如李嘉诚预想的那样，经过了这样的锤炼，那些犯错的员工果然大多会有所作为。

一次，李嘉诚公司里的一个年轻的经理去与外商谈判，由于外商的态度蛮横，不仅对这位经理颐指气使，还对合同提出了许多无理的要求。这位经理一忍再忍，最终因为忍受不了外商的咄咄逼人，而和他大吵一架，两个人不欢而散，合同自然也没有谈成。

李嘉诚知道这件事后，叫人把这位经理请到自己的办公室，这位经理心想：损失掉这么大一笔生意，肯定会被老板骂一顿，开除自己也是理所当然的。当他战战兢兢地站在李嘉诚面前时，李嘉诚却没有责骂他，而是和他讲了许多在谈判时应该注意的细节和技巧，并说自己已经和那位外商沟通过了，对方承认自己有错在先，愿意就合同的条款重新谈判。因为这位年轻的经理已经和那位外商打过交道，对具体事务比较了解，所以还是由他去谈判。这次，年轻的经理吸取上次的教训，把合同签了回来。

对于员工犯错，李嘉诚始终持包容的态度，他认为一个人会犯错误，就意味着他不是一个循规蹈矩、安于现状的人，而是一个具备开拓创新、积极进取精神的人。身为这种员工的领导者，就应该给予更多的支持，鼓励他从失败的阴影中走出来。

在中国，大多数企业都只是激励成功，而不包容失败。其实，对于员工来说，管理者在其失败时向他伸出的一只手，比在他成功时用两只手拍出的掌声更容易让他感动。对于管理者来说，容许员工犯错是非常重要的，这不仅是领导者处理好与下属关系不可缺少的品质，而且也能够给企业带来诸多好处。索尼的创始人盛田昭夫是一名优秀的企业家，他之所以能够把一个最初只有十几个人的小公司发展成为世界五百强企业，就在于他和李嘉诚一样，能够包容员工的错误，给员工改正的机会。

索尼公司尊重每一位员工，有些员工难免会犯一些错误，公司的观点是，只要能知错即改，引以为戒，那就还有可取余地。公司创始人盛田昭夫曾经说过："放手去做好认为对的事，即使你犯了错误，也可以从中得到经验教训，不再犯同样的错误。"

有一次，索尼公司属下一家公司的总经理对盛田昭夫抱怨说，公司里有时会出点差错，但又找不出该负责任的员工。

听了这名总经理的话，盛田昭夫认为没有必要找出担责任的员工，因为就算找到担责的人，如果这名员工因犯错误而被剥夺升迁机会，也许就会从此一蹶不振，更别说为公司做更大的贡献。即使你把他开除了也于事无补，你还得找另外一位熟悉情况的员工接替他。所以只要找出犯错误的原因，让所有员工都能够吸取教训，避免第二次犯错即可。

古人云："人非圣贤，孰能无过。"每一个管理人员都是从普通员工成长起来的，也都是从错误中吸取经验教训而逐渐成熟的。如果管理者不给予员工犯错的机会，总是想着一手牵着走，或是一味批评、抱怨，不管什么铁也炼不成钢。领导者对于下属的非原则性的错误不要穷追猛打，在批评时以一种宽容的心态去教育人，而不是以一种近乎刻薄的方式去挖苦打击人。只有这样，才能赢得下属的拥戴，推动企业的发展。

留人先留"心"

一家企业就像一个家庭，员工是企业的功臣，理应得到这样的待遇。现在他们老了，作为晚一辈，就该负起照顾他们的义务。

——李嘉诚

现在的社会发展越来越快，商业竞争激烈异常，很多经商者在经过奋斗之后，取得了一定的成绩后就开始目中无人起来，认为自己能够有所成就是因为自己聪明能干，全然没有将当初和自己一起打拼的人放在心上。

这种思想是最要不得的，古语有云：“有福同享，有难同当。”作为企业的管理者，最怕的就是在有所成就后便心浮气躁、趾高气扬，将当初和自己一同奋斗创业的元老一脚踢开。这样做让企业员工非常寒心，大家便会对这家企业失去信任，久而久之，这家企业也会随着人心的流失而“关门大吉”。

李嘉诚深受儒学思想的影响，他为人厚道，对那些当初为自己出过力的人非常器重。跟随李嘉诚多年的元老周千和回忆当初的创业经历时说：“那时候，大家的薪酬都不高，才百来港纸（港元），条件艰苦，不是现在的青年人可以想象的。李先生跟我们一样埋头搏命做，大家都没有什么话说。有人会讲，李先生是老板，他是为自己苦做——抵（值得），打工的就不抵（值得）。话不可这么讲，李先生宁可自己少得利，也要照顾大家的利益，把我们当自己人。”

跟随李嘉诚创业的“老臣子”盛颂声在1980年谈到长江实业的成功原因时说：“成功是靠李嘉诚先生的决策和长实同人上下齐心的苦干。李嘉诚先生做决策快速而准确，这么多年来从来没有看错过人，没有做过错误的决定。”

“长江实业盈利近10亿港元，这么大的生意，公司的工作人员总数不足两百人。李先生每天总是8点钟到办公室，过了下班时间仍在做事，公司同人也都如此，这就使得长江实业成为一家最有冲劲的公司。”

“事业有成之后，李先生又尽量宽厚待人，使和他合作过的个人或集团全赚得盘满钵满，这便奠定了长江实业今后有更大发展的基础。”

李嘉诚作为一家企业的管理者，一向是有情有义的，宁可自己少拿或者不拿，也绝不亏待员工和合伙者。对于和自己并肩奋战的老员工，李嘉诚一直是不忘旧情，非常感恩的。在 20 世纪 70 年代中期，香港才女林燕妮为她的广告公司租场地时，跑到长江大厦去看地方，惊奇地发现李嘉诚仍然保留着创业之初的塑胶花厂，尽管这时的塑胶花已经过时，保留这个厂子完全是一宗赔本买卖。

面对林燕妮的惊讶，李嘉诚轻描淡写地回答道：“不外是顾念着老员工，给他们一点生计。”对于李嘉诚的这种说法，长实的员工也予以了肯定，他们说：“长江大厦租出后，塑胶花厂停工了。不过，老员工亦被安排在大厦里干管理。对老员工，他是很念旧的。”有人赞叹李嘉诚：“李先生的精神确实难能可贵，在当今香港，不少老板待员工老了，便一脚踢开，你却不同。这批员工，过去靠你的厂生活，现在厂没有了，你仍把他们包下来。”李嘉诚给出这样的解释：“千万不能这么说，老板养活员工，是旧式老板的观点。现代企业的观念应该是员工养活老板、养活公司。”

近年来李嘉诚逐渐把投资方向转为地产和股票。但是他对那些老员工依然照顾有加，为他们的生计考虑周全。“天下熙熙，皆为利来”，商人做生意是为了赚钱赢利，这一点是无可厚非的，但李嘉诚却能做到在厂子没有效益时，依然保持开张，为的只是让老员工保住饭碗，有这样的管理者，员工怎么会舍得离开呢？

国内一家调研机构曾向企业员工提出过这样一个问题：你最喜欢什么样的上级？大多数员工都提到一点，那就是要求上级有仁爱之心。然而，我们经常看到的却是一些企业管理者奉行“强权即公理”的管理模式，在他们那种冷漠的强权管理下，员工们的逆反情绪变得越来越强烈，最终会使管理者失去民心。

李嘉诚曾说：“人才取之不尽，用之不竭。你对人好，人家对你好是很自然的，世界上任何人也都可以成为你的核心人物。”充满爱心的管理者必然有很强的人格魅力，并直接影响企业的经营运作和企业的文化氛围。在爱心的包容下，企业管理层和被管理层的关系会变得融洽协调，其制度才会被职工自觉地维护和遵守，而企业上下也会齐心协力地推动企业长足向前发展。

很多企业的管理者不明白留住人心的重要性，他们认为只要拿出高薪厚职，为员工提供好的办公环境、丰厚的工资，就可以令员工死心塌地地为自己工作。其实这种想法是错误的，高薪厚职和好的办公条件可能留员工一时，却未必能够长久。

因为人都是感情动物，想要真正留住员工，就要留住他们的心，拉近与员工的距离。在一个得人心的管理者的企业里，就算别人出再高的薪水，提供再高的职位给他的员工，他的员工也不会轻易跳槽的。相反，一个不得人心的管理者，就算没人挖他的员工，他的员工也会离开公司。

就像“互联网教父”马云说的那样：“当员工达到100人时，我必须站在员工的最前面，身先士卒，发号施令；当员工增至1000人时，我必须站在员工的中间，恳求员工鼎力相助；当员工达到10000人时，我只要站在员工的后面，心存感激即可；如果员工增到50000到100000人时，心存感激还不够，必须双手合十，以拜佛的虔诚之心来领导他们。”

李嘉诚的“员工养活老板、养活公司”的理念符合现代人的管理思想，值得管理者深思。李嘉诚强大的领导力并不在于他有多么威严，而在于李嘉诚知恩图报，凡是对他的企业做出过贡献的人，他都尽力回报，令企业的员工感受到尊敬与保护，从而死心塌地为他的企业工作。李嘉诚之所以能够叱咤商场几十年而经久不衰，与其对人才常怀仁爱之心有着巨大的关系，这也是企业做大做强的根本。

先进制度是一项重要的管理内容

我认为要像西方那样，有制度且比较进取，用两种方式来做，而不是全盘西化或是全盘儒家。儒家有它的好处，也有它的短处，儒家在进取方面是很不够的。

——李嘉诚

当企业发展到一定规模时，就需要良好的管理制度，不然企业的发展会陷入一团乱麻，令管理者无从下手。所以，建立起合理化的人事管理体制，是企业走上发展的必然手段。一家企业能不能始终保持良性发展，就看企业的管理体制能不能设置得好。李嘉诚对这个问题认识得很深刻，他深谋远虑，在企业的制度管理上费了很多心血。

李嘉诚一手创办起了长江实业，但他并不打算将企业办成家族企业，他摒弃了家族式的管理，而是希望能够从国外企业的管理经验中汲取营养。他发现日本不少企业的家族氛围很浓郁，商业文化带有很重的儒家文化特色，但日本的经济非常发达，日本的企业大部分也创办得非常成功。李嘉诚觉得中国和日本都是属于东方文化体系，日本企业的管理方面一定有一些东西是值得中国企业借鉴的。

李嘉诚善于吸收新鲜事物，但也有自己特有的判断力和鉴别力，他认为儒家文化有其优秀的地方，但不能够全盘吸收用在企业管理中，他说："我看过很多古圣先贤的书，儒家一部分思想可以用，但不是全部。"李嘉诚吸收了儒家思想中的"仁爱"思想，对待员工宽厚为怀，同时他还将西方的民主自由思想吸收进来，使员工在公司上班不会感到压抑和受管制。

在很多的日本企业中，常常新员工来公司报到的第一天，就要做"埋骨公司"的宣誓，李嘉诚认为这样做未必能让员工真心留在企业为企业效力，李嘉诚从来不会提出任何苛求员工做出终生效力的保证，而是通过保障员工的利益，令员工觉得留在企业是一件有光明前途的事情，从而自觉选择留在企业效力终生。

李嘉诚在企业管理中，将东方的儒家思想中的仁德友爱和西方的管理理念结合在一起。他希望看到企业更加长久地发展下去，为社会做出更多的贡献，至于企业将来会不会传给自己的后人，李嘉诚对此并不看重。他素来不主张家族性统治，他更看重西方公司的管理方式，管理者由董事会和股东选举产生，有能力带领企业的人，才能当选为管理者，而不一定要子承父业。

李嘉诚声明，如果自己的两个儿子没有能力，那他便不会考虑让他们接班。李嘉诚坚持在企业管理上要选择贤才，而不是任人唯亲。他坚持将东西方文化的优点结合起来，令长江实业发展得越来越好。西方管理方式也有不足之处，例如西方企业的管理不是很有人情味儿，同时，西方企业在方案制订方面十分周密，但决策周期相对比较长，有时未必是件好事情。李嘉诚长于中西合璧，各取所长，在管理企业上，将心比心，用人情融化员工的心，令他们为企业效力；在进行一个项目时，李嘉诚在前期会周密考察，仔细研究，一旦确定，便会简便做出决定，不会拖沓。

李嘉诚的管理风格是取众家之所长。西方管理中的幽默也是被李嘉诚看重的一点，他认为幽默是管理者一种非常良好的品质，比起严肃呆板的管理，幽默更具有说服力，也更易于被员工接受。李嘉诚就是一个在管理中很懂得幽默的人，他能够在一些场合用恰当的幽默和员工建立良好的关系，也能够用幽默的态度化解一些本来有些尴尬的场面。在一次记者招待会上，一位记者问了李嘉诚一个比较刁钻的问题，李嘉诚微微一笑，幽默地回答道："叫 Canning（霍建宁英文名）回答好了，他薪水这么高！"霍建宁追随李嘉诚多年，是李嘉诚的左膀右臂。

大部分成功人士都有幽默细胞，美国历史上很多重要人物，诸如林肯、罗斯福等人都非常幽默。有一次，林肯和他的一位朋友一边散步一边聊天，当他们走到一处地方时，等候在那里多时的士兵看到林肯出现，便齐声欢呼起来。这时，林肯的那位朋友没有意识到自己应当退开，还是一直站在林肯身边，直到一位军官上前提醒，这位朋友才面红耳赤地让开。这时，气氛比较尴尬，林肯笑着对他那位朋友说："他们也许还分辨不清我们两个谁是总统呢。"在场的人都笑了起来，就这样简单的一句话，立刻就化解了尴尬气氛。

从企业管理的角度来看，管理者具备幽默的素质不但能减轻员工的压力，也能够提升员工的工作效率，还能很好地激发员工的斗志，令他们的创造性增强。西方很多企业的管理者常常运用幽默进行管理，将它作为一种有效的管理手段。据美国针对1160名管理者的调查显示：77%的人在员工会议上以讲笑话来打破僵局；52%的人认为幽默有助于开展业务；50%的人认为企业应该聘请一名专门的幽默顾问，来帮助员工缓解压力。

经过几十年的企业管理，李嘉诚一边实践一边摸索，他认为先进制度是一项重要的管理内容。在李嘉诚的管理中，既有东方色彩，又有西方文化，二者结合成了有效的管理模式，令李嘉诚有了自己独特的企业管理风格。

成就事业最关键的是要有人能够帮助你

假如今日没有那么多人替我办事，我就算有三头六臂，也没有办法应付那么多的事情，所以成就事业最关键的是要有人能够帮助你，乐意跟你工作，这就是我的哲学。

——李嘉诚

李嘉诚认为一个企业的管理者在管理企业时，不应该是冷冰冰的，而应当充满人情味，这样才能赢得大家的支持和帮助。他认为在管理企业时应当坚持几个原则：首先要对下属坚守诺言，建立良好的信誉，让员工对管理者产生信赖。其次要了解下属需要什么，然后设身处地地去为他们考虑。最后是信任下属，不要总是怀疑下属的能力，怀疑下属的人品。老话说“疑人不用，用人不疑”，李嘉诚总是真心对待下属，自然他的下属也能忠心耿耿地跟随他。

战国时期著名思想家荀子曾说过这样一段话：“假舆马者，非利足也，而致千里；假舟楫者，非能水也，而绝江河。君子生非异也，善假于物也。”意思是说借助马匹的人，不一定是跑得快的人，却可以行千里路；借助船桨的人，不一定是会游泳的人，却可以横渡江河。君子与别人不一样的地方，是善于借助身边的事物。

荀子的这段话可谓是至理名言，形象地说明了善于借用其他事物来提升自己能力的重要性，特别是在全球化迅速发展的今天，不管一个人多么有才华，能力多么强，他的智慧和才能也是会有一定局限性的，唯有借助他人的能力和智慧，取长补短，为己所用，才能获得成功。成功的企业家大多善于借用“外脑”，把他人的智慧拿来为己所用，李嘉诚就是这样的企业家。

在长实集团的发展过程中，李嘉诚不仅重视集团内部的人才，而且还像古代的孟尝君一样，十分善用外面的“客卿”，通过他们的出谋划策来壮大集团。李嘉诚曾说：“长江取名基于长江不择细流的道理，因为你要有这样豁达的胸襟，然后你才可以容纳细流。没有小的支流，又怎能成为长江？只有具有这样博大的胸襟，自己才不会那么骄傲，不会认为自己样样出众，承认其他人的长处，得到其他人的帮助，这便是古人说的‘有容乃大’的道理。假如今日没有那么多人为我办事，我就算有三头六臂，也没有办法应付那么多的事情，所以成就事业最关键的是要有人帮助你，乐意跟你工作，这就是我的哲学。”

在这些“客卿”中，袁天凡是一位投资奇才，他帮助李泽楷成功策划了盈科数码动力公司上市，而被业界誉为“盈动军师”。袁天凡1952年出生于上海，5岁的时候来到香港，后来于1976年毕业于芝加哥大学经济系。

从大学毕业后，袁天凡回到香港从事债券工作，在业界逐渐崭露头角。他被李嘉诚发现，李嘉诚对他很欣赏，萌生了把他招揽到自己公司工作的念头。在1991年的时候，李嘉诚和荣智健等香港富豪联手收购恒昌行时，李嘉诚开始游说袁天凡出任恒昌行行政总裁。袁天凡被李嘉诚的诚意打动，答应出任，李嘉诚给他的年薪是600万港元，但是后来因为荣智健要求向其他股东收购恒昌行其余的股份，袁天凡便愤然辞职了。他在辞职之后，与老同事梁伯韬和杜辉廉创立了天丰投资公司，袁天凡占51%的股权，是大股东，他还担任了董事总经理。

虽然袁天凡另起了炉灶，但李嘉诚一点也不生气，反而因为爱惜袁天凡的才华，当即认购了天丰9.6%的股份，表示自己对袁天凡的支持。在1996年的时候，李泽楷想要投资高科技，但自己并不是很懂这一行，非常需要一个靠得住的专家来出谋划策。李嘉诚便想到了袁天凡，亲自出面邀请袁天凡帮助李泽楷。

袁天凡很清高，但他很欣赏李嘉诚的为人，便答应出面帮助李泽楷。袁公开表示：“他们（李氏父子）真的比较重视人才。如果不是李氏父子，我不会为香港任何一个家族财团做事的。”在袁天凡的策划下，李泽楷的盈科数码动力上市成功。

善于借用他人智慧的人，能够弥补自身的缺陷，积蓄自己的力量，等到厚积薄发的那一天，也可以成为“超人”。

钢铁大王卡内基曾经预先写好自己的墓志铭：“长眠于此地的人懂得在他的事业过程中起用比他自己更优秀的人。”在当今社会，聪明人都是通过别人的力量去达成自己的目标。借助别人的智慧解决问题，并且往往能够收到事半功倍的效果。刘邦在创建西汉政权之后，曾对群臣讲起自己的成功之道，他说：“夫运筹帷幄之中，决胜千里之外，吾不如子房（张良）；镇国家，抚百姓，给饷馈，不绝粮道，吾不如萧何；连百万之众，战必胜，攻必取，吾不如韩信。三者皆人杰，吾能用之，此吾所以取天下者也。项羽有一范增而不能用，此所以为吾擒也。”

刘邦的这段话充分说明，很多成功的企业家也许在专业知识、智商等方面并不如其他人，但是他们善于借用团队成员和外人的智慧，为己所用，最终获得成功。

一个小男孩在院子里玩耍，他看到一块大石头有些碍事，就想把它挪开，结果因为石头太重，试了几次都没有搬动，就在他准备放弃的时候，他的爸爸从屋子里走出来，鼓励他说：“加把劲，你一定会成功的。”

听了爸爸的话，小男孩又试了几次，依然没有搬动石头，他懊恼地对爸爸说：“这块石头太重了，我真的不能搬动它。”

爸爸走到石头前，轻松地把它挪开，然后笑着对小男孩说：“我就在你身边，你为什么不请求我的帮助呢？”

在当今社会，人人都想成为成功者，但是在前行的过程中，许多人都因为自身原因早早缴械投降，就像小男孩一样，他觉得自己尽了全力，并没有看到身边的资源。放弃可以借用的头脑和智慧，恰好证明自己没有头脑和智慧。

从别人身上吸取智慧的营养补充自己，比从别人身上获取金钱更为实惠，而对那些帮助自己的人知恩图报，则会彰显出你的人格魅力。李嘉诚善于让有能力的人成为自己的“客卿”，而对于这些功臣，他也是投桃报李。为了回报杜辉廉的效力之恩，当杜辉廉与人合伙创办百富勤融资公司时，李嘉诚发动17位商界巨头和自己一起参股，为其助威。在百富勤集团成为商界“小巨人”后，李嘉诚等又主动摊薄所持的股份，好让杜辉廉与合伙人的持股量达到绝对的“安全”线。对于李嘉诚给予的丰厚回报，杜辉廉自然十分感激，也更加心悦诚服地充当李嘉诚的“客卿”，即使在其身兼两家上市公司主席的情况下，仍忠诚不渝地充当李嘉诚的股市高参。

领导人全心全力投入热忱是企业最大的动力

领导全心全力投入热忱是企业最大的动力。与员工互动沟通，对同事尊重，才可建立团队精神。人才难求，对具备创意、胆识及谨慎态度的同事，应给予良好的报酬和显示明确的前途。

——李嘉诚

一家企业如果想要成长为优秀的企业，这家企业的领导者首先要明白，自己应当有一个明确的目标，对待工作一定要积极努力，有百分之百的热忱。更重要的是，管理者要将企业当作一个大家庭，令员工感到温暖，而不仅仅是只能获得物质待遇。一个优秀的管理者，不仅要通过高薪厚酬来留住人才，还应该给予人才必要的培训，增强其对前途的信心和对企业的归属感。

在李嘉诚旗下的企业中，每一名员工都会有一个向上发展的平台，李嘉诚制定了若干用人措施，并注意给每个人提供升迁的机会。他经常对别人说："人才招揽进来就是为了发挥他们的才干，如果放在一边不用，就像食物放久了就会发霉一样。"因此，只要员工的能力突出，李嘉诚就会加以重用，确保他们能够在公司中担任管理职务。

同时，为了培养员工的业务能力，李嘉诚经常会从公司选拔一批业务骨干，把他们送到国外学习，公司不仅负责他们的全部开销，而且在学习期间他们的薪水照发不误。每一个被李嘉诚送到海外学习的员工都心怀感激，他们都说："李先生对待我们就像一家人，他是我们的衣食父母，我们能不加倍努力报答他吗？"而这些受到良好培训的人才即使因为一些原因离开公司，也会成为其他公司争相抢夺的对象，或者能独自支撑起一片天地。

在企业发展过程中，李嘉诚还给予员工以低价购入长实系股票的机会，让下属分享公司的利益，从而增强团队的凝聚力和向心力。在香港税务局公布的2000年到2001年度的头10名"打工皇帝"所缴纳的薪俸税款中，李嘉诚爱将霍建宁以一年赚2亿多港元的薪酬成为香港赚钱最多的"打工皇上皇"。而李嘉诚旗下企业中的另外两名高层胡周慕芳和陆法兰也在前 10 名“打工皇帝”中榜上有名。

李嘉诚曾说：“长江实业能扩展到今天的规模，要归功于属下同人的鼎力合作和支持。”他十分注重“人有所值”，并且“厚待人才”。这也让李嘉诚受到很多员工的爱戴，他们以在李嘉诚旗下企业工作而感到荣幸。

现代企业的发展离不开员工，而员工的发展同样也离不开企业，为员工提供良好的物质保障，并为其提供一个展示自己才华的舞台，增强其归属感，使其真正融入到团队中，企业才能有希望和未来。

美国有一家坐拥十几亿资产的大公司，本来发展良好，但因为管理者一次错误的判断，而令企业陷入了困境，眼看着员工的工资都要发不出来了，公司的管理者四处想办法，希望能够将企业带出困境，但就是没办法挽回。管理者向咨询顾问征询意见，咨询顾问建议管理者裁掉部分员工，好缓解公司的压力。

但管理者认为公司在危难时刻裁掉员工，只顾自己的利益不是解决问题的根本办法，反而会让公司其余员工人心四散，人人自危，公司最终也会是死路一条。思虑再三之后，这家公司的管理者召开了员工大会，在大会上，他诚恳地向员工道出了企业的困境，然后向员工讲明，公司虽然很困难，但肯定不会裁员，不但不会裁员，还要为员工增加福利。

那位咨询顾问对管理者的做法很不解，他认为在公司资金缺乏的情况下还要拨出一大笔款项用在员工身上，对于公司的经营岂不是雪上加霜？管理者解释道，就是因为公司走进了困境，为了凝聚人心，更要鼓励员工和公司一同共渡难关，给员工增加福利是要让员工明白，就算公司处于困境之中，也绝不会让员工的生活陷入困境，这样员工便能激发斗志，和公司一同走出困境。

果然，在之后的日子里，公司员工在管理者的带领下，艰苦奋斗，终于将公司拉出了困境。正是因为管理者能够对员工坦诚相待，对员工投入十足的真诚，对企业的发展投入了百分之百的热忱，才令企业转危为安。强烈的归属感是一个公司长盛不衰的内在动力，毫无疑问，美国这家公司的管理者的种种做法使员工感到自己成了企业真正的主人，从而对企业产生归属感。他们从被动的“为人打工”转变为“为自己打工”，会更加热情地工作，从而使企业获得源源不断的生命力。

李嘉诚始终对企业和员工投入最大热忱，令企业所有人都能感受到他的诚意，从而受到最大的鼓舞。和李嘉诚一样，马云也是如此。

马云一直秉承着“只有分享，才能共赢”这一管理理念。作为一个成功的企业家，马云一直认为，在一个成熟的企业里，员工们不仅需要精神上的鼓励，更需要物质上的支持。马云曾说：“你捡了块大黄金，你把它藏在家里，所有人都惦记你那块黄金，这是不安全的。如果你把这个黄金打碎了送给大家，每个人有一块，你自己可以稍微留得大一点，你就没问题，大家都愿意来帮你。企业家有这样的格局才能做大。”正是基于此，马云始终相信“财散人聚，财聚人散”这个道理。

早在创业时期，马云就将阿里巴巴的股份拿出来分散给创业团队的每个成员，后来随着公司逐渐做大做强，获得阿里巴巴股份的人越来越多。在阿里巴巴，创始人有股权，老员工有股权，空降的高管有股权。2007 年，阿里巴巴在香港举行的全球路演上公布了招股说明书初稿，显示目前阿里巴巴持股的4900名员工，包括董事在内，共持有4.435亿股，平均每名员工持9.05万股，以阿里巴巴目前的认购情况，市值可突破百亿美金，因此将产生近千个百万富翁。而与此对应的是，马云个人持股比例还不到5%，这出乎很多人的预料，也让更多的人更加敬佩马云。

第四章

团队管理：

公司不是靠一个人，而是靠整个组织

摆脱平庸管理，摆脱人才困境

在管理学中，有一条著名的定理——“没有平庸的人，只有平庸的管理”，能够把每一个员工放在合适的岗位上，让他们发挥自身最大的潜能，实现人力资源的有效利用，是管理者的领导水平和驾驭能力的高度体现。在这方面，李嘉诚有着自己独特的方法。

在创业之初，李嘉诚非常需要能够忠心耿耿、埋头苦干的人才，而李嘉诚自己也能够身先士卒，在工厂里不分昼夜地设计图纸、生产制品，甚至还带着产品走街串巷地进行推销，为员工们做出了榜样。

来自上海的盛颂声和来自潮州的周千和，从创业之初就一直跟随在李嘉诚的身边，可谓是兢兢业业、劳苦功高，算得上是公司的元老。

对于这样忠诚的一批人，李嘉诚当然十分器重，但是当他的企业发展到一定规模时，他敏锐地意识到，自己开始要面临“人才困境”了，建厂之初跟随着自己的这批人，文化水平普遍都低，大多数人只有小学文化程度，这样的人自然难以担任技术管理人员，工厂的技术管理人才奇缺。李嘉诚认为，这些曾和他一起出生入死打天下的元老虽然经验丰富，但是他们的知识结构和专业水平已经达不到目前企业的发展要求了，并且他们缺乏进一步的闯劲，作风易偏于保守，如果自己仅靠这样一支队伍来发展企业，最终的结果无疑是死路一条。

李嘉诚曾说："创业之初，忠心苦干的左右手，可以帮助富豪'起家'，但元老重臣并不都能跟得上形势。到了某一个阶段，倘若企业家要在事业上再往前跨进一步，他便难免要招揽人才，一方面弥补元老们胸襟见识上的不足，另一方面是利用有专才的干部，推动企业进一步发展。"于是在发现问题之后，李嘉诚果断面向社会进行招聘，起用了一批年轻有为的专业人员，为自己的企业注入了新鲜的血液。

对于那些老成持重、经验丰富的元老，李嘉诚也没有放弃。在进行新老交替的基础上，他制定了若干用人措施，比如：开办夜校培训在职文化水平低的员工，送有培养前途的年轻人出国深造，并且他还以身作则，专门请了家庭教师讲授知识，并自学英语。这些措施深得新老员工们的欢迎，使得他们能在合适的岗位上发挥作用，也使他们更加喜欢自己的企业。

在李嘉诚庞大的商业帝国中，只要是人才，就能够在企业中有用武之地，可以说，李嘉诚在用人方面的确称得上是慧眼识才的伯乐。

唐太宗曾让封德彝举荐有才能的人，结果过了很久他也没有推荐人选，当唐太宗责问他的时候，他却说当今找不到杰出的人才，唐太宗因此说了这样一段话："君子用人如器，各取所长。古之致治者，岂借才于异代乎？正患己不能知，安可诬一世之人！"意思是说君子用人如用器物一样，各取它的长处。古代能治理好国家的帝王，难道是向别的朝代去借人才来用的吗？我们只是担心自己不能识人，怎么可以冤枉当今一世的人呢？

正是因为唐太宗深知“人尽其才”这一用人之道，才造就了“贞观之治”这样的太平盛世。同样，在现代社会，“人尽其才，物尽其用”是企业管理的一种较高境界，在企业中，如果一个管理者能够选择适合自己企业发展的人才，并让他们各尽其才，发挥最大的能动作用，企业就能得到长足的发展。

清朝有一位将军叫杨时斋，他认为军营中无不可用之人，很善于把士兵放在合适的位置。耳聋的人，安排在自己身边做侍者，这样可以避免他偷听到军事机密而泄露出去；哑巴可以派他去送信，即使他被敌人抓住，除了信件会被搜去，敌人也无法知道更多的军情；腿脚有毛病的人，可以命令他去守护炮台，这样他就很难逃跑，能够长时间坚守阵地；眼盲的人一般听觉都非常好，可以让他担负侦察任务，在战前伏在阵前听敌军的动静。杨时斋的观点固然有夸张之嫌，但也足以说明，在一些人眼中的短处，或许在另外一些人眼中就会变为长处，前提是要把人放在适合他的位置上。

对于一个管理者来说，不但要能吸纳人才，还要善于用人。在一个企业中，有的人适合推销，有的人适合理财，有的人适合管理，只有通过优化组合，把各种能力的人都放在适合他们的工作环境里，他们才能生存成长，发挥出他们的最大能动力，从而与企业获得完美双赢。

经常去寺庙的人一定知道，当我们走进庙门的时候，首先看到的是笑脸相迎的弥勒佛，在他的背后，则是黑脸的韦陀。但是相传在很久以前，弥勒佛和韦陀并不在同一座寺庙，他们分管不同的庙宇。

由于弥勒佛对谁都是笑脸相迎，所以前来上香请愿的人非常多，但是由于他心胸宽广，不拘小节，做事情大大咧咧，总是不能很好地管理自己的账目，因此自己所管理的寺庙经常入不敷出。韦陀虽然账务管理得很明白，但是由于他成天阴沉着脸，让人感觉难以接近，所以到他庙里上香的人很少，以至于香火断绝。

后来佛祖发现了这个问题，就把他们安排在同一座庙宇中，由弥勒佛在前边负责迎客，韦陀则在后边负责管理账务，两个人分工明确，各尽其责，因此整个庙宇香火旺盛，欣欣向荣。

这个故事说明了把最合适的人放在最合适的岗位上的重要性。法国著名企业家皮尔·卡丹曾经说：“用人上一加一不等于二，搞不好等于零。”如果在用人中组合不当，就会失去整体优势；安排得宜，才成最佳配置。在这方面，李嘉诚以其洞明世事的眼光，使老员工得以保留，新员工得以补充，化解了“人才困境”这个难题，将企业的发展推向一个新的高度。

知人善任、唯才是用是关键

知人善任是必需的，对公司有建树、有归属感、忠诚努力的员工，应使其有良好前途，并成为公司的核心分子，不分种族籍贯。

大多数人都会有部分的长处、部分的短处，就好像大象食量以斗计，蚂蚁一小勺便足够。各尽所能，各得所需，以量才而用为原则。这就是说一个公司需要员工共同努力才能完成发展公司的大业。就如在战场，每个战斗单位都有其作用，而主帅未必对每一种武器的操作

都比士兵纯熟，但最重要的是首领亦十分清楚每种武器及每个部队所能发挥的作用。统帅只有明白整个局面，才能做出出色的决策统筹并指挥下属，使他们充分发挥最大的长处，以取得最好的效果。

——李嘉诚

2000年5月，李嘉诚来到汕头大学参加同学们的沙龙。在沙龙上，同学们争先恐后地向李嘉诚提问，其中一名同学问到李嘉诚是靠什么办法为公司吸引人才的。李嘉诚想了想回答他："亲人不代表亲信。比如说你有个表弟，当然是很亲了，但如果只是因为这样，你就重用他，事业就可能出问题。而一个人和你共事一段时间，如果思路、人生方向跟你比较一致，那就可以委以重任。"

春秋时期齐国著名政治家管仲说过："不知贤者，害霸；知贤者不用，害霸；用而不任，害霸；任而复以小人参之，害霸。"这句话概括了领导者在用人时应注意的四点，即知、用、任、信。在当今社会，这句话仍然有现实的指导意义。知人善用的前提是任人唯贤，如果一个领导者对任何外人都不信任，总是任人唯亲，那么这个企业必然不会走得长久。

在李嘉诚的企业中，他一贯秉承的是任人唯贤的原则。他经常说："唯亲是用，必损事业。"任人唯亲，是中国传统家族式管理的习惯做法，这无疑是表示对外来员工不信任，必然会打击他们工作的积极性。20世纪80年代，有很多潮州老家的侄辈亲友向李嘉诚提出要到他的公司工作，结果都遭到李嘉诚的婉拒。在公司里，即使他的老乡和亲友，也没有得到他特别的照顾，所有员工都是靠实际能力获得评价和对待的。有能力，你就会得到重用和升职，没有能力，那么你就踏踏实实地做好本职工作，不要再想着擢升了。

李嘉诚曾说："在我的两个儿子加入公司之前，我的公司并没有聘用亲属的先例。我认为，亲人并不一定就是工作上的亲信。假如有一个与你长期从事相同工作的人，在你与他工作过一段时期之后，如果你发现他的人生方向，包括对你的感情都是正确的，同时他会认真完成你交给他的每一项重要工作，那么你便可以将这个人看作自己在工作上的亲信。反之，假如有一个具有杰出能力的人，但是你却要派出更多的人每天来看守着他，这样怎么会将自己的企业做好呢？其实，企业就像一座大厦，而忠诚就是这座大厦的支柱，尤其是那些高级行政人员。在我的公司中，无论那些行政人员是什么国籍，只要他们对公司忠诚，有归属感，并且在工作上有所表现，那么经过一段时间的努力和考验之后，定能够成为公司的核心人员。"

在李嘉诚组建的"智囊团"中，既有彰显出勃勃生机的年轻有为的年轻人，也有作风严谨、善于谋划分析的外国人，只要是人才，李嘉诚都会毫不犹豫地将他们纳入旗下。李嘉诚曾说："我做生意，不靠投机取巧，而靠自己的一帮有才能的人。"正因为李嘉诚唯才是举而不任人唯亲，才让他揽尽天下英才，同时又保持了团队的稳定与团结，赢得了广大股东和职员的信赖和支持，让长实集团在激烈的市场竞争中站稳了脚跟。就这样，李嘉诚从一个打工仔成为知名的富豪，而他的企业，也从一个小厂成长为庞大的跨国集团公司。

诸葛亮曾说过："治国之道，务在举贤。"其实，治理国家和治理企业相似之处很多。在人事任免问题上，作为领导者，一定要光明磊落，襟怀坦荡，千万不能任人唯亲，搞小圈子，否则必然会失去大多数，而一旦失去大多数，失败也就是理所当然的了。

商朝末年，纣王昏庸无道，亲信小人，弄得生灵涂炭，这时周武王起兵造反，一时间群雄呼应，在很短的时间内就灭掉了商朝。等到天下太平的时候，周武王分封功臣，姜子牙和周公因为功劳最大，所以被分到最富饶的地方，在这两个地方形成了后来的齐国和鲁国。

临行前，两个人就如何治理国家展开深谈，周公对姜子牙说："我会提拔有血缘关系的人来协助我治理国家，毕竟他们是我的宗亲，不会背叛我。"

姜子牙听了之后，微微一笑，说："像你这样治理国家，所选择的人才范围必然缩小，很难找到栋梁之材，长此以往，对国家是不利的。"

周公于是问姜子牙，他又会怎样治理齐国，姜子牙说："我必然不会任人唯亲，我将张榜挑选天下的人才，不管他们出身和地位如何，只要有才能，就会得到我的重用，有他们辅助，即使我百年之后，也不会为子孙后代担心。"

听了姜子牙的话，周公紧锁眉头，轻轻摇头说："你这样选拔人才，或许会找到贤能人士，但是你的子孙后代不可能都像你一样有才能，如果哪一天君弱臣强，就会有被篡国的危险。"

就这样，姜子牙和周公都认为自己的治国理念是正确的，谁也没有说服谁。后来，齐国任人唯贤，许多有能力的人才都前来投奔，国力逐渐强盛，到春秋时，齐桓公便成为一代霸主，号令天下。而鲁国由于任人唯亲，很多有才能的人因为得不到重用纷纷出走他国，导致国力一天天衰弱，只能靠依附其他强国苟延残喘。

在现代社会成功的家族企业中，大多数家族成员都只占有股份，而并不在企业内部担任高层职务，高层管理人员多是外聘的有才华、有能力的人员，只有这样，企业才能更理智、更好地发展。如果一个企业管理者在进行团队建设时不能做到能者上、庸者下，就必然会严重危害企业的发展。

所以，能否做到知人善任、任人唯贤，是检验企业管理者胸怀和智慧的重要标准。聪明的管理者可以把贤人变亲人，愚蠢的管理者则会把贤人变“闲人”、管理者想成为哪种类型的管理者，这就需要自己做出选择了。

世界上任何人都可以成为核心人物

在激烈的竞争环境中，个人能力比任何其他资产都更为重要。真正的人才都有自己的一片天地，当然这片天地是靠自己闯出来的。在知识经济时代，企业竞争的核心就是人才竞争，人力资本将成为知识经济时代最重要的资源。

——李嘉诚

作为一个优秀的企业家，身边必然会有一批在创业初期和自己同甘共苦的元老重臣，但是如果这个企业想要继续发展壮大，光依靠老员工是不行的，必须要不断地引进新鲜血液，大胆起用年轻有为的人担任要职。李嘉诚深知这一点的重要性，因此他虽然十分感激那些元老重臣在自己创业之初的帮助，但并不一味地依赖他们。在事业小成之后，李嘉诚决定开始起用新人，为企业输入新鲜的血液和活力，给年轻人一个机会。到20世纪80年代中期，李嘉诚旗下企业的管理层基本上实现了新老交替，各部门负责人大都是30岁到40岁的少壮派。

在这些少壮派中，最引人注目的当数霍建宁。霍建宁毕业于著名的香港大学，大学毕业后，他又赴美深造。1979年学成归来，被李嘉诚招至旗下，出任长实会计主任。在工作期间，霍建宁仍然没有放弃学业，他利用业余时间进修，考取了英联邦澳洲的特许会计师资格证。

对于霍建宁的才学，李嘉诚是非常赞赏的，1987年就提升他为董事、副总经理。当时的霍建宁才35岁，如此年轻就担任香港最大集团的要职，在当时是非常罕见的。

对于那些动辄涉及数十亿资金的项目，例如长实全系的重大投资安排、股票发行、银行贷款等业务，李嘉诚都交给霍建宁策划和决策，而最终霍建宁也没有辜负李嘉诚的期望，这些项目都是盈利多亏损少，为长实全系带来了巨大的收益。因此霍建宁被外界媒体盛赞为一个“全身充满赚钱细胞的人”。

而与霍建宁并称为长实系“三驾马车”的周年茂和洪小莲，也是在很年轻的时候就被李嘉诚委以重任。周年茂外表看起来很像一个文弱书生，但是工作起来却颇有大将风范，指挥若定，调度有方，深得李嘉诚的赏识。1985年周年茂被李嘉诚委任为长实董事副总经理时，才三十出头。在这期间，周年茂负责长实全系的地产发展，具体策划，落实了茶果岭丽港、蓝田汇景花园、鸭脷洲、海怡半岛等大型住宅屋村的发展规划，顺利实施了李嘉诚的计划。

由秘书成长起来的长实董事洪小莲，在其全面负责长实公司楼宇销售时，也才不到40岁，她总是能够将大小事务打点得非常妥当，因此李嘉诚对她的工作能力赞不绝口。李嘉诚不拘一格，敢于重用年轻人，使长实全系充满了活力，长实集团在20世纪80年代也得以飞速发展，不断壮大。

“我劝天公重抖擞，不拘一格降人才”，这是近代著名文学家龚自珍所写的诗句，用来抒发求才若渴的慨叹。在现代社会中，人才对于一个企业的成败起着至关重要的作用，如果一个企业家想要拓展事业，就必须不断招揽新的人才，大胆起用年轻人。因为只有人员年轻化，才能使企业有干劲、有创造力、充满活力。

很多年轻人上大学时不好好学习，没有积累经验，而企业又不愿意做义务教员，这是企业不喜爱年轻人的根本原因。但是仅仅通过一两个案例，并不能说明所有年轻人都是学习不好且动手能力差的人，对于那些基础扎实、专业知识过硬、实践能力强、具备良好的职业素养的年轻人，老板们应该转变思路，给他们一个施展才华的机会。其实，对年轻人委以重任，让他们充分发挥自己的才智、热情和创造力，从某种意义上来说也是给企业一个机会，因为年轻人具有独特的思想和积极向上的朝气，会为企业带来难得的新气象，确保企业长盛不衰，不断发展。

在这一点上，马云就做得非常好。对于人才，他可谓是来者不拒。在一次校园招聘会上，阿里巴巴要招聘50名员工，马云对记者这样说：“50人的名额是我们人力资源部门定出来的，我还觉得太少。只要是人才，我们都要，有 200 人我也要。”

1932 年，受到美国经济大萧条影响，凯迪拉克汽车连年亏损，通用汽车公司的董事会召开会议，准备让凯迪拉克公司停产。就在董事会进行讨论的时候，凯迪拉克公司里一位名叫尼古拉斯·德雷斯塔特的年轻工程师闯进会议室，请求大家给他 10 分钟时间，让他提出一个可以在一年半内让凯迪拉克起死回生的方案。时任通用汽车总裁的阿尔弗雷德·斯隆答应了他的这个请求，当德雷斯塔特讲完他的方案后，斯隆当即决定任命他为凯迪拉克公司的主管。在德雷斯塔特的领导下，凯迪拉克终于起死回生，1934 年销量上涨到 11468 辆，1941 年销量达到新高 60037 辆。到 1962 年，这一高利润车型的销售量接近 160000 辆，德雷斯塔特不仅拯救了凯迪拉克公司，而且让它成为通用汽车公司的摇钱树。

在很多情况下，领导者都不会像斯隆那样刚毅果断地做出决策，他们往往重视“资历”胜于重视“能力”，总认为“姜是老的辣”，总是担心年轻人办事不牢靠，办砸了自己得担责任。确实，一个人的资历是由多年的工作经验积累而来的，资历高的人一般都思想成熟，比起年轻人在技术、管理等方面经验丰富。但是资历只是反映过去的工作经历，不能说明以后的发展。而且，在某些时候，一些人的资历高仅仅是因为工作时间长，其工作能力并不突出。

相对于这些人，年轻人精力充沛，吃苦耐劳，他们朝气蓬勃，最积极，最有生气，乐于学习，善于探索，勇于创新，接受信息和更新知识的能力强，没有保守思想。据统计，诺贝尔奖从 1901 年颁发到 1983 年，获物理学、化学、生理学和医学奖的 330 多人，其中 1/3 是

35 岁以下的年轻人。

所以说，一个优秀的企业家应该能够做到大胆起用年轻人，如果过分重视资历，无论什么重任都是资历高者优先，就会导致年轻有为的人才在不显眼的岗位上白白浪费青春，从而打击人才的积极性，影响其才能的发挥，降低企业的工作效率。人才长期受到压抑，就会另择高枝。“以资择人”的标准也会令其他有能力者望而却步，另谋他就。如果一个企业的人才不断外流，又没有新的人才补充，就如同人体失血而没有新鲜血液补充一样，必然是缺少活力的，长此下去，就会导致企业衰败。

中西合璧，不拘一格招揽人才

我并没有想过用雇用外国人来表现华人的经济实力和华人社会地位的提高，我只是想，集团的利益和工作确确实实需要他们。在我心目中，不管你是什么样的肤色，不管你是什么样的国籍，只要你对公司有贡献，忠诚，肯做事，有归属感，有长期的打算，我就会帮你慢慢地经过一个时期而成为核心分子。这是我公司一向的政策。

——李嘉诚

李嘉诚十分重视在企业管理中注入中国传统儒家思想，同时也积极吸收西方的先进管理手段。他曾说：“我看过很多富有哲理的书，儒家有一部分思想可以用，但不是全部。我认为要像西方那样，有制度，比较进取，用两种方式来做，而不是全盘西化或者全盘儒家。儒家有它的好处，也有它的短处，儒家进取方面是不够的。”

正是有这样的思想见解，李嘉诚才能在引进人才方面做到不拘一格。他的人才观非常开放，只要是人才，他都会重用，因此在他的企业中，他不仅大胆起用年轻人，甚至连外国人也不“放过”。

从20世纪80年代初期进军海外市场，到80年代中期，李嘉诚已经控股了数家英资企业，这让李嘉诚旗下企业中的外国人骤然增多。该如何管理他们呢？李嘉诚采取的方法是“以夷制夷”，也就是任命外国人担任主管，来管理企业中其他的外国人。由于身份相似，不仅有利于管理者熟悉业务，也有利于他们和被管理者进行有效的沟通。

长实集团旗下的公司分布在全球50多个国家，一共有20多万名员工，在这其中就有为数众多的外国人。在李嘉诚的公司里，实行的是职业经理人制度，这些职业经理人，特别是外国职业经理人，把西方先进的管理经验带进公司，帮助李嘉诚带领公司朝更加稳固强大的方向发展。

外界有一段时间曾质疑李嘉诚雇用洋人做员工是否带有炫耀之意。对于这样的质疑，李嘉诚予以回应说：“我并没有想通过雇用外国人来表现华人的经济实力和华人社会地位的提高，我只是想，集团的利益和工作确确实实需要他们。”

长实董事局副主席麦里思是英国人，毕业于著名的剑桥大学经济系，他是一位优秀的经济管理专家，曾任新加坡虎豹公司总裁，后来因为业务的原因，他认识了李嘉诚，并最终接受了李嘉诚的邀请，加盟长实，负责长实与香港洋行及境外财团的业务往来。

在李嘉诚的洋人阵容里，英国人马世民值得一说。他原本效力于怡和财团，这家公司是李嘉诚的竞争对手，后来他辞职创业，开办了一家工程公司，与李嘉诚有着直接的业务冲突。但是李嘉诚并没有计较这些，相反，因为欣赏马世民的学识与才干，李嘉诚想方设法将其网罗到自己的旗下。为了达到目的，李嘉诚在1984年收购了马世民的公司，随后将其提升为和记黄埔的总经理，负责和记黄埔属下的货柜码头、电信及零售贸易等业务。不久，李嘉诚又任命马世民为嘉宏国际和港灯董事局主席。对于李嘉诚的知遇之恩和信任，马世民自然十分感激，他勤恳工作，为和黄创下许多丰功伟绩。

马世民一上任，就开始为和黄赚大钱，他作为李嘉诚的膀臂，帮助李嘉诚成功收购了港灯集团。这件事情之后，更加让李嘉诚坚定自己没有看错人，而马世民也没有辜负李嘉诚的期望，在公司兢兢业业地工作。马世民不但工作能力强，人品也是一流，凡是和他打过交道的人，无不对他交口称赞。

马世民工作非常勤奋，他的日程表排得满满的，经常是下班之后，他还留在办公室里加班，为长江实业做出了很大的贡献。

李嘉诚的“以夷制夷”策略大获成功，硕果累累。俗话说“宰相肚里能撑船”，在现代企业中，一个优秀的企业家必须具有容纳不同人才的胸怀，只有这样，才能推动企业快速发展，实现全球化。李嘉诚曾说：“要有同理心，能易地而处，敞开心胸去体会来自世界各地的不同文化、不同种族的人的所思所想，才可以超越种族、性别、年龄、文化以及其他隔膜。我们不单要努力提升自己，更要致力建立社会共同的尊严，否则我们在全球化的过程中要想彼此和谐相处，只能是遥不可及的愿望。”

在现实生活中，很多企业家虽然非常勤奋，能力很强，但他们却不能像李嘉诚那样心胸开阔，他们不能包容人才，导致人才的流失，这就为他们的企业发展带来了很大的阻碍。

张春是一家 IT 公司的老板，他年轻有为，在短短几年时间内就将公司发展得很不错。为了能够让公司拥有更好的前景，张春招聘了一批能力出众的高管，这批高管确实很能干，在他们的带动下，公司的业绩不断提升。

但张春此时却有点儿担忧，他怕这些高管在熟悉了业务之后会带走自己的客户资源。他对高管中一位名叫麦克的美国人尤其不放心。麦克曾经在外企工作过，能力很强，而且麦克多次表示，自己将来也是要创业的。

张春担心麦克会卷走自己的客户，每当麦克提出新的建议或者新的发展方案时，张春总是想办法打压，他希望能够压制麦克的发展势头，不让他在公司的势力过大。没过几个月，麦克就觉察出张春对自己的不满和猜忌，主动辞职走了。

本来麦克走了张春可以松一口气，但是他发现随着麦克的辞职，公司流失了一大批刚拓展的新客户。原来这批客户是麦克拓展的海外客户，还没有发展成熟，麦克就辞职了，自然也就无人去接洽，这批客户便没能继续与公司合作。

张春缺乏包容，不仅让他损失了巨大的利益，还伤害到公司员工的心，员工们会觉得自己的团队领导不够信任自己，在公司待着没有意思。

作为企业领导，维护团队建设首先要做的就是怀有一颗包容开放的心，能够接纳不同的员工，尤其是能力超群的员工，要将这些员工的心拉到自己这里来，让他们一心一意为公司出力，而不能用猜忌和防范将这些员工的心越赶越远。

集思广益，排除百密一疏的可能

决定大事的时候，我就算百分之一百清楚，我也一样召集一些人，汇集各人的资讯一齐研究。因为始终应该集思广益，排除百密一疏的可能。这样，当我得到他们的意见后，看错的机会就会微乎其微。这样，当各人意见都差不多的时候，那就绝少有出错的机会了。

——李嘉诚

在古希腊流传着一句非常富有哲理的话："上帝对每一个人都很公平，他赐予我们的都是一条舌头、两只耳朵，所以我们从别人那儿听到的话，可能比我们说出的话多两倍。"这句话告诉我们在日常生活中，应该做到少说话、多倾听。作为一个管理者，更应该做到这一点。学会倾听，积极采纳他人正确的意见，是一个优秀管理者必须具备的重要素养。

李嘉诚认为，身为一家企业的管理者，不仅仅需要招揽各种人才，在面临问题时，还要能够集思广益，听取大家的意见。在李嘉诚的管理过程中，他时时刻刻记着这一点。作为一个成功的管理者，李嘉诚十分注意广开言路，善于听取别人的意见。李嘉诚说：“要成为一个成功的领导者，不单要努力，更要听取别人的意见。”

随着生意越做越大，李嘉诚身上的担子也越来越重，光靠他一个人的智慧，肯定不能管理好这么大的集团，因此他一直强调集思广益的重要性。在李嘉诚的身边有一个智囊团，里边有各式各样的人，他们无疑都是精英中的精英，公司的每一项决策，李嘉诚都会召集智囊团进行商议，然后再做出决定。

在公司迁址的问题上，李嘉诚坚持留在香港，但是当时和黄的行政董事李察新坚持要迁册，李嘉诚和他的意见出现了极大的分歧。但这一次李嘉诚并没有采纳李察新的意见，而是坚持了自己的看法，留在了香港。这并不是说李嘉诚顽固不听别人的意见，而是李嘉诚有他自己的原则，触犯了他的原则的事情，他是坚决不干的。为了这件事情，李察新辞了职，李察新认为当时股市动乱，香港工商界出现了迁册风潮，长江实业也应当随大流迁册，否则可能会出问题。

李嘉诚坚持己见，在李察新走后，他找来了马世民接替李察新的职务。1986 年，马世民提出立足香港跨国投资的策略，李嘉诚是非常支持的。于是便有了和黄、长江实业以及李嘉诚私人大笔投资海外的举动，这在当时引起了世界瞩目。李嘉诚是一个有主见、有思想的管理者，他不会在带领团队时全然听取下属的意见，他会分析利弊之后，将有利的意见吸收接纳，不利的意见排除在外。

李嘉诚不仅善于倾听内部员工的意见，对于外人的意见，他也能够虚心接受。李嘉诚发售位于新界的别墅楼盘时，香港《明报》旗下的广告公司是其代理。有一次广告公司派人到现场考察，发现别墅已经全部建好，只是周边的道路还没有修好，当时正下着小雨，道路非常泥泞，广告公司的人没走多久，鞋子、裤脚上就沾满了泥泞。于是广告公司的人见到李嘉诚后，建议李嘉诚最好能把周边的路修好，然后再对外发售。

听完对方的意见后，李嘉诚说：“你的建议非常好，我马上吩咐人去落实。”很快，别墅周边的道路被修好了，而且四周还种满了郁郁葱葱的树木，结果发售情况非常好。从那以后，每当李嘉诚再建高档别墅，都会首先把周围的环境治理好。

李嘉诚的所作所为，正是体现了一个成功管理者的智慧。成功的管理者不会一味地显露自己的才华，而是善于倾听别人的意见，借别人的智慧来赚钱。正如李嘉诚说的那样：“你自己应该知识面广，同时一定要虚心，听听专家的意见。我常常是这样，假如一个项目我认为不好的话，我还是非常虚心地听。有的时候，可能 90% 是你认为不好的，但他讲的 10% 是你不知道的。那么，这个 10% 可能就是成败的关键。当然，自己作为一家公司的最后决策者，一定要对行业有相当深的了解，不然的话，你的判断力一定会出错。今天跟从前有一个不同，传统行业如果出错，错不了多少，但是今天的决定错了，可能就会错得非常离谱。”

孔子曾经说过：“三人行，必有我师焉。”每个人的身上都有可以借鉴学习的地方。一个成功的管理者只有善于倾听，善于运用大家的智慧，博采众家之长，才不至于因为目光短浅而做出盲目的决策。尤其在现代企业管理界，优秀的管理者都有认真听取员工对工作的看法、积极采纳员工提出的合理化建议的习惯。

1880 年，柯达公司创始人乔治·伊士曼经过多年的研究，终于成功研制出一种新的感光乳剂，随后，在别人的资助下，他又经过 6 年的时间研制出感光胶卷，即“伊士曼”胶卷。他的这一系列发明为他赢得了可观的财富，于是他顺利地成立了“伊士曼柯达”公司，专门生产照相器材。

在成立之初，伊士曼很重视听取员工的意见，他认为公司的许多设想和问题，都可以从员工的意见中得到反馈或解答。为了收集员工的意见，他设立了意见箱，公司中的任何人都可以把对公司中某一环节或全面的战略性的改进意见写下来，投入意见箱中。公司指定专职人员负责处理这些意见。被采纳的意见，如果可以替公司省钱，公司将提取前两年节省金额的 15% 作为奖金；如果可以引发一种新产品上市，奖金是第一年销售额的 3%；如果未被采纳，也会收到公司的书面解释函。

这项制度从 1898 年开始实行，一直沿用下来。从设立建议箱的那天开始，公司就一直不断地收到意见，一共采纳员工所提的 70 多万个意见，付出奖金达 2000 万美元。公司由于采纳员工意见而节省了 1850 万美元的资金，减少了大量耗财费力的文牍工作，更新了庞大的设备，并且堵塞了无数的工作漏洞，为公司避免了许多损失。

俗话说“兼听则明，偏听则暗”，一个管理者只有虚怀若谷，能够倾听、采纳各方面不同的意见，才能全面客观地了解事物，做出正确的决策，带动企业向前发展；而那些一听到反面意见就大皱眉头，甚至对提出意见的员工打击报复的领导者，势必会失去人心，失去下属的信赖和拥戴，企业也就无从谈及发展。

管理者要学会授权

一个企业要发展，一定要有好的文化氛围，小企业的管理者要争取每样事情亲自处理，所谓“力不到，不为财”；至于大型企业，则一定要有组织。

——李嘉诚

沃尔玛创始人山姆·沃尔顿曾说过：“一名优秀的经理，最重要的一点就是懂得授权和放权。”的确，一个优秀的企业家要充分信任员工，将自己手中的权力分配给下属，大胆放权，为他们提供施展才华的舞台。

李嘉诚对山姆·沃尔顿的观点十分赞同，他认为在纷繁多变的现代社会中，一个大企业的优秀管理者不可能独揽一切，应该将手中的权力下放，使每一个层次的员工都能够各尽其责，而管理者只需做出示范即可，不需要每件事情都去过问。那些事必躬亲的管理者，最终会累人累己，使公司的运营变得一团糟。

因此，在广纳贤才、任人唯贤的同时，李嘉诚还能够确保招聘进来的每一个人才都有施展自己才华的空间。他经常对别人说：“人才招揽进来就是为了发挥他们的才干，如果放在一边不用，就像食物放久了会发霉一样。”因此，只要员工的能力突出，李嘉诚就会加以重用，确保他们能够在公司中担任管理职务，这也使得这些人才即使后来离开公司，也成为其他公司争相抢夺的对象。

有一次，李嘉诚到汕头大学出席一个活动，在路上他接到分公司经理打来的电话，说有一笔生意需要他签字。李嘉诚直接答复说："这样的事情你自己看着办，可以签也可以不签，以后不要再来问我。"挂断电话后，这位经理好半天没有缓过神来，因为这是一笔10亿元的生意，李嘉诚竟然让他自己做决定。等他想明白之后，对李嘉诚这种充分授权、信任员工的胸襟十分钦佩，因为在其他公司里，很少有一个管理者会如此大胆地授权。

在日常管理中，李嘉诚将公司的业务分成几个区域，交给追随自己多年并且能力出众的几个人管理，让他们不要事事都来请示，除非是特别重大、特别紧急的事情。通过这种方式，李嘉诚能够从公司忙乱的业务中抽身出来，用更多的时间思考公司的发展方向和投资方向。李嘉诚的经历告诉我们，要想成为优秀的管理者，就应该学会授权给下级，只有这样，你的企业才能真正成为伟大的企业。

只有懂得授权给下级的管理者，才是伟大的管理者。大胆授权，充分信任和尊重你的员工，看似无为而治，其实却彰显出你博大的胸怀。

一位管理者死后来到天堂，待了几天之后，感到十分无聊，因为这里没有什么事情可做，想了半天，他脑中灵光一闪，心想："我生前是一名管理者，那么我就去和上帝探讨一下如何管理天堂吧。"

于是他找到上帝，毕恭毕敬地问："上帝，请问你是如何管理天堂上这么多神的？"

上帝回答说："我只需要授权和考核，至于他们怎么做，那就是他们的事情了。亲力亲为的管理者是贱骨头，是天生的奴才，不配做管理者！"

在我们的身边，经常可以看到上帝所说的那种贱骨头管理者，他勤勤恳恳，日理万机，不论大事小情都要过问一番，然后由他做出决定。他认为这样公司就会变得井井有条，但结果往往事与愿违，他的公司变得越来越杂乱无章。因为一个人的精力毕竟有限，想要把所有的事情都做好，那是不可能的。

管理学大师史蒂芬·柯维认为："现代社会许多大小公司的老板、部门主管早已被信息、邮件、文件、会议淹没得透不过气来。几乎任何一项请求报告都需要他们审阅，予以批示，签字，他们经常被搞得头昏眼花，根本无法对公司重大决策做出思考。在董事会议上，他们很可能是最无精打采的一类人。难道这就是所谓的管理者吗？有必要要求他们过目每一份文件吗？细到内务部门发文稿这类小事都有可能摆上他们的办公桌。而为了等待他们的批阅，某项工作也许会拖到下个星期，直等到他们没有稿笺可用的时候才会想起来，叫来内务总管训斥一顿，而积满灰尘的报告使局面变得非常之尴尬、不愉快。"

而通用公司前CEO杰克·韦尔奇也曾说："我们所能做的一切就是寄希望于我们挑选的人才，而我的工作就是挑选合适的人才。"

美国投资大师乔治·索罗斯是一个敢于大胆授权的管理者，这完全缘于一次惨痛的教训。有一次，他出差归来，刚进办公室没多久，秘书就抱着一大摞文件来找他签字，他翻看了几份文件后，就气愤地说："这些文件都是很重要的文件，已经积压了几天，为什么不让部门经理签字实行？耽误这几天的时间，会让公司蒙受巨大的损失。"

听了乔治·索罗斯的话，秘书感到非常委屈，说："当初你定下规定说需要亲自过目每一份文件，所以部门经理才不敢签字啊。"

听了秘书的话，乔治·索罗斯才想起自己确实是在不久前的会议上说过这样的话，他懊恼地摇摇头，紧急召开部门经理会议，向所有人宣布："除非碰到你们没有办法解决的事情，否则不要耽误我打球的时间。"从那以后，乔治·索罗斯再也见不到积压很久的文件了。

正如韩非子所说："下君尽己之能，中君尽人之力，上君尽人之智。"领导者要成为"上君"，就必须对下属进行合理的授权。当然授权并不意味着对员工能做的事不闻不问，任其"胡作非为"，而是让员工主动承担责任，各尽其责。因此，授权是否合理是区分领导者才能高低的重要标志。

第五章

竞争管理：

竞争不等于斗争

进退之间，方得大天地

人面对力所不能及的事时，往往逞一时之气，显一时之威，到头来只能是自己打落门牙往肚子里咽，自己酿的苦酒自己喝。我们常常缺乏进退自如的状态，往往为了某些既得利益拼命争取，就算力所不及也毫不在意，到头来甘苦自知。与其那时来收拾残局，甚至造成亏本，倒不如从一开始就克制一些。对本身力所不及，又面临强大竞争对手，可能使己受损的事，不妨以“和”的心态来面对，以求双方合作，双方受益。

——李嘉诚

俗话说得好：“忍一时风平浪静，退一步海阔天空。”在生意场上，经商的高手无不是进退自如的策略大师。一个真正成功的企业家，不会一味地争强好胜，而是会在市场竞争中的必要时刻，宁可退后一步，也不会盲目增资和扩张。他们能够做出一点牺牲来给日后更大的迈步做铺垫，从而使自己立于不败之地。不懂得退让的人，迟早会将企业带入险境。在竞争中的进与退，体现着一个商人的眼光、智慧和胸怀。

有一年，香港特区政府出现了财政紧张，为了缓解这一状况，特区政府想要将中环海边康乐大厦所在的那块土地拍卖掉。这块地皮面积很大，而且处于黄金地段，很有升值的价值，是非常值得投资的地方。这个消息传出后，很多商人纷纷加入投标中，想要购得这块地，就连不在香港的商人听闻了这个消息后，也纷纷回港参与投标。

参加投标的人虽然多，但真正有实力能够购下这块地的只有在香港的李嘉诚的长江实业有限公司和英国的渣打银行。特区政府出于各种考虑，不想让香港以外的人士购买这块地，便有意想让这两家中的一家获胜，于是采取了暗中投标的方式。

李嘉诚虽然对这块地皮很中意，但他也有自己的考虑，他在心中给自己设置了一个底线，如果超过底线，那就算把地买回来也是亏本。可是渣打银行却一心要得到这块地，渣打银行之前与长江实业有限公司有过多次竞争，但都败给了长江实业，所以为了挽回面子，它非常想要投中标，以至于拼命提高价格。

李嘉诚报了他心目中的价钱 28 亿港元，但渣打银行不了解，他们认为李嘉诚可能会为了得到这块地而报高价，于是渣打银行也报了高价，足足有 42 亿港元，这样高的价格，最终自然是渣打银行赢得了这次的投标。

本来，渣打银行觉得这一次能够胜利是件非常高兴的事情，正当渣打银行上下举杯欢庆这次胜利时，得到消息的员工回来说李嘉诚的报价比他们的要少 14 亿港元，这个消息让渣打银行的高层大吃一惊，他们的总裁惊得连杯子都掉在地上摔了个粉碎，他们万万没想到李嘉诚只会报这样的低价。

李嘉诚没有被眼前的利益蒙蔽双眼，他冷静思考之后，做出了理智的选择，经受住了黄金地段的巨大诱惑，果断抽身，将这块地留给了渣打银行。表面上看是李嘉诚输了这场竞争，但实际上却是他赢得了胜利。如果李嘉诚一心想要赢得这块地，拼上身家，没准也能竞争过渣打银行，但那样做完全是为了赢得竞标，最后虽然赢了竞争，却买回了一块赔本的地，又有什么实质意义呢？

在每一次竞争中，李嘉诚都会留有余地，他不会为了达到目的而不顾一切。在李嘉诚的人生观中，有前进就有后退，进退之间，才是人生的大天地。一味地前进，最后只能逼得自己走向被动，只能是得不偿失。

一天，一个经常进山砍柴的老汉突然发现了一眼泉水，这股细细的泉水沿着窄窄的石缝向下流淌，将正下方的岩石冲刷出一个浅坑，坑里除了积蓄的泉水之外，竟然还有一些黄澄澄的金沙。

砍柴的老汉惊喜地捧走了金沙，由于金沙每隔十几天就会铺满浅坑，所以老汉每隔十几天就会进山一次捧走金沙，他自然也就过上了富裕生活，再不用每天受苦受累地上山砍柴了。

随着时间的推移，老汉渐渐感到不满足了，他决定进山拓宽石缝，增大泉水的流量，这样就能冲来更多的金沙，带给自己更多的财富。没过多久，老汉就进山将石缝凿宽了，回到家后，一想到自己将获得更多的金沙，他欢喜得连做梦都笑出声来。

谁知事与愿违，十几天后，当老汉进山以后，发现由于水流增大了，导致金沙难以沉淀下来，金沙不但没有增多，反而从此消失得无影无踪。失去金沙的老汉，不久又陷入到贫困中。

在竞争中消灭所有的竞争对手，最大限度地占有市场，始终是商人的不懈追求，但是，一家经营顺利、业务蒸蒸日上的企业，在面临诸多不可预知的未来时，最好的策略就是“以退为进，转攻为守”。退一步，避开竞争对手和竞争矛头，减少正面冲突带来的风险，降低促销成本，才能蓄积强大的力量，在日后去开拓更广阔的市场。否则，盲目地增资或扩充，就会像故事中的老汉一样，最终栽了跟头，甚至从此一蹶不振。因此，在市场竞争中，有时候“退”要比“进”更有力量。

吃亏有时是一种福气

顾及对方的利益是最重要的，不能把目光仅仅局限在自己的利上，两者是相辅相成的，自己舍得让利，让对方得利，最终还是会给自己带来较大的利益。

——李嘉诚

在成功学中，有一条“互利法则”，即你给人一分利，别人就会给你一分利。“利益共沾”，是聪明商人遵循的法则。李嘉诚深知这一法则的重要性，因此在市场竞争中，他始终坚持：不独利己，更要利人，不能总把自己的利益摆在别人之上，而是要学会利人法则。

在功成名就之后，有一次李嘉诚曾问他的两个儿子李泽楷和李泽钜：“如果我要入股一家公司，按照协议我可以拿 10% 的股份，但是凭着我的地位和名望的话，拿 11% 也不算过分，你们说我该拿多少？”

李泽钜给出的回答是拿 11%，这一答案被李嘉诚否决了，李泽楷马上给出了拿 10% 的答案，李嘉诚同样否决了。他说：“我只拿 9%，有些时候我们做事情不能只考虑自己，更要考虑和我们打交道的人，你拿 11% 发不了财，只有拿 9%，财源反而会滚滚而来。”

李嘉诚并不仅仅是口头说说，他也是这样做的。提起汇丰银行，在香港可谓是无人不知，无人不晓。因为在很长一段时间内，香港所有的港币全部由汇丰银行发行，而且在汇丰银行扶植下成为顶级富豪的人不计其数，因此香港经济界人士常说的一段话就是：“谁攀上了汇丰银行，谁就攀上了财神爷；谁攀上了汇丰大班（指香港大机构的主席、董事总经理或行政总裁），谁就攀上了汇丰银行。”

在长实全系发展的过程中，李嘉诚自然需要更多的资金支持，而汇丰银行无疑是不二的选择，因此李嘉诚想方设法想要和汇丰银行搞好关系。当时汇丰集团董事局常务副主席是沈弼，他对李嘉诚这位“地产新秀”所表现出来的聪明才智十分欣赏，早就萌生了与其合作的念头，而随后发生的一件事情，更让他决定立刻和李嘉诚合作。

1978 年，李嘉诚采取分散户头暗购的方式吸纳九龙仓的股票，想通过控制九龙仓入主董事局，而这时，怡和财团察觉到其动向，不甘示弱地展开了反收购，开始在市面上高价大抢散户持有的九龙仓股票。然而在混战中怡和财团始终运气不佳，屡屡败北，这个在香港经济中占有举足轻重地位的英资财团呈现出让华资财团可骑在头上的态势，在此危急关头，怡和财团不得不紧急向汇丰银行求救，于是沈弼亲自出马斡旋，奉劝李嘉诚放弃收购九龙仓。

此时，李嘉诚得知“香港船王”包玉刚也购入了不少九龙仓的股票，如果自己再坚持参加这场收购大战，势必会造成几虎相争必有一伤的结局，同时为了长江实业在今后的发展中能得到汇丰银行的支持，于是李嘉诚决定卖一个人情给沈弼，退出收购九龙仓的竞争。

随后，李嘉诚密会包玉刚，把手中的1000万股九龙仓股票转让给他，在这一进一出的买卖中，李嘉诚不仅获纯利5800万港元，取得了包玉刚手中持有的另一老牌英资洋行和记黄埔的股票，而且还帮助包玉刚得到了吞噬九龙仓的绝对优势，同时巧妙地回避了与介入九龙仓争夺战的汇丰银行的正面冲突，从而为接下来与包玉刚和汇丰银行的合作打下了坚实而深远的基础。在九龙仓收购战的竞争中，李嘉诚一箭三雕，可谓是最大的赢家。

赢得了汇丰银行信任的李嘉诚迅速与其建立了合作关系，没过多久，李嘉诚的长实就与汇丰银行合组成立华豪有限公司，重建位于中区黄金地段的华人行。这次合作不仅让李嘉诚收获颇丰，而且也让他的经济地位在香港更上一层楼。1979年9月25日，李嘉诚就收购和黄股份与汇丰银行达成协议，以6.39亿港元收购汇丰银行持有的22.4%和黄股份。

持有九龙仓股票15%～20%的包玉刚得以顺利入主九龙仓，没过多久，他就决定将西环的货仓大厦交给李嘉诚重新设计，创建一座拥有50多万平方米楼面的新型商业大厦。在这次合作中，李嘉诚只需要投入建筑费，而不需要付出占投资总成本的70%～80%地价，并且日后的利润由两家平均分配。

古语说“吃亏是福”，能吃亏是做人的一种境界，会吃亏是处事的一种睿智。李嘉诚的故事充分证明，在商战中，暂时的吃亏不仅能帮助我们实现既得利益，还能招来更多的合作伙伴，使自己财源滚滚。

有一家采矿场的老板，经营采矿场多年一直屹立不倒，究其成功的根源，在旁人眼中似乎有一些傻，因为他在与每个合作者分利的时候，总是把大头让给对方，自己只拿小头。

正是因为他的这种做法，导致凡是与他合作过的人都愿意与他继续合作，而且还会介绍一些朋友，再扩大到朋友的朋友，久而久之，大家都成了他的客户。虽然表面上看他只拿小头，利润很少，但是如果把无数的小头集中起来，最大的大头也就由此产生了，而真正成功的商人，就是这样形成的。

对于吃亏，弘一法师从佛法的角度进行了独特的讲解，他曾这样评价君子与小人的区别："我不识何等为君子，但看每事肯吃亏的便是。我不识何等人为小人，但看每事好占便宜的便是。"每个人都想成为富翁，做成大生意，但是如果没有"吃亏是福"的豁达胸襟，即使有机会摆在你的面前，你也会变成一个斤斤计较的小商贩，眼睁睁地看着机会从自己眼前溜走。只有那些从不计较暂时得失的人，具有大胸襟、大气度的人，才能最终成为企业大家，因为他们知道，一时一事的吃亏或许会给他们带来意想不到的利益。

只要快一点儿就是赢

今天，在竞争激烈的世界中，你付出多一点儿，便可赢得多一点儿。好像奥运会一样，如果跑短赛，虽然是跑第一的那个赢了，但比第二、第三的只胜出少许。只要快一点儿，便是赢。

——李嘉诚

在市场竞争中，获取最后的胜利很简单，就是当你拥有灵感时，只需要把这个灵感比别人快一步表现出来就可以了。李嘉诚之所以能够出类拔萃，成为商界富豪，与他具有超前意识、思考未来的性格特征有很大的关系。

20 世纪 40 年代中期，塑胶行业在欧美发达国家兴起，并因此带动了一股塑胶花热潮，李嘉诚审时度势，果断地从自己非常熟悉且干得不错的五金行业抽身而退，转投到塑胶行业。1950 年，李嘉诚创立长江塑胶厂，并开始大量生产塑胶花，最终在这股热潮的带动下，李嘉诚赚得了数千万港元，他所创办的长江塑胶厂也一跃成为世界上规模最大的塑胶花生产工厂，他也因此被称为“塑胶花大王”。

随后，有很多人都步其后尘投入到塑胶行业，一时间生产塑胶花的工厂如同雨后春笋般遍地开花，李嘉诚这时预感到这个看似兴隆的行业将会出现很大的危机，因此他当机立断，放弃了当时还盈利颇丰的塑胶花业，开始进军玩具行业。果然，没过多久，火爆的塑胶花业由畅销转为滞销，那些跟风兴起的塑胶花工厂全都赔得血本无归，而这时的李嘉诚已经在玩具行业中赚得了数千万港元。

1958 年，香港的房地产业处于低谷，当时的香港地价下跌 70%、房价下跌 30%，许多生意人都对房地产业避而远之，但是李嘉诚却认为香港人多地少，房地产业的不景气只是暂时的，随着经济的逐步发展，该产业在日后一定会大有作为，因此他投资数百万港元进军房地产业。几年过后，他所购置的地皮都上涨了数百倍，而他也成为香港的地产大王。

人们常说“一步领先，步步领先；一步落后，步步落后”，意思是说，先人一步，自己的空间就非常大，而随波逐流，空间就会变得非常小。从生活到工作，特别是在激烈的市场竞争中，这个道理永远是适用的。具有超前意识，能够在市场竞争中先人一步，是那些成功的企业家所具备的共同特质，否则，就很难准确地看到和把握住商机，难免会跌落在“随大流”的大潮之中，以至于很难使自己走在“领先”的行列，从而给自己的发展带来很大的限制。对于李嘉诚来说，具有超前意识是他在商海中获胜的重要法宝，在瞬息万变的信息中敏锐地捕捉到商机，造就了他的神话传奇。

美国著名企业家，假日酒店创始人凯蒙斯·威尔逊就是一个和李嘉诚一样具有超前意识的商人。在他 17 岁的时候，经常去孟菲斯剧院干一些杂活儿，以换取免费看电影的机会。在这期间，威尔逊发现，这家剧院不出售供观众看电影时消遣的食品，于是，他说服剧院的老板，让他在剧院门前放置一台爆玉米花机。从那以后，威尔逊便开始在剧院门口出售爆玉米花，生意非常好，他竟然每周都能够净赚四五十美元，这也让他获取了人生的第一桶金。

第一次世界大战结束后，威尔逊已经在多个行业尝试过，并赚了一些钱。由于受到战争的影响，当时的人们普遍都很穷，因此投资房地产生意的人并不多，所以地皮的价格一直很低。

经过调查，威尔逊意识到，虽然第一次世界大战导致美国的经济衰退，但美国是战胜国，它的经济会很快复苏，地皮的价格一定会日益上涨，赚钱是没有问题的。因此他不顾朋友和家人的劝阻，毅然投入自己的全部资金买下了市郊一块很大的地皮。这块地由于地理位置偏僻，一直无人问津，但是威尔逊却认为，当美国经济繁荣起来后，城市人口会越来越多，市区也将会不断向市郊扩展，他买下的那块杂草丛生的荒凉之地一定会成为“黄金宝地”。事实正如威尔逊所料，3年之后，由于城市人口剧增，随着市区向周边的扩展，威尔逊所买的那块地很快成为孟菲斯市最繁忙、最稠密的商业地带之一，而威尔逊自然也获利颇丰。

1951年夏天，威尔逊经历了一次令人沮丧的全家度假旅行。他们全家在旅游时所住的旅馆环境不好，工作人员服务态度很差，然而在沮丧之后，威尔逊就发现了一个很大的市场机会：自己为什么不开一家为旅客提供理想的住宿条件、服务优良的宾馆呢？于是威尔逊立刻开始筹措资金开旅店。不久，威尔逊便盖了一座汽车旅馆，取名为“假日客栈”。由于地理位置优越，并且租金低廉，旅馆内还特别注重卫生整洁，有良好的服务条件，因此顾客盈门，生意兴隆。从那以后，威尔逊的假日客栈便像雨后春笋般出现在美国与世界其他地方，这使他获得了丰厚利润，也让他成为美国著名的富豪。

想要在竞争中获胜，就要具备时时刻刻走到别人前面的领先精神。如若不然，落在别人后面，想要追赶，就需要费很大的力气。

与其和对手比，不如看到对手的长处

我们要和对手相比，知道自己的优点与缺点。尤其，我们更要看到对手的长处。人们经常花很多时间去发掘对手的缺点，其实看对手的长处更为重要。

——李嘉诚

价值规律决定着做生意时一定会遇到对手，有一些企业在发现自己的竞争对手后，会感到非常恐惧，它们将竞争对手视为仇人，想尽办法要消灭它。其实，有些时候，有竞争对手未必是一件坏事，因为它们可以激发人的创造精神和企业的创新精神。学会欣赏和学习你的竞争对手，是企业家在市场竞争中的最高智慧。

选择什么样的竞争对手的权力在企业家的手里，也考验着企业家的战略眼光。一般来说，企业家喜欢选择和自己实力差不多的企业做对手，而李嘉诚则更愿意选择强者为对手。就好比一个优秀的运动员，往往在与比自己强的对手同场比赛时才能发挥出潜力，同样，强劲的对手往往更能激发李嘉诚的斗志。

在创业之初，李嘉诚就一直研究着香港的老牌英资企业的种种动向，并将它们视为最大的潜在对手，与它们有过多次交锋。

20世纪60年代后期，香港经济起飞，地价开始跃升，李嘉诚自然不会放弃这个赚钱的机会，他开始涉足地产行业，大量收购土地。在这期间，他就曾与英资怡和财团控制下的置地公司为了争夺地铁中环和金钟站的地面建筑展开了激烈的竞争，而最终的结果是，李嘉诚的长江实业战胜了实力雄厚的置地公司，这个“小蛇吞大象”的经典战役一直被人们所津津乐道。

1978年，李嘉诚又把目光对准了另一家老牌英资公司青洲英坭，很快在股市上收购了青洲英坭25%的股票，并出任该公司的董事。紧接着李嘉诚集中火力，对英资四大洋行之一的和记黄埔穷追不舍，在股市上大量吸纳和记黄埔的股票，并最终在1979年以6.93亿港元的价格，从汇丰银行手中接管了和黄，在香港经济格局历史性的变革中留下了壮丽的篇章。

尽管李嘉诚与这些老牌英资企业屡屡交锋，并都大获全胜，但是它们并没有因此与李嘉诚成为不共戴天的仇人，相反在每一次战役之后，都能握手言和，并联手发展一些项目。选择优秀的对手进行竞争，并最终与它们结成合作伙伴，这是李嘉诚创造的“只有对手而没有敌人”的奇迹。

优秀的竞争对手是一笔财富，成熟的企业都会对这样的竞争对手给予足够的重视。就如同一枚硬币，企业是这一面，那么竞争对手就是另外一面，两者之间不可分割。因此，尊重对手，尊重彼此之间的游戏规则，就是尊重自己、壮大自己。阿里巴巴创始人马云曾对这一问题说过如下的话：“阿里巴巴没对手是很痛苦的，到处找，这个也是，那个也是，弄得自己很累。但是淘宝有对手，淘宝的对手是 eBay，我们认为是伟大的 eBay。你打拳碰到泰森，你可能会认为很倒霉，其实，你能够找到世界一流的对手，我认为是一件很好的事。如果你打球碰到乔丹，那是一辈子幸运的事。所以我觉得淘宝能够向 eBay 这样的对手学习，那是一种福气。”

同李嘉诚、马云一样，华为的创始人任正非一贯主张向优秀的企业学习，即使它是自己的竞争对手。因此华为从创建之初开始就始终是一种放下架子虚心学习的态度，通过学习，华为寻找到自己与优秀企业之间的差距，从而不断地弥补自己，逐渐发展壮大。

早在 1992 年，任正非为了了解世界顶级企业的管理经验，就曾远赴美国、德国等西方国家进行考察，并走访了阿尔卡特、西门子等在行业中处于领先地位的跨国公司，学习他们的先进管理技术。1997 年，任正非又先后拜访了美国休斯公司、IBM、贝尔实验室和惠普等4家公司，对它们的了解让任正非感到震撼，给了他很多触动和启示。任正非清楚地认识到，华为与这些跨国企业之间的差距十分巨大。经过深思熟虑之后，他提出了一系列改造计划。从1998年开始，一场酝酿已久的变革在华为内部展开，所有华为员工开始进入到全面学习西方经验、反思自身、提升内部管理的阶段。

作为华为同城的竞争对手中兴通讯，曾经在很多领域与华为直接交手，甚至有的时候会争得你死我活，但是任正非看得更多的是中兴通讯的优势以及华为的劣势，他曾仔细分析过中兴通讯的优缺点，并号召所有华为人多向对手学习，以完善自己。任正非曾说：“中兴公司与我们同在深圳，朝夕相处，文化比较相近。中兴在‘做实’这个方面值得我们基层员工好好学习。华为在‘作势’方面比较擅长，但在‘做实’方面没有像中兴那样一环扣一环，工作成效没有它高。”

正因为任正非能够虚心向优秀企业学习，才提升了华为的竞争力，使得华为能够始终保持稳定的发展和旺盛的活力。

李嘉诚、马云和任正非这些成功企业家的经历告诉我们，竞争并不只意味着你死我活的对抗，更意味着多了一个学习的参照者和督促者。一个想要快速发展的企业必须主动选择优秀的竞争对手，因为强劲的对手是进步的助推剂。善于向竞争对手学习，乃至向一切优秀企业学习，不仅可以取长补短，完善自我，而且还能够最大限度地发挥自己的优势和长处，最终超越竞争对手，走向成功。

优势互补才能双赢

谈到和别人合作，大多数老板的思维是：和他合作我有什么好处？一旦你形成了这种和别人合作就必须占别人便宜的思维，那么你就永远都做不大，因为没有人愿意和小心眼儿的人来往。而真正正确的思维方式是：和他合作我能带给他什么好处？

——李嘉诚

在当今这个竞争激烈的商业社会中，商人们已经逐渐意识到“孤胆英雄”并不是明智之举，费时费力，结果也并不如意。一个成功的企业家不应孤立自己，而是应增强与外界的联系，与别人进行合作。商人之间互相合作，联合起来，双方从对抗到合作，从无序到有序，从短暂的存在到永久的矗立，竞争力自然也就增强了，企业也就能够得到持续的发展。

李嘉诚深刻明白“合则两利，分则两害”这一道理，因此在他多年的经商生涯中，总是尝试着与他人甚至竞争对手进行合作，以实现双赢。而在牵手同仁堂药业这件事上，就体现了他独到的眼光。李嘉诚巧妙地运用了优势互补这一原理，从而使自己的企业与同仁堂实现了双赢。

1998年，在经受了亚洲金融危机的考验后，香港特别行政区政府为了带领香港走出经济困局，开始将经济发展的重点放在高科技和高增产值上，而李嘉诚自然不会放过这个机会，他非常看好香港特别行政区政府提出的一个重要发展计划——将香港建设成为“国际中医药中心”。

多年来，李嘉诚的投资遍布电力、地产等多个行业，却一直没有涉足医药行业，李嘉诚认为这正是长实的不足。为了弥补这一缺憾，李嘉诚决定在这种大好形势下进军医药行业。

但是与内地相比，香港在中医药产业基础相对薄弱，李嘉诚资金虽然雄厚，但是缺少技术方面的支持，因此他决定在内地寻找可以合作的中药企业，以实现两家在资源和资金方面的优势互补。最终，李嘉诚选择了同仁堂集团作为合作对象。

作为内地中药产业的“领头羊”，同仁堂集团对李嘉诚是有足够吸引力的。同仁堂是一家拥有三百多年历史的老字号企业，在当时每年能够生产中成药1万多吨，已取得生产批准文号的中成药品种近千个，常年生产的品种400多个，并能生产24个剂型产品，每年在国内市场的销售额高达上亿元。但就是这样一个老字号企业，外销能力却很差，根据2003年前三个季度的统计，同仁堂集团的药品在中国销售了6.76亿港元，在海外仅仅销售了2900万港元，这显然与同仁堂“站稳亚洲，迈进欧洲，渗透美洲，开辟大洋洲”的目标大相径庭。

急于开拓海外市场的同仁堂集团与李嘉诚几经接触，最终在2003年12月4日正式达成合作意向，共同合资成立了一家新公司——北京同仁堂和记医药投资有限公司，同仁堂集团与李氏旗下和记同样占股49%，余下2%的股权由同仁堂选定的小企业出资占有。

一个是拥有丰富技术的中药老字号，一个是拥有资本优势的香港首富，李嘉诚实现了自己涉足医药行业的夙愿，而同仁堂则背靠着李嘉诚这棵拥有丰富国际创业经验的大树，加快了海外扩张的步伐，从此走上了国际化的大舞台。两者的合作堪称为完美的“梦幻组合”。

在市场竞争中，双赢是每一个成熟企业家的明智之举。经过观察，我们会发现，在有肯德基的地方，基本上都会有麦当劳的存在，尽管它们是竞争的关系，但是肯德基并没有想方设法地想要将麦当劳消灭。同样，可口可乐和百事可乐也互相视对方为最大的竞争对手，但是它们并没有想要搞一些恶意竞争弄垮对方，它们能够在互相竞争中进步，共同培育市场。这就是双赢的最好明证。

作为知名的速递集团，联邦快递在2005年初与美国邮政局签订了合作协议，成为美国邮政局“全球快递保证”服务的新合作伙伴，两者也因此完美地实现了双赢。

因为根据合同规定，从2005年8月开始，联邦快递提供30架DC-10货机在日间负责运送美国邮政局的优先级邮件，夜间要增加3架货机运送快件，这将为联邦快递带来大约63亿美元的收益。同时，联邦快递可以在美国各个邮政局设置投递箱，根据美国邮政局的数量，联邦快递预计在美国设置1万多个投递箱。这些投递箱从2005年2月份开始试运行。联邦快递估计这一举措能为其带来9亿美元的收益。由此可见，这一合作每年将会为联邦快递带来大约70多亿美元的收益。同时，美国邮政局每年也因此能够节约10亿美元，因为在此之前，美国邮政局曾与伊美利航空公司签署了一份长达10年的服务合同，但是由于伊美利航空公司是用专门的机队来运送邮件，美国邮政局因此不得不付出高额的费用。

从以上例子不难看出，在激烈的市场竞争中，成熟的企业要学会与其他企业合作，才能实现双赢。只有这样，企业才能做得更好，将自己的事业推向另一个高峰。

不让对方知道自己底牌

企业能否创新、能否“标新立异”，决定着企业是否具有核心竞争力，是否能取得竞争优势，也就决定了企业是竞争中的失败者还是胜利者。

——李嘉诚

庄子曾说过：“鱼不可脱于渊，国之利器不可以示人。”意思是说鱼不可脱离深渊，否则很容易死亡；而国家的强大武器（可以引申到治国方略、重大决策、军事机密等）不可以轻易让外人知道。保持一种秘密状态，可作为杀手锏。这就告诉我们，善隐的人往往能出奇制胜。而在商界，不轻易把自己的底牌告诉别人，才能获得商战的主动权。

李嘉诚深知，做生意的过程充满了斗智斗勇，只有那些善于隐藏自己的商人，才能获取最后的胜利。因此，他指出，做生意的过程既是钱与钱的交易过程，也是心理与心理的斗争过程，就像打牌的人，永远不想让对方知道自己的底牌一样。成功的生意人，是绝对不会把自己的腰包掏出来让人看的。

从开始创业至今，在李嘉诚的经营投资过程中，曾经遭遇到无数强大的竞争对手，但是李嘉诚总是能够从容应对，身经百战的他从不轻易露出自己的底牌，这样做不仅确保心中安稳，而且能够让他在竞争的最后一刻，用对方意料不到的底牌制胜。

1979年1月14日，香港地铁公司正式宣布，中环邮政总局旧址公开接受招标竞投，而实力雄厚的置地公司竟然在这次投标中马失前蹄，被弱小的长实击败。置地公司的张扬让它的底牌暴露无遗，它的计划方案被李嘉诚所掌握，而李嘉诚知道自己的实力不如置地，因此他低调行事，韬光养晦，寻找对方弱点制订相应方案，最终给其致命一击，赢得了胜利。

在拍卖地产的现场，当别人疯狂竞价的时候，李嘉诚泰然自若，并在最后的关头收获投资的决胜权。在收购其他企业的时候，他也能够在最后的关头，将被收购企业的大部分股权控制在自己的手中。在李嘉诚数十年的投资过程中，他总是能够在最后关键时候将竞争对手击败，这就是他不轻易露出自己底牌所带来的效果。

李嘉诚的成功告诉我们，只有不让对方知道自己的弱点、自己的底牌，才能牢牢掌握主动权，在生意场上永远立于不败之地。而若过早地将自己的底牌亮出来，在不能够确保自己完全取胜的情况下行动，注定是要承受失败的恶果的。

曾国藩就是一个非常善于隐藏自己底牌的人，当初在组建湘军的时候，因为没有实权，又没有军饷，兵力发展不快，船炮也没有齐备，因此当咸丰皇帝令其带领部队支援前方的清军，剿灭太平天国军队时，曾国藩感到十分为难。他深知湘军此时还没有组建完善，如果遵从圣谕带领部队与太平天国的百万之师对抗，无疑是以卵击石，会给湘军带来不必要的伤亡，使自己的实力受损，因此他大胆违抗圣旨，上奏折将自己的想法向咸丰皇上说明，最终得到了皇上的谅解。此后，曾国藩为了不过早暴露自己的实力，又三次违抗了咸丰命其出兵的圣谕，从而使他赢得了充分的准备时间，为其后的军事胜利打下了基础。

在此期间，著名将领吴文镕的牺牲让曾国藩十分痛心，他是曾国藩的老师，两个人交谊甚厚。但是在接到吴文镕请求支援的信函后，曾国藩并没有发兵，而是回信说明湘军还没有准备完善，如果现在出战，就会导致前功尽弃。吴文镕理解曾国藩的想法，并回信劝慰曾国藩说："我今为人所逼，以一死报国，无复他望。君所练水师各军，必等稍有把握，然后可以出而应敌，不要因为我的缘故，轻率东下。东南大局，完全依仗你一人，务以持重为意，倘若你有不测之险，恐怕连后来的继承人都找不到了。我虽然是老师，牵涉国家的分量还是不如你重要。希望三思。"不久之后，吴文镕就因为兵败而投塘自杀。

失去了吴文镕，曾国藩就失去了在朝廷中进言的靠山，对他个人的损失是非常大的。但是，曾国藩明白，在没有足够的实力跟敌人抗衡的时候，是绝不应该逞一时之勇的。如果没有了解对方的弱点，却将自己的薄弱之处展露给人看，无疑只有死路一条。同样，在企业竞争越来越激烈的今天，过早地亮出自己的底牌，最终的结局只能是坐以待毙，任人宰割。聪明的商人都会为自己留下底牌，确保自己能够在与对手的博弈中稳如泰山，在最后关头亮出致命武器，将决定权牢牢地掌握在自己的手中。

知己知彼，才能百战不殆

抓住时机，首先要掌握准确的最新资讯，而能否掌握时机，是看你能否在适当的时候发力，走在竞争对手之前。时机背后最重要的因素，就是知己知彼。

——李嘉诚

市场竞争就是一场无声的战争，其激烈程度并不逊色于真正的战争。孙子有云："知己知彼，百战不殆。"孟氏注："审知彼己强弱利害之势，虽百战实无危殆也。"一个企业要想在市场竞争中获胜，就必须先把市场情况以及竞争对手的情况了解得一清二楚。只有在掌握了大量可靠的情报后，才能制定出相关的应对措施，扫清前进道路上的种种阻碍，最终到达胜利的殿堂。李嘉诚就是这样做的，他曾说："在未下决心之前，我们会多方面搜集材料，认真仔细地分析，重要的决策还要召集高层人士一起商谈。这个过程可能需要一些时间，但只要定下决心，就一往无前，全力以赴。"

1977年，随着香港经济的好转，当香港开始大规模修建公共工程，其中最大的工程当数地铁，整个工程计划用8年时间完成，总投资高达200多亿港元，当时的资金来源主要是由港府提供担保获得银行的各类长期贷款；地铁公司通过证券市场售股集资；地铁公司与地产公司联合发展车站上盖物业的利润充股。

在建的地铁线路中，中环站和金钟站是最让众多地产商眼馋的，因为这两个站点是先期建设的地铁线路中最重要也是客流量最大的停靠站，谁承建了这两站，谁就可以在上边建成地铁全线盈利最丰厚的物业。这样一个赚钱的机会，颇具经商头脑的李嘉诚自然不会放过。

很多大地产商、建筑商都纷纷争夺这两个站的建设权，“狼多肉少”，大家都纷纷施展各种手段进行较量。当时才是一家中型企业的长实，如何能在这场角逐中脱颖而出呢？这是李嘉诚时刻思考的问题。

经过大量的调查，李嘉诚列出了置地、太古、金门等几个英资大地产商、建筑商，认为这些企业将会对自己造成威胁。而在当时的香港商业界，有一句话非常流行，叫作“撼山易，撼置地难”，所以，要参与投标，就必须把置地作为头号对手，而以当时长实的实力来看，无疑是“以卵击石”。

但是李嘉诚并没有畏惧，他认为置地财大气粗，自然会认为自己势在必得，而不去研究合作方，也不会去迎合合作方，这正是它的薄弱环节，那么为什么不在这方面做一做文章呢？

经过调查后，李嘉诚得知，当时的香港地铁公司是直属港府的公办公司。而在香港，公办公司的一切消费并不是全部由政府包揽，除了少许的政府允许的专利和优惠外，地铁公司的资金筹集、设计施工、营运都得实行市场化运作。

用作修建中环、金钟两站的地皮，香港政府估价 2.5 亿港元，然后以估价的原价卖给地铁公司，但是在购地支付问题上，地铁公司与香港政府产生分歧，地铁公司希望用部分现金、部分地铁股票支付购地款，但是香港政府坚持要全部用现金支付。

李嘉诚认为，地铁公司之所以希望按他们的方式支付购地款，说明地铁公司目前现金严重匮乏，而地铁公司以高息贷款支付地皮，现在急需现金回流以偿还贷款，并指望获得更大的盈利。

因此，在投标书上，李嘉诚列出了两个吸引人的条件：一是由长实一方提供现金作为建筑费，这样就满足了地铁公司急需现金的心态；二是在两站之上建设综合性商业大厦，建成后全部出售，所获利润由地铁公司与长实分享，并打破对半开的惯例，地铁公司占 51%，长江实业占 49%。

竞标的结果自然可想而知，长实最终打败置地，上演了一出“以小搏大”的好戏。李嘉诚经过这次投标的成功，带领着公司上了一个新台阶。

看过《三国演义》的人都不会忘记这样的经典场面：街亭失守之后，魏帅司马懿乘势引 15 万大军向诸葛亮所在的西城蜂拥而来，诸葛亮身边没有大将，只有一班文官，所带领的 5000 军队，也有一半运送粮草去了，只剩 2500 名士兵在城里。当所有人面对强敌都大惊失色的时候，诸葛亮却泰然自若，他深知司马懿多疑这一弱点，因此大开城门，并在城楼抚琴，最终司马懿怀疑城内有埋伏，不战而退兵。

由此可见，在战场上清楚地了解并掌握敌方将领的心理状况和性格特征是非常重要的。同样，在这个竞争日益激烈的商业社会，无论你是街头小贩，还是企业巨头，要想在生意场上游刃有余，要想在事业上取得令人瞩目的成就，就得在衡量自己的同时审视对手，对对手的情况了如指掌，只有这样才能运筹帷幄，百战百胜。

在美国，大多数企业都有非常正规的市场调研部门，专门负责对产品的调查、预测和咨询工作，在每一个新产品投入市场后，他们都要进行专门的市场调查，及时了解消费者的使用情况。例如可口可乐公司经过深入细致的调查后发现，人们平均在每杯水中放 2 ～ 3 块冰块。而麦当劳公司则通过市场调查准确地知道，在某个国家，每人每年平均吃掉 156 个汉堡包、95 个热狗。

深入细致的市场调查是“知己知彼”的重要手段，是做出正确的经营决策的主要依据，盲目地进入市场，可能会有巨大的风险。要想在竞争中脱颖而出，就必须做好全面的调研，知己知彼，占据优势地位。只有这样，才能在竞争中取胜，赢得市场。

多交一个朋友就多一条财路

对人诚恳，做事负责，多结善缘，自然多得人的帮助。淡泊明志，随遇而安，不做非分之想，心境安泰，必少许多失意之苦。

——李嘉诚

1973 年中东战争爆发，引发了全球性的石油危机，香港也受到波及，特别是塑胶行业受到的影响十分巨大。因为香港的塑胶原料全部要依赖于进口，而香港进口商利用人们的恐慌心理，趁机哄抬物价，导致塑胶原料价格持续飙升。年初时塑胶原料的价格仅仅是每磅 0.65 港元，到了秋后竟然暴涨到每磅 4 ～ 5 港元。塑胶制造业陷入集体恐慌的结果就是许多企业因为原料准备不足而不得不关门停产。

这场危机对李嘉诚的影响并不大，因为他的长江实业公司准备了充足的原料库存，而且此时李嘉诚的经营重心已经从塑胶行业转向地产业。从某种意义上说，这次危机对李嘉诚是一个极好的机会，他完全可以落井下石，踩沉竞争对手，独霸整个塑胶行业。但是他并没有这么做，因为李嘉诚深知，即使自己真能扼杀对方，总会有新的竞争对手崛起。一个人不可能永远独霸一个行业，所以，作为潮联塑胶业商会主席的李嘉诚，此时毫不犹豫地挺身而出，力图解救众多同行于危难之中。原来单个塑胶厂家由于采购量小而无法直接与国外的供货商直接联系，导致进口商垄断市场，哄抬价格，在李嘉诚的牵头下，数百家塑胶厂入股组建了联合塑胶原料公司，由公司出面直接从国外大批量采购塑胶原料，以此打破进口商的垄断，共同对抗不法商家。

联合塑胶原料公司直接从国外采购的塑胶原料，价格自然便宜，李嘉诚将这些原料按照原价分配给各股东厂家。由于失去了直接采购的优势，进口商的垄断不攻自破，不得不主动降低价格。至此，笼罩全港塑胶业两年之久的原料危机变得烟消云散。

值得一提的是，在救市的过程中，李嘉诚还将自己公司中的库存原料匀出了1000多万磅，以低于市场价一半的价格卖给那些因缺乏原料而停产的入股厂家，在直接购入国外厂商的原料后，李嘉诚又把长江本身20万磅的配额，以购入价格转让给了需求量相对较大的厂家。在这次危机中，李嘉诚不仅没有趁机打击同行，反而对竞争对手雪中送炭，鼎力相助，这为他赢得了极高的声望，也为日后生意进一步发展奠定了基础。

俗话说，“一个篱笆三个桩，一个好汉三个帮”，李嘉诚多次强调“多交一个朋友就多一条财路”。在激烈的市场竞争中，管理者在与他人合作的时候，首先考虑的不应该是如何从对方那里获得什么利益，而是要先以诚意打动对方，和对方建立起互相信任的朋友关系，这样自然就不愁没有生意可做了。

一个人在急匆匆赶夜路的时候，看到另外一个人远远走来，手里提着一个灯笼，微弱的灯光照亮了前方的道路。这位赶路的人非常感激地走到这位提灯笼的行人面前，对他道："谢谢您的灯笼，照亮了前方的道路，不然我很可能就撞倒您了。"那位行人微笑着说不用谢，这时，赶夜路的人才发现这位提灯笼的行人竟然是一个盲人。

这个人非常惊讶地问道："您是一位盲人，为什么走夜路还要打灯笼呢，这不是多此一举吗？"那位盲人晃了晃手中的灯笼："如果没有这盏灯笼，你不是就会撞倒我？我提灯笼不是为我自己照亮路，而是为前进的路人照亮路。"

这位盲人虽然自己看不到路，走夜路根本不用提灯笼，但是他为别的行人着想，让他们能够在漆黑的夜色中看到一抹亮光，从而不会撞到自己，或者不会被脚下的物体绊倒。盲人这种一心为他人着想的行为，在李嘉诚的身上也有体现，李嘉诚在与人交往时，从不考虑自己是不是会吃亏，他总是先为对方考虑。

人们在步入社会后，总是急于扩大社交圈，希望能够接触不同的人，发展自己的社会资源，以确保自己在激烈的市场竞争中处于不败之地。但越是心急，越是将社交当作让自己赚取利益的一种途径，反倒越是无法拓展开生意圈子。但李嘉诚觉得，做不做得成生意不是主要的，重要的是能交到朋友。在李嘉诚看来，生意是做不完的，但朋友要比生意更重要。

有两个人在一处鱼塘垂钓，他们的技术都很好，没过多久，他们就各钓了满满一桶鱼。两个人的钓鱼技术让其他垂钓者羡慕不已，于是纷纷上前请教。一个钓鱼高手害怕别人学会自己的技术后钓到更多的鱼，于是对求教的人爱答不理，而另一位则对求教的人有问必答，甚至手把手向他们传授起自己的垂钓经验。

就这样，一直到傍晚，这名垂钓高手才有时间休息一下，此时另一个垂钓高手又钓满了半桶鱼，准备回家了。就在那名热心的垂钓高手也准备拎着之前的那桶鱼回家时，向他求教过的人们纷纷围了上来，把他的另外一只桶装满了鱼。就这样，他在收获两桶鱼的同时，还收获了一群新朋友。

这个故事给了我们这样的启示：当你帮助别人获得成功——钓到大鱼之后，自然会得到回馈。在生活中，人际关系的打理并不是那么简单的事情，但首要的原则应该是做好自己，以诚待人，以德服人，这样才能在人际交往中得到别人的信任。

第六章

战略管理：

用正确的方式对正确的时机进行分析

永不满足，是发财的前提

眼睛仅仅盯着自己小口袋的是小商人，眼光放在世界大市场上的是大商人。同样是商人，眼光不同，境界不同，结果也不同。

——李嘉诚

美国著名的成功学家拿破仑·希尔曾说过：“你过去或现在的情况并不重要，你将来想获得什么成就才最重要。有了目标，内心的力量才能找到方向。”在生意场上，有的生意人目光远大，能够将自己的生意越做越大，而那些只盯着眼前利益的商人，为了一丁点小利斤斤计较，必然不可能将生意做大。李嘉诚之所以能够有今时今日令人瞩目的成就，就是因为他永不满足，在经商的道路上永远盯着下一个商机。

在李嘉诚的塑胶花生意越做越好时，他并没有对眼前的盈利感到满意，而是居安思危，意识到了塑胶花的生意不能做一辈子。在20世纪50年代中期的时候，香港工业化形成了一股热潮，很多香港商人投身于工业品制造中，而且香港生产的工业品也源源不断地输送进世界市场，当时李嘉诚的塑胶厂也是经营得红红火火，经营有方，加上李嘉诚为人诚信忠厚，他的塑胶厂生意越做越大。

在塑胶生意发展得很顺利时，李嘉诚非常清醒地看到香港当时的大环境：塑胶以及玩具厂已经有了300多家。李嘉诚的塑胶厂虽然订单很多，口碑很好，但也跟同行没有本质上的区别，以后想要发展壮大塑胶厂，道路还是比较艰难的。为了企业日后的前途，李嘉诚开始进一步思考，香港的塑胶制品之所以被人们喜欢，主要是因为价格低廉，这让李嘉诚觉得悲哀。他一心想要推出优质、款式新颖、价钱略高的塑胶产品改变这个局面。

经过几年的努力之后，一个夜晚，李嘉诚在临睡前偶然翻阅杂志时，忽然得到了灵感。他被一本英文版《塑胶》杂志上的一则消息吸引住了：意大利的一家公司已经开发出利用塑胶原料制成塑胶花的技术，即将投入生产。这则并不算长的消息，顿时让李嘉诚看到了亮光，他兴奋不已。

在经过一番努力之后，李嘉诚终于学习到了这种技术，他很快就将这技术应用在自己的厂子里。几周之后，塑胶花出现在香港的大街小巷，长江塑胶厂立刻闻名全港。暂时的成功并没有让李嘉诚停下前进的脚步，他把目光投向了欧美的广大市场。为了打开市场，李嘉诚绕开香港洋行，直接和欧美客商联系，不久他就发现，其实欧美的客商也愿意跳过洋行以节约交易成本和时间。舍弃了和洋行的合作，李嘉诚直接派销售干将前往欧美主动寻找客商，此外，自己在香港时刻关注着往来的客商，抓住和每一个来香港做贸易的商人合作的机会。很多次，李嘉诚直接带着长江企业的产品和他们洽谈，与很多客户顺利签了合同。

功夫不负有心人，在一段努力后，李嘉诚终于将洋行甩掉，自己直接和欧美商人进行交易，大量的订单纷至沓来，并且他对于自己的产品在外的销售情况以及消费者对产品的反馈也了如指掌。没有洋行的中间克扣，李嘉诚的企业利润也上去了不少。

永远不安于现状，这样的人才能展翅高飞。一个农户在山上砍柴时，捡到了两只小鹰，便带回家养了起来。慢慢地，两只小鹰长大了，一只小鹰不断练习飞翔，每天摔得鼻青脸肿。另一只小鹰很不理解，它觉得现在有吃有喝，生活安逸，为什么还要去自讨苦吃呢？

那只渴望飞翔的小鹰在不断的磨炼中终于冲上蓝天，成为俯瞰大地的雄鹰，获得了自由。而好吃懒做、安于现状的那只小鹰只能靠讨好主人来获得口粮。当它遥望蓝天时，很后悔当初没有学习飞翔，现在只能窝在农户家混日子。

就像这两只际遇不同的小鹰一样，很多人会被一时的安逸蒙蔽了奋斗的意志，但也有人会认清现实，勇敢追寻理想。李嘉诚就是那只不甘寂寞、不甘平庸、努力学习飞翔的小鹰，虽然吃了很多苦，受了很大的罪，但他最终能够展翅飞翔，拥有了自己主宰的人生。

一个人如果产生了自满情绪，就会停滞不前，就会松懈，就会按部就班。不想让今日成为昨日的重复，就得有赚钱的动机。一个能在商界遥遥领先的人，必定是一个有不断创新欲望的人，他时刻想的就是用正确的方法将自己的产品或服务转换为财富。

信誉是生存和发展的法宝

一生之中，最重要的是守信。我现在就算再有多10倍的资金，也不足以应付那么多的生意，而且很多是别人主动找自己的，这些都是为人守信的结果。

——李嘉诚

在李嘉诚看来，“信誉是不可以用金钱估量的，是生存和发展的法宝”。在当今社会中，有些企业能够红火数百年，长盛不衰，有些企业却如同昙花一现，红火一阵就销声匿迹。为什么如此不同？除了市场影响、经营策略等因素外，能否做到诚信也是一个重要的因素。诚信是立业之本。

“我深刻感受到：资金，是企业的血液，是企业生命的源泉；信誉、诚实，也是生命，有时比自己的生命还重要！”李嘉诚如是说。在李嘉诚的心目中，诚信是为人处世首要的基本原则。李嘉诚的良好信誉在业界是有口皆碑的，他能够将长江实业发展到如今的规模，靠的也正是他的良好信誉。李嘉诚从不会看重短期利益，他更不会为了眼前的小利而损失自己的信誉，李嘉诚总是利用各种机会和客户建立起长期互惠的合作关系，通过保持友好的信任关系，使得双方都能够获得利益。

几年前，李嘉诚决定把他所持有的香港电灯集团公司10%的股份在伦敦以私人方式出售。就在李嘉诚的这个计划按部就班地进行的过程中，香港电灯集团宣布了将会获得丰厚利润的消息。李嘉诚的得力助手马世民于是建议李嘉诚暂缓出售股份，以后出售还能卖个更好的价钱，可是李嘉诚坚持按照原定出售计划进行。他认真地说道："还是留些好处给购家吧，将来再有配售时将会较为顺利。而且，赚多一点儿钱并非难事，但保持良好的信誉才是至关重要和不容易的。"

李嘉诚不会为了一点儿小利就让自己的信誉或是长江实业的信誉受到一丁点儿的损害。关于这一点，《远东经济评论》的评论家点评道："有三样东西对长江实业至关重要，它们是名声、名声、名声。"

1986年，石油价格走低，石油股票也低迷，李嘉诚却看到了石油工业的潜力。由加拿大帝国商业银行作为中介，李氏家族及和黄通过合营公司Union Faith，买下了加拿大赫斯基石油公司52%的股权，大赚了一笔。这笔交易不但轰动了加拿大，在香港工商界也引起了很大的轰动。后来，李嘉诚不断购买赫斯基石油的股权，到1991年，李嘉诚个人在赫斯基拥有的股权达到了46%，和黄与嘉宏一共拥有49%股份，至此，他们投资额达到80亿港元，一共占去了赫斯基石油公司95%的股份。

同样是在1986年，李嘉诚花费6亿港元购入英国皮尔逊公司近5%的股权，该公司拥有世界著名的《金融时报》等产业，并在伦敦、巴黎、纽约的拉扎德投资银行拥有股权。为了避免李嘉诚进一步收购股权，控制整个公司，该公司组织了反收购。见此形势，李嘉诚迅速抽身退出，半年后他抛售股票，盈利1.2亿港元。

1988年，李嘉诚带着其占股份10%的加拿大帝国商业银行和李兆基、郑裕彤一起，将"1986年温哥华世界博览会"会址旁的一块204

英亩的黄金地皮以 32 亿港元拿下，他们预计用 10 ～ 15 年的时间要在这块宝地上建加拿大规模最大的商业中心和豪华住宅区，整个工程预计至少需费用 100 亿港元。李嘉诚拥有这个项目的 50% 股权。李嘉诚因此成了加拿大的投资英雄，他一人就投资 100 亿港元，激活了经济疲软的加拿大。

媒体称，李嘉诚迷倒了加拿大的一位商务官，他将李嘉诚的肖像挂在自己的办公室内，逢人便夸赞李嘉诚是他的偶像。在投资加拿大赫斯基石油之后，李嘉诚的名字便享誉国际，在加拿大更是家喻户晓。一些和李嘉诚合作过的商人或是集团都声称他们非常信赖李嘉诚，李嘉诚往哪里投资，他们就往哪里投资。

李嘉诚一直认为良好的信誉是非常重要的，他说："一个企业的开始意味着一个良好信誉的开始，有了信誉，自然就会有财路，这是必须具备的商业道德。就像做人一样，忠诚、有义气，对于自己说出的每一句话、做出的每一个承诺，一定要牢牢记在心里，并且一定要能够做到。"

很多成功人士在回顾自己的人生之路时，也屡屡提到了诚信，他们都认为做人诚信才能迈出成功的第一步。

日本著名企业家吉田忠雄就是一位以诚信为本的商人。他在回顾自己的创业成功经验时说，以诚待人才会赢得别人的信任，不诚实的人最终会众叛亲离，离开诚信这一点，成功就成了无根之花，是不可能的事情。

吉田忠雄年轻的时候只是一家小小的电器公司的推销员，为了推销电器，他每天早出晚归，非常辛苦地跑业务，但他的事业并不顺利，很长时间，他的业务都没有什么起色。但吉田忠雄并没有被困难吓倒，他坚持推销电器，终于在他的努力下，他推销出去一种剃须刀，在一个月的时间里，有几十位客户买了他的剃须刀，这让吉田忠雄感到很开心。

但不久后，他发现自己推销的剃须刀比别家同类产品的价格要贵一些，这让吉田忠雄感到很是不安。在思虑了几天之后，吉田忠雄向那些买了他剃须刀的客户说明了情况，他主动要求为这些客户退还差价，希望客户原谅他的失误。这些客户听了吉田忠雄的解释后，不但没有怪他，反而认为他是一个诚实可信的人，还向他订购了很多其他的电器。

就这样，吉田忠雄的生意越做越大，他的业绩不断提升，得到了老板的赏识，这为他日后自己创业打下了良好的基础。“时间就是金钱”，我们大家都熟知这句话，这句话出自富兰克林写的一封名为《对一个年轻商人的忠告》的信中。但是恐怕人们并不知道，在这封信中，还有另一句至理名言，那就是“信誉也是金钱”。在当今社会，人们记住了前者，却忽略了后者。其实，在人与人之间的交往中离不开守信，而在市场经济的链条中，不论哪一个环节，也都离不开信用。

薄利多销，迅速抢占市场

我的原则是做长期生意，做大生意，薄利多销。

——李嘉诚

俗话说："三分毛利吃饱饭，七分毛利饿死人。"三分利虽然利润微薄，但因为价格较低，就能留住顾客，在竞争中占优势，确保企业长盛不衰；七分利虽然利润丰厚，但高价出售会使顾客望而却步，导致产品滞销，资金断流，进而影响企业的下一步发展。

在经商过程中，薄利多销并不是什么"秘密武器"，但是它却是最有利的武器，它就像生意场中的一把尚方宝剑，英雄们挥舞着它独步商界。李嘉诚就很会运用这个武器。

1957 年 10 月 11 日，对李嘉诚具有特殊意义的一天，这是他要在香港发起塑胶花促销大战的第一天。在这之前，李嘉诚和工厂的工人们为生产能够同时大批量上市的塑胶花，已经连续加班加点奋战了两个月。李嘉诚之所以要大批量生产塑胶花，是因为要造声势，同时，防止其他同类工厂群起效仿，抢占塑胶花市场。

然而，就在长江厂塑胶花准备上市的前两天，李嘉诚忽然获悉一个不利的消息：香港最有名气的英资百货公司——莲卡佛国际有限公司已经与意大利的"维斯孔蒂"塑胶厂签订了首销塑胶花 5000 束的协议，并且 10 月 15 日要在该公司所有的连锁店里同时展销，这对于李嘉诚来说无异于一个晴天霹雳，因为当时他是无法与这个强大的对手抗衡的。但李嘉诚并没有惊慌失措，经过仔细分析后，他认为意大利塑胶花名贵，所以在进入市场后必然会走高端路线，它的定价会很高，很多普通消费者会望而却步。而如果自己走平民路线，虽然利润较低，却容易在短期内占领香港的塑胶花市场。在进行详细的成本核算之后，李嘉诚最终确定了"低价位，多销点"的市场策略，并马上在香港提前 4 天开始了盛大展销。

正如李嘉诚预想的那样，他生产的塑胶花一经面市，马上显出了它特有的价格优势，人们纷纷抢购，等到莲卡佛国际有限公司的连锁店推出意大利的原版塑胶花时，市场已经被李嘉诚占领，再加上其价格比李嘉诚的塑胶花要高出一倍，自然无人问津。

靠薄利迅速占领市场，很多时候会成为一个企业的制胜法宝。我们今天在超市、商场经常看到的新品上市促销的壮观场面，其实也是这一法则的运作。而李嘉诚在塑胶花市场大获成功，也正是因为他“低价位，多销点”的市场策略，如果他不把价位拉低，也许产品刚出厂便会遭到意大利产品的无情冲击。

在生意场上，几乎所有人都知道“薄利多销”的生意经。与李嘉诚的“薄利多销，互惠互利”的经营理念相比，马云的做法则接近疯狂。

在与 eBay 易趣的竞争中，马云推出了淘宝网。由于 eBay 易趣担心买卖双方甩开平台而独立交易，因此坚持收费服务，淘宝则从中国人的消费心理和习惯入手，鼓励买卖双方进行直接的沟通和联系，他们并不着急去收钱，收回成本，而是先以培育市场为主要目的，把客户的满意度放在首要位置。淘宝网面市之后，马云就高调地提出“三年内免费”的口号。

马云的这个做法让很多人觉得他太不理智了，和 eBay 易趣这样的“行业老大”抢生意已经是够冒风险了，居然还要推出免费的政策，这样做，岂不是加快自己破产的步伐？虽然质疑声很多，但马云仍然坚持“三年内免费”，马云就是要挑战刚刚在收费上尝到甜头的 eBay 易趣。虽然 eBay 易趣已经做得很成熟了，但马云知道，免费是一个很有杀伤力的招数，用户会因为这一招而纷纷转到淘宝网上来。毕竟淘宝网三年免费，对于在互联网上做买卖的生意人来说实在是具有很大的诱惑力。

一开始认为马云喊出“淘宝网三年免费”是在自找死路的人，逐渐发现，淘宝网犹如一匹黑马，在电子商务领域异军突起，展现出了强大的竞争力。凭着“三年内免费”的口号，淘宝网吸引了大量用户。2006 年 12 月，淘宝网与 eBay 易趣这场旷日持久的竞争终于尘埃落定，eBay 撤出中国，TOM 收购易趣，继败退日本之后，惠特曼在中国市场的攻坚也再次以失败告终。在这场蚂蚁与大象的较量中，淘宝完胜 eBay 易趣，创造了中国互联网的奇迹。

世界最大的零售企业沃尔玛也深谙“薄利多销”这一道理。沃尔玛创始人山姆·沃尔顿 1962 年创立第一家连锁店时，靠的就是薄利多销来抢占市场。当年，山姆·沃尔顿对其商店的定位是中下阶层，主要经营服装、饮食以及各种日常用品，最重要的是以低于别家商店的价格出售，因而吸引了众多顾客。尽管后来沃尔玛的连锁店越开越多，但“天天低价”的承诺始终没有变。而在沃尔玛的发展过程中，它依靠“薄利多销”这一最有力的武器独霸美国、横扫世界，由此可见，“薄利多销”所带来的人气和效益是非常惊人的。

诚然，要打市场、拓销路，单靠低价闯关是不行的，产品质量、企业信誉、售后服务等多方面因素同样具有很重要的作用。但不可否认的是，同样的产品，谁卖得便宜，谁就卖得多。价格战是一种很重要的竞争手段，采用薄利多销策略提高顾客的购买欲，以刺激产供销环节的周转，挖掘产品的潜在效能，能够使企业立于不败之地。

以和求发展，是双方均受益的好事

大家合力就能办更大的事，为彼此带来更大的利益。许多人为争一时之气，与人失和乃至势不两立，处处为难对方，这样做从长远来说是得不偿失的。因为你在不给对方机会的同时也断送了自己的机会。以和求发展，双方均受益才是更高境界。

——李嘉诚

罗素说："合作是解救人类的唯一途径。"做生意离不开与他人的合作，可是，合作是一门大学问，必须建立在诚信的基础上。在商界，李嘉诚的合作理念颇为人称道。

李业广既是"胡关李罗"律师行的股东之一，又持有英联邦的会计师执照，有两把刷子，在业界的名气很盛。有人却说李业广是李嘉诚的专用律师。李嘉诚解释说："哪有，我可没有那么大的本事，能让李业广为我自己所用。"

李嘉诚也不是自谦，李业广确实在香港颇有名气，他身兼 20 多家香港上市公司的董事，相当于兼任着香港 1/4 上市公司的董事。此外，他还是香港许多有钱人的高级参谋。有着这样身份的李业广，虽然不是见钱眼开之人，但是一般的大亨还真难请到他。不过，他却在长江上市时就做了首届董事会董事，长江做大后，他做了长江旗下所有上市公司的董事，就凭这一点，足见李嘉诚会用人，并懂合作之道。

李嘉诚比较务实，他不会玩虚张声势。虽然自己的名气比李业广大，但也不会拉拢名人给自己公司做董事，他看重的是李业广的才华。

两李合作之后，为长江实业制订了很多扩张计划。

李业广向来为人低调，一般都在幕后为李嘉诚卖力。直到1991年，李业广做了香港证券联合交易所主席，他才声名大噪。在李业广之前，做香港证券联合交易所董事局主席的都是香港的知名人士，如金银会创始人胡汉辉、股坛的大人物李福照、慎生银行的主席利国伟等。

李业广做联所董事的消息一传出，各大报纸关于李业广的消息铺天盖地，在介绍他时是这样说的："胡关李罗"律师行合伙人，长江实业集团多家上市公司的董事。由此可以看出，公众对李业广对长江的贡献极为认可。

证券专家杜辉廉，是一位出身于伦敦证券经纪行的英国人。上世纪70年代，杜辉廉作为惟高达证券公司的代表来到香港后，与李嘉诚相识相交。1994年，惟高达被万国宝通银行收购，杜辉廉便留在了万国宝通银行的证券部。

李嘉诚在进行长江股份的收购时，多次请教杜辉廉，杜辉廉也经手了长江实业和李嘉诚家族的股票买卖，被称为"李嘉诚的股市经纪"。

杜辉廉是长江实业智囊团里唯一不支干薪者，李嘉诚也曾多次邀请杜辉廉做董事，但都被杜辉廉拒绝了，他拒绝参与长江实业的股权结构、股市集资、股票投资，但不支干薪不是杜辉廉拒绝李嘉诚的原因。为此，有情有义的李嘉诚总感觉亏欠杜辉廉。

1988年底，杜辉廉和好友梁伯韬开办了百富勤融资公司，而杜梁二人只占了35%的股份，剩下的股份给了由李嘉诚带头的18位商界巨头。

杜辉廉是百富勤的主席，在18位富商的帮助下，百富勤发展态势极好，很快就收购了广生银行和泰盛银行，不久，百富勤又分出百富勤证券公司。4 年后，百富勤每年就盈利 6.68 亿元。

百富勤在香港成为小巨人之后，为了让杜梁二人的股份额处于安全位置，李嘉诚主动将自己的股份分给了杜梁二人一部分，自己仅留了 5.1%。李嘉诚对百富勤的投资简直是公益性质的，完全是出于报杜辉廉曾经效力长江实业的恩。不过，百富勤发展得很好，成了大家争相购买的热门股，李嘉诚手里的百富勤的股份也还是赚了不少钱。

身兼两家上市公司主席的杜辉廉后来一直在给长江实业做顾问。1990 年底，李嘉诚与中资公司的每一次合作，都向杜辉廉进行了专业咨询。当《明报》的记者问到李嘉诚的智囊团有多少人时，李嘉诚说了实话："数也数不清，比如你们集团的广告公司就是。"

一个人不明白天堂和地狱的区别是什么，上帝就带他到一个房间："看看吧，这就是地狱。"

在那个房间里的正中央放着一口大锅，锅里煮着香喷喷的肉汤，但围着锅的一群人却个个一脸饿相，瘦骨伶仃。他们每个人手中都有一个可以伸到锅里的汤勺，但是汤勺的勺柄太长，他们自己没办法把汤送到嘴里，只能眼睁睁地看着锅里的肉汤，挨着饿。

上帝又领他去到另一个房间："这一次，让你看看什么是天堂。"

在这个房间的中间同样放着一锅肉汤，但这个房间里的人却个个气色都很好，每个人都呈现出很欢乐的表情。虽然他们的手中也有一个勺柄很长的汤勺，但他们每个人都能喝到肉汤，原因就是他们会用自己的汤勺喂别人。

同样的条件，一些人能够身处天堂，一些人只能身处地狱，关键就在于你是独自霸占资源，还是以互惠来共享利益。如果真想要成就一番事业，就必须发扬合作精神。合作能够使企业取得持续性的成功。因为缺乏合作精神而破产的企业，比因为其他原因而失败的公司的总和还要多。拿破仑·希尔说在他经商的多年间，就亲眼见证了各式各样的因为不懂合作而宣告失败的企业。无论是企业还是个人，能力都是有限的，都需要与他人合作来加强自己在这个社会中的地位和能力，这个时代需要的是能够互相包容、互相接受的人，而不是独行侠。

李嘉诚是很明白这个道理的，所以他一直与人为善，在人际交往中有着良好的口碑。他认为不论是经商还是做人，独来独往，得不到别人支持和帮助的人，能走的路不会太长，也不会太宽，只有互惠互利，才能共同将路走宽。

“我一直奉行互惠精神。当然，大家在一方天空下发展，竞争兼并，不可避免。即使这样，也不抛掉以和为贵的态度。商业合作必须有三大前提：一是双方必须有可以合作的利益，二是必须有可以合作的意愿，三是双方必须有共享共荣的打算。此三者缺一不可。抓住机遇，强强联合，优势互补，就能带来双赢的良好局面。”李嘉诚正是坚持这样做，才在商海中打开了一片广阔天地。

有钱一起赚，利润大家一起分享

有钱一起赚，利润大家分享，这样才会有人愿意合作，财源就会滚滚而来。人生路上总会有一些事情是单凭自己的力量不能顺利完成的，这时就需要与他人一起合作，同闯难关。这时应切记，不能仅从

自身利益出发，只顾自身，而是应该多为合作伙伴乃至对手想一想，有钱一起赚，大家都受益的同时，也为再次合作与以后的发展铺平了道路，创造出和谐的外部环境与氛围，成为日后发展的助力。

——李嘉诚

很多商人认为，在商场上只有永远的利益，没有永远的朋友。他们将这条准则奉为真理。当利益需要时，对手可以变成合作伙伴；当利益发生冲突时，合作伙伴就会变成势不两立的对手。所以，很多管理者的眼中没有朋友，只有利益，他们为了利益可以和对手交朋友，也可以为了利益和朋友翻脸，彼此变成对手。

李嘉诚在香港商界的口碑是非常好的，他不会把朋友变成对手，只会把对手变成朋友。在李嘉诚看来，生意是做不完的，但交到真心的朋友是很难的。所以李嘉诚不会为了钱和利益而失去朋友，他会和对手一起分享利益，有钱一起赚，做生意上的好伙伴。他和合和实业有限公司主席胡应湘就是这样的好伙伴。

胡应湘和李嘉诚关系很好，是难得一见的商场拍档。有一个故事非常能体现两个人之间的友情。当初在合和大厦刚刚完成主体结构时，李嘉诚非常高兴地来到工地参观，看到高耸的大楼，他要求上楼顶去看一看，合和大厦有64层，200多米高，李嘉诚想要像工人那样乘坐工地吊篮上去，胡应湘觉得太危险了，赶忙阻止他，说自己和其他工作人员上去看看情况再说，但李嘉诚笑着说：“这样不行，我们是朋友，如果有什么危险，就不要留下另一个人。”李嘉诚这一番话使胡应湘十分感动。

1987年1月，李嘉诚和胡应湘制订了一个庞大的商业计划，他们想发展西部海港和大屿山，二人联手将这个计划上交给香港政府。这个“西部海港——大屿山战略发展计划”的消息公布之后，香港一片欢呼，大家纷纷赞叹李嘉诚和胡应湘的魄力。虽然这个庞大的计划被香港政府否定了，但李嘉诚和胡应湘的交情并没有搁浅，他们一起联手做生意，互惠互利的事情很多。

后来在一次地拍卖场上，二人都想拍下九龙湾24.3万平方米的一块地，他们就成为拍卖场上的对手。这是一块“肥肉”，其他企业家也很想要这块地。1987年11月27日上午，拍卖场内竞拍激烈。李嘉诚势在必得，他先叫价2.1亿，很多实力不足的地产商干脆放弃了。

胡应湘也希望拍到这块地，他便大力和李嘉诚竞争，他叫价2.5亿。李嘉诚也立刻回应，叫价3亿。胡应湘也立即抬高叫价，眼看叫价就要超过李嘉诚心中的底线了，李嘉诚认为如果超过了自己的底线，就算拍下了这块地也没什么意义了。于是，他派了助手去找胡应湘的助手详谈了一番，胡应湘便不再竞价了，这块地自然被李嘉诚拍下。

胡应湘之所以不再叫价，是因为李嘉诚派助手和他说这块地拍下后，会和他一起开发。李嘉诚就是这样在商界做生意的。在李嘉诚看来，想要长久地做生意，不能只想着自己赚个盆满钵满，而不管别人的利益，这样做生意的人最终会没有生意可做。“我觉得，顾及对方的利益是最重要的，不能把目光仅仅局限在自己的利益上，两者是相辅相成的，自己舍得让利，让对方得利，最终还是会给自己带来较大的利益。占小便宜的不会有朋友，这是我小的时候我母亲就告诉给我的道理，经商也是这样。”李嘉诚正是有着这样的人生态度，他的生意才越做越大。

小王和大张是好朋友，他们一起合伙开了一家餐馆，生意很好，两个人很快就赚回了本钱。但时间一长，在餐馆管理问题上，两个人的分歧越来越大。

多次闹得不可开交之后，小王和大张散伙了。小王继续经营餐馆，大张拿到了属于自己的那部分钱之后，跑到隔壁街开了一个餐馆，两个人的关系从合作伙伴变为了竞争对手。

一开始的时候，为了争夺客源，小王和大张使出各种招数，今天他降价，明天他买一送一，不断降低利润，就为了能够吸引到更多的客人，但客人不但没有增加，反而越来越少。终于有一天，小王和大张坐到了一起，两个人开诚布公地谈了一次，决定不再为了击垮对方而进行恶性竞争，两家餐馆要共同生存，一起发展。

达成这个协议后，小王开始改良菜品，大张在环境上做起了文章，两家餐馆都开出了自己的特色，客人自然也就多了起来。而且两家餐馆还经常联合起来做活动，使得客源更加多了起来。

做生意不要总想着挤垮对方，要想着相互比拼，吸取彼此的经验和教训，共同发展。就像李嘉诚说的那样："绝不同意为了成功而不择手段，刻薄成家，理无久享。当业中同行需要你施以援手，而你又有能力时，鼎力相助才是智者所为。落井下石，踩沉对方，的确可以少一个竞争对手，但切不可忘记，就算你真扼杀了对方，总会有新的竞争对手崛起。一个人是不可能永远独霸一个行业的。而救人于危难之中，不但可以赢得人缘和声誉，你的形象也会成为另外一笔宝贵的财富，让你受用无穷。"

当所有人都冲进去时赶紧出来

任何一种行业，如有一窝蜂的趋势，过度发展，就会造成摧残。

——李嘉诚

靠着做塑胶花生意，李嘉诚迎来了事业的第一个高峰期。如果李嘉诚一直靠着塑胶花生意来发展，他可能也不会取得今天这样巨大的成就，那今时今日可能我们就看不到“李超人”了。李嘉诚靠着塑胶花在商海中站稳了脚跟，并且赢得了“塑胶花大王”的美誉，但是他非常明白塑胶花的生意并非长久之计，想要长久地发展，要另辟蹊径。

塑胶花只是特定时代社会快节奏的一种产物而已，只能风行一时，人们最终还是会回归自然，喜欢真的鲜花，塑胶花无法替代真花的美艳和鲜活，而且李嘉诚那时也已经知道在国外一些地方，塑胶花已经不再那么受欢迎，人们开始种植鲜花，在家中也摆放鲜花，不再是塑胶花了。

塑胶花的市场已经渐渐向南美等中等发达国家拓展了，但是那些国家是利用当地的廉价劳动力生产塑胶花，这一点在香港是无法办到的。香港的人工工资在逐年上涨，塑胶花属于劳动密集型产业，这样的产业发展一定不会太长远。而且在香港也已经出现了几次塑胶花积压的现象了，主要原因就是塑胶花生产得太多了，而国际市场出现了萎缩，没有那么多需求了。

虽然暂时还没有危及长江实业的发展，但李嘉诚却高度重视这个问题，他意识到整个塑胶花行业会走下坡路，就算眼下长江实业拥有很多大客户，还能挣到钱，而且还不断有人投入这个行业，但这个行业毕竟是“夕阳行业”了。作为这个行业的龙头老大，李嘉诚认为必须要考虑新的出路。日本的著名商人松下幸之助说过：“高明的枪手，他的收枪动作往往比出枪还快。”李嘉诚正是这样的“枪手”，他对于塑胶花行业并没有刻意地收手，而是选择逐渐淡出，一边做着塑胶花的生意，一边寻找着新的发展机会。

在大多数人为塑胶花生意如何发展而发愁时，李嘉诚已经在新的领域大展拳脚了。李嘉诚非常有智慧，他的经商战略就是要拿得起放得下。很多商人之所以会被困在生意中，是因为他们总是想要抓住手中的利益不放。李嘉诚不会这样贪心，他收放自如。在经营战略上，他非常明白“人弃我取，低进高出”的道理。他在演讲中也提到了管理者在管理中应当有“人弃我取”的意识，这是商场上的常识。战国时期，范蠡辅佐了越王勾践成功复国，他功成名就之后，没有贪恋高官权位，而是毅然辞官离去，泛舟五湖，过起了闲云野鹤的生活，通过经商成为著名的商人。

范蠡的经商经验被李嘉诚运用得炉火纯青，李嘉诚明白应该如何把握市场，什么时候该进，什么时候该出。所以，李嘉诚常常在人们都冲进去的时候，选择了出来；而当人们都选择出来时，他又选择进去。如此反其道而行之，并非是李嘉诚在故弄玄虚，而是他看清了市场的规律，懂得该如何把握。

正如李嘉诚自己说的那样：“放弃机遇的人并不知道自己放弃的是机遇，而求索机遇的人恰恰知道机遇或许就要降临。好景时，我们绝不过分乐观；不好景时，我们也不过度悲观。这一直是我们集团投资的原则。在衰退期间，我们总会大量投资。我们主要的衡量标准是，从长远角度看该项资产是否有赢利潜力，而不是该项资产当时是否便宜，或者是否有人对它感兴趣。”

其实，很多投资大师都有逆向投资的经典案例，例如1982年彼得·林奇收购了处于困境中的克莱斯勒公司，他认为这样一家濒临破产的企业，在行业逐渐回暖的时候，会成为弹性最大的公司。果然如他所料，仅仅5年时间，到1987年，克莱斯勒公司的产值评估上涨了50倍，而同期的福特汽车只上涨了17倍，通用汽车仅仅才上涨了3倍。

2008年，由于受到金融危机的影响，高盛集团向投资界发出优先股融资计划，股神巴菲特率先购买了高盛的优先股，并同时得到相应的一批优先股权证。在随后的几年里，巴菲特每年仅股息收入就高达5亿美元。随后，巴菲特又用他的4350万股高盛（GS）的认购权证换取了1000万股高盛的股票，这相当于他不花一分钱就成了高盛的大股东。

一个聪明好学的年轻人想要成为大学问家，但他苦学多年后在学术界依旧默默无闻，他感到很苦恼。听别人说，山上住着一个非常有智慧的禅师，他便上山去找禅师请教。

当年轻人对禅师道出自己的困惑后，禅师并没有马上给他解答，而是邀请他一起上山顶欣赏风景。沿途的风光很美，尤其是山路上各种晶莹剔透的小石子非常漂亮，这个年轻人想捡一些回去收藏。

他一路走一路捡，越捡越多，口袋里塞满了，可是看到前面还有很多漂亮的石头，他又不舍得把口袋的石子扔掉。这时，禅师递给他一个大袋子让他装石子，很快，这个年轻人便捡满了袋子。

上山路陡峭，背着沉沉的袋子，年轻人累得气喘吁吁。他问禅师还有多久才到山顶，禅师说这才走了一半的路。年轻人嚷嚷着说走不动了，怕是没力气上山顶看风景了。禅师开解他说，负担太重，自然走得累；卸下负担，才能轻松登上山顶。在一番犹豫之后，年轻人扔掉了那一袋子石头，果然觉得轻松了许多，不一会儿就登上了山顶。

看到山上的好风景时，年轻人明白了做学问不能什么都研究，什么都想研究透彻，要有侧重点。回去之后，他选择了自己最擅长最喜欢的一门学科专心研究，没过几年，他便成为那个领域的大专家。

人生重在选择，不能什么都想要，有舍才能有得，果断地舍弃不代表放弃，而是代表另一种拥有。

第七章

投资管理：

东方不亮西方亮

发展中不忘稳健，稳健中不忘发展

扩张中不忘谨慎，谨慎中不忘扩张。进取中不忘稳健，在稳健中不忘进取，这是我投资的宗旨。

——李嘉诚

地产行业是一大块肥肉，商人们都想吃，竞争也就十分激烈。李嘉诚进入地产业时，房地产虽然还算不上是特别热的时候，但已经成行成市，里面有很多房地产高手在进行市场运作。作为一个新入行者，李嘉诚十分冷静。

当时有很多地产大亨都已经在地产业做出了不俗的成绩，比如祖籍广东番禺的霍英东，他在1954年首创卖楼花的销售高招，令很多商人佩服。所谓的卖楼花，就是一反原来地产商整栋售楼或者是据以出租的做法，而是在楼房还没有盖起来之前，就将楼里的房子一个单元一个单元地分别出售，得到预付款之后再动土兴建。

那时银行的按揭制度已经日趋完善，购房者只要付得起楼价的10%或者20%首付，就可以向银行按揭，将自己所要购买的房子抵押给银行，在未来的日子里按照约定每月还贷款和利息就可以了。霍英东这样卖楼可以加快楼房的销售，加快资金的回笼，是个不错的办法，一时之间，众多地产商纷纷群起而效仿。

但李嘉诚却并不认为这个办法保险，他认为过多地依赖银行未必是件好事。如果售楼花的话，地产商将和银行一荣俱荣一损俱损。受制于银行，李嘉诚不愿意。虽说高风险高收益，可是，李嘉诚决定稳中前进，资金再少也绝不卖楼花或按揭建房，尽量做到不向银行抵押贷款，以免客户挤兑，因为一旦发生挤兑，不但有损企业声誉，还可能将企业带入险境。

总之，李嘉诚的投资原则就是谨慎入市，稳健发展。不久，房地产市场果然出了问题，1961 年 6 月，香港廖创兴银行便出现了被挤兑现象。廖创兴银行是由潮籍银行家廖宝珊创建的，为了快速发展房地产业，廖宝珊孤注一掷，几乎将所有存户的存款掏空，投入了房地产开发，这次挤兑竟然将“西环地产之王”廖宝珊逼得脑溢血猝死。这证实了李嘉诚的理念是正确的。

后来，在 1965 年 1 月，明德银号又因为投机房地产业而发生了挤兑，最终宣告破产。这之后全香港的挤兑风潮开始爆发，整个银行业被一扫之前的风光无限，变得一片惨淡。广东信托商业银行关闭，就连实力雄厚的恒生银行也不得不卖出股权给汇丰银行，才避免了破产的灾难。银行自身难保，和银行绑在一起的房地产业自然也好不到哪里去，房地产业一落千丈，房价暴跌，那些投资房地产的商人赔得血本无归，很多地产商、建筑商破产，景象非常惨淡。

李嘉诚虽然在那时不算地产界的大亨，但他却能始终坚持稳健步伐，在那次大危机中，他的损失几乎可以忽略不计。李嘉诚总善于从前辈身上取经和吸取教训，看到了地产与银行的风险。他很想赚钱，却也时刻提防着一夜暴富后的朝不保夕。地产界和股市的规律是如此相像，李嘉诚始终保持着稳健的步伐前进。

在稳中求胜的大方针下，李嘉诚始终坚持以眼前利益换取长远利益，不一味地贪心，被眼前的利益套牢，否则将来出现危机的时候再想跑就来不及了。

李嘉诚认为，作为一个企业的管理者，在商业投资的方面一定要谨慎客观，不要被表面上的“好处”蒙蔽了。他认为：“作为一个庞大企业集团的领导人，你一定要在企业内部打下一个坚实的基础。未攻之前，一定要先守，每一个政策的实施之前都必须做到这一点。当我着手进攻的时候，我要确信，有超过100%的能力。换句话说，即使本来有100的力量足以成事，但我要储足200的力量才去攻，而不是随便去赌一赌。”

为了继续说明这个道理，李嘉诚拿游泳举例，提出一个“游泳哲学”：“这个道理就像游泳一样简单。我的泳术很普通，扒艇也很普通。如果我要到达对岸，我要确信我的能力不是仅可扒到对岸，而是肯定能扒回来。等于我游泳去对面沙滩，我不会想着游到对面沙滩休息，我要确定自己游到对面沙滩，立即再游回来也有余力，我才开始游过去。在事先，我会常常训练自己，例如记录钟点和里数，充分了解了自己的能力后才去做。”

可见，在投资方面，如果没有绝对的把握，李嘉诚是不会贸然行动的。为了稳妥，他通常会做出细致周密的规划。李嘉诚曾这样表达自己在投资方面的思想，他说："中国古老的生意人有句话，'未购先想卖'，这就是我的想法。当我购入一件东西，会做最坏的打算，这是我在 99% 的交易前所做的事情。只有 1% 的时间，是想会赚多少钱。"

在一些人向他请教如何在房地产业如鱼得水时，李嘉诚想了想说："不能说是心得，或者我告诉你们我的做法。我不会因为今日楼市好景，立刻买下很多地皮，从一购一卖之间牟取利润；我会看全局，例如供楼的情况，市民的收入和支出，以至世界经济前景，因为香港经济会受到世界各地的影响，也受国内政治气候的影响。所以在决定一件大事之前，我很审慎，会跟一切有关的人士商量，但我决定一个方针之后，就不再变更。"

正是因为凡事都有了充分的准备后才去做，李嘉诚的生意才能一直稳赚不赔，蒸蒸日上。在投资过程中始终坚持稳健的管理策略，是李嘉诚的成功之道。

懂得掌握时机的人更能创造机会

时代不断进步，我们不仅要紧跟着转变，还要有国际视野，掌握和判断最快最准最新的资讯，靠创新比对手走前几步。不愿意改变的人只能等待运气，懂得掌握时机的人更能创造机会。幸运只会降临到那些有世界观、胆大心细、敢于接受挑战，但是又能够谨慎行事的人身上。

——李嘉诚

进入21世纪，新技术层出不穷，市场变化极快，这就要求投资者不仅要对新事物敏感，而且要好学并善于学习。随着互联网热潮席卷全球，许多人都从中赚得了第一桶金。比尔·盖茨更是凭借这一机遇赚取了数百亿美元，成为全球首富。由于新经济的兴起，以李嘉诚为代表的那些靠地产、航运、港口致富的传统型富豪普遍不被经济评论家们看好，认为他们迟早会被这个时代淘汰。

但是李嘉诚却再次用事实证明，评论家的判断是错误的。李嘉诚时刻关注着科技发展的最前沿，把握着科技进步对现代商业的影响。正是因为有着这样的思想，所以当互联网技术兴起时，他就敏锐地捕捉到这一机遇，决定要将其作为自己公司投资和经营的新方向之一。

在他的支持下，1999年10月，他的长子李泽钜宣布，通过长江实业、和记黄埔来共同投资网络，并提出了要为中国的网络业洗牌的口号，先期预计投资高达10亿美元，而主攻方向是综合性的门户网站。

同年12月7日，李泽钜花费近2000万港元购得www.tom.com这一域名，16日，该网站正式推出，短短两个月时间，注册者就迅速激增到4万多人。2000年2月23日，是该网站递交认股申请表的最后一天，有超过40万的香港人涌到香港、上海汇丰银行十间分行递交认购表格，一时间人流涌动，导致许多道路出现拥堵，店铺无法正常营业，人群排起来的长队甚至长达数千米。

李嘉诚不仅用自己的网络概念感染了整个香港，还以利益的驱动令香港万人空巷。由此可见，他确实是引领时代潮流的卓越企业家。

在随后的几年时间里，李嘉诚靠着网络概念，赚了足足2000亿港元，这个不被经济学家们看好的传统型富豪，俨然成为亚洲高科技产业的新霸主。自2000年开始，被奉为华人首富的李嘉诚就不再以地产商或其他类似的面目出现，而是摇身一变成为IT时代的新资本家。

李嘉诚曾说："身处瞬息万变的社会中，应该求创新，加强能力，居安思危，无论你发展得多好，时刻都要做好准备。"的确，在这个变化莫测的世界中，几乎每天都在发生着改变，未来通常是变化不定、难以预测的，这就需要投资者必须顺应变化，驾驭变化，应对好变化的挑战。

一个偶然的机会，马化腾在互联网上接触到了由以色列人发明的ICQ，这种集寻呼、聊天、电子邮件于一身的软件，让他非常着迷，他想，如果在中国推广一种类似于ICQ的软件，应该会有很多人喜欢。

有了这个想法后，马化腾找到大学同学张志东，与他一起合开了一家公司，带领研发团队辛苦研究了很久，终于研发出一款基于互联网的网上中文ICQ服务——OICQ，也就是现在很火爆的聊天工具QQ。一开始，马化腾就让QQ用户免费使用，没想到异常火爆，不到十个月的时间，注册用户就已经达到一百万。随后经过融资，马化腾建立了腾讯帝国，成为国内利用科学技术创业的领军人物。

被誉为"世界第一CEO"的杰克·韦尔奇在一次访谈中曾说过："商业并不是严肃的、枯燥的、毫无乐趣的事，商业是一场游戏，是每天我们都想打赢的一场游戏。有人要在游戏中打败你，有人要把你的饭碗抢走——这就是我们为什么每天都要创新的原因。"

有人曾做过这样的统计，在20世纪初的世界大型企业中，至今仍能位居世界500强之列的只有3%左右。很多公司在经历了风风雨雨之后，最终销声匿迹。这其中固然有客观环境等因素存在，但是我们不能否认，在同样的环境下，有的企业能够主动顺应潮流，顺应变化，持续不断地取得令人赞叹的成绩，有的企业却因为不能持续创新、不肯变革，而被挤出了时代的主流。

李嘉诚曾说："做生意有三种方式：一是创新，二是改进，三是跟风。创新吃的是'一招鲜'，虽然不易，一旦干起来，费力少而收获大；改进是在别人的基础上做得更好，虽不易造成轰动，后劲却很足；跟风是跟在别人后面亦步亦趋，这样做起来较容易，风险也较小，这和吃别人的残羹剩饭差不多，收获有限。"世间万物每天都在变化，世界上没有一成不变的东西，日升日落，斗转星移，变化是时时刻刻存在的。如果没有新思路，很容易被淘汰。只有具备了敏锐的嗅觉，具有"变"的观念，才能够永远前行，立于不败之地。

正如李嘉诚所说："为了适应时代发展变化的需要，也为了企业自身的生存和发展，企业必须以市场为导向、以创新为手段、以效率为核心，重建企业形象。"生意场上风云变幻，每一天甚至每一分钟都在发生着变化，作为社会财富阶层的商人更要紧随时代的发展，适当调整自己的投资策略，在这个多变的时代中找到属于自己的发展空间。那些一成不变的商人终将会被时代淘汰，而那些能够把握商场脉搏，永远站在时代前沿的商人，才会是最后的赢家。

人际投资是门学问

运气只是一个小因素，个人的努力才是创造事业的最基本条件。

——李嘉诚

“借法”是聪明人都会采用的做法，一个人的能力有限，如果只靠自己单打独斗，会非常辛苦，取得的效果也很有限。李嘉诚很精通“借法”。1979 年 10 月，中国国际信托投资公司在香港设立了分公司，董事长荣毅仁邀请李嘉诚出任中信的董事，李嘉诚欣然接受了，但李嘉诚并没有参与中信多少工作，更像是名誉董事。

荣毅仁的儿子荣智健在 1978 年移居香港。1986 年，荣智健参加香港中信集团的工作，一段时间之后，他升为香港中信的董事总经理。荣智健是个非常有理想的青年，他不满足于接手父辈打拼下来的江山，想要闯出一片自己的天地来，凭借自己的实力做出成绩。

看到荣智健有这样的雄心壮志，李嘉诚自然是十分支持的。两家的关系本来就很不错，年轻人有想做事情的想法，身为长辈的李嘉诚自然要帮一帮。李嘉诚和荣智健都看好借壳上市，觉得这是条不错的路。所谓借壳上市是股市术语，一家公司想要上市的话，从原则上讲需要有 5 年以上的经营实绩，才能办正规的手续在交易所上市，这个过程非常漫长和耗费精力财力。所以，一些急于上市的公司，就通过收购他人的小型上市公司达到自己的上市目的，这就是借壳上市。

那些小型的上市公司因为资产很少，营业额也不高，收购它们的买家不需要动用大量的资金，它们被喻为“空壳”。李嘉诚和荣智健在市场上多方寻找、权衡，终于决定选择泰富发展这个小公司。

由李嘉诚的英籍高参杜辉廉担任集团主席的百富勤，是中信的财务顾问以及收购代表。1990 年 1 月，百富勤向泰富主席曹光彪以 12 港元 1 股的价格购买了泰富股份，并以同样的价格向小股东全面收购。泰富市值 725 亿港元，是当时股市的“蚊型股”，中信没有付现金，而是通过一系列复杂的换股以及物业作价的步骤完成了收购。从一定程度上来讲，也是保护了泰富。

这一次的“借壳”进行得非常缜密低调，而且对双方都有好处，是一次互利互惠的公平交易。到1991年6月，泰富集资改组后，股权分配给中信49%、郭鹤年20%、李嘉诚5%、曹光彪5%。泰富正式改名为中信泰富，荣智健担任董事长。虽然李嘉诚对促成这件事起了很大的作用，但从最后的股权分配结果来看，李嘉诚占的股权并不多，可见他做这件事情并不是为了让自己获利。

李嘉诚不过是凭借自己的商业地位和商业头脑来帮助荣智健，李嘉诚觉得获利多少并不重要，重要的是能够通过这件事情多交一个朋友。通过李嘉诚的这一次帮助，中信在香港发展的势头十分强劲，迅速崛起，逐渐形成了与英资、华资三足鼎立的局面，而李嘉诚与中信的交好，也为日后的合作打下了良好的基础。

李嘉诚全力帮助中信借壳上市，但最后获利很少。李嘉诚做过很多次类似这样的事情，这就是李嘉诚的一贯作风。李嘉诚不会只看重眼前的一单生意，而是更看重日后的长远发展。在生意往来中，既要做成生意，又要和对方交成朋友。可以看到，那些非常成功的生意人总是生意旺、朋友多，这二者之间是可以相互促进的。所以就有人提出这样的观点：以商会友，以友促商，相互发展。

注重人情味和感情的投入，是李嘉诚的人际交往原则之一。李嘉诚常常帮助他人，善待他人，做事情会首先考虑他人的利益。李开复说：“创业家身上应当具有‘四性’。悟性：学习新事物的能力和心态；耐性：为长期愿景努力，恪守原则；韧性：失败不是惩罚而是学习的机会；人性：对他人的真心关怀，追求双赢。”

李嘉诚总是为他人着想，看到有人需要帮助时，他会毫不犹豫地伸出援助之手。1991年秋天，李嘉诚收到了一位姓丁的英国华侨写给他的信，这位华侨在信中写道，自己的生意非常不顺利，他非常迷茫，感到很痛苦，觉得生活没有希望，万念俱灰。李嘉诚看到信后，没有耽搁，很快就给这位丁先生回了一封信：

丁先生：

人生起伏无常，尤其从事商业。穷人易做，穷生意难做。所以你们面临的困难，只是数千年来亿万生意人曾经面对的苦痛的一部分。但如果明白大富在天，小富在人，如果肯勤俭有效地面对现实，尽心经营，则如陆游诗中所说，“山重水复疑无路，柳暗花明又一村”，说不定不久你们又有一个好和新的局面。即使一切都不如意，退一步想，则海阔天空。以今日英国的工资水平，大不了再找一份职业，生活应绝对无问题。留得青山在，不怕没柴烧！送上英镑500，请你俩一顿晚餐。想想明天会更好！想想世界上有多少更苦的人！

这封信给了那位失意的华侨很多鼓励。李嘉诚就这样不遗余力地帮助着很多人。只要是在他的能力范围内，他都会伸出帮助之手。李嘉诚很明白朋友的重要性，“在家靠父母，出门靠朋友”。在社会上生活和工作，朋友是不可或缺的，尤其是在商场上，人缘好和拥有能够相互帮忙的好朋友尤其重要。

很多人投资股票，投资房产，却忽视了人际方面的投资。李嘉诚非常明白有良好的人脉对自己的事业发展有着事半功倍的作用，所以，他常常不求回报地帮助他人。在与人合作时，也首先考虑的是对方的利益。正是因为李嘉诚本着交朋友的心态，才使自己的企业发展得越来越好。

长线投资的发展潜力更大

我们历来只做长线投资。如果出售一部分业务可以改善我们的战略地位，我们会考虑这一步骤。除了考虑获取合理的利润以外，更重要的是在取得利润之后，能否在相同的经营领域中让我们的投资更上层楼。例如，我们以 317 亿美元的价格售出 Orange 公司的 2G 业务。我们预计全球 3G 业务的总成本不会超过 144 亿美元，其中包括执照费、设备费、利息以及创建消费者群体的费用。假设这两项业务拥有相同数量的客户群，如果要让我在二者间做出选择，我会选择 3G，因为它的发展潜力更大。

——李嘉诚

李嘉诚在投资方面很有建树，他看重的是长远的利益。经商可分为短线和长线两种投资策略，而李嘉诚尤其擅长运用后者进行投资，他使用“放长线钓大鱼”的策略，使长江实业集团长期雄踞香港企业王位。李嘉诚不会像一些投机者那样只是看眼前那点利益，他更希望能够在长久的等待中获取丰厚的回报。

一位投资分析家是这样评价李嘉诚的：“李嘉诚是一个高瞻远瞩的成功商人，会对行业未来发展制订出一个长期的策略和计划。”

从 20 世纪 80 年代起，李嘉诚就开始专注于海外收购，他想要在欧洲、美洲、亚洲和非洲建立自己的“通信产业王国”。1986 年，李嘉诚斥资 6 亿港元购入英国皮尔逊公司将近 9% 的股权。1987 年，李嘉诚又投资了 3.72 亿美元，买下了英国电报无线电公司 5% 的股权。在 1989 年，李嘉诚和马世民计划周详，成功收购了英国 Quadrant 公司的蜂窝式移动电话业务，使其成为和黄拓展欧美电信市场的一个据点。

同样是在 1989 年，李嘉诚注资 5 亿美元收购 Orange，发展电信事业。李嘉诚用巨资收购了一家英国的电信公司，在英国推出的 CT2 电信服务，取名为 RABBIT，开始冲击英国的电信市场，但很可惜的是 RABBIT 的技术相对比较落后，和同时期的电信服务技术相比逊色不少，所以吸引不了更多的客户，在市场竞争中，RABBIT 以失败告终，长期的亏损还令和黄背上了巨额的债务。李嘉诚受到业界内外的不断批评，甚至有人认为李嘉诚在英国的这项业务会将他的整个公司拖垮。但是李嘉诚坚持己见，不愿意放弃这项业务，他始终认为凭着自己对未来趋势的正确分析和把握，这项业务会给自己带来巨大的收益。他没有因为这次的失败而止步。1994 年，他领导和黄集团再次将英国的电信业务重新包装，改名为 Orange，推出了 GSM 移动电话服务业务。这一次李嘉诚依旧是大手笔，投资了 84 亿港元，开始的时候，人们也不看好这一次投资，但没想到的是，它逐渐被客户接受，手提电话的销售也很不错。

1996 年 4 月，Orange 在英国上市，成为金融时报指数 100 成分股，打破了成为成分股的最快纪录，这为和黄带来了巨额的收益。Orange 的股价连续蹿升，比刚上市的时候提高了六成多。到了 1997

年，Orange成为英国第三大移动电话运营商。

结果正如李嘉诚所料，随着个人通信网络逐渐被消费者所接受，到1998年，李嘉诚出售Orange4.3%的股份，套现54亿港元，加上当年被并购后交易所得的200亿港元现金、220亿港元票据以及650亿港元的德国电信公司股票，仅仅过去10年，李嘉诚在这项不被人看好的业务上的收益已超过当初投资的10倍。

出售Orange取得了巨大的成功，大家都非常想知道李嘉诚成功的秘诀是什么。在记者招待会上，李嘉诚淡定地回答："电信业务是未来集团的发展重点，我已经知道五年后的和黄要做什么了。"

李嘉诚以超凡的投资眼光，经营了一项非常具有升值空间的业务，几年的时间便获得了惊人的回报。通过出售Orange，他也一跃成为了当年全球富豪排行榜上的第10位，成为世界前10位富豪排名榜上唯一的华人。

现在有一大部分投资者都有一个不好的习惯，就是总想着怎样才能把钱快速地赚到口袋里，不去理会长远的利益，这种只顾眼前小利益，而忽视长远利益的心态就是典型的"一鸟在手，胜过百鸟在林"。

这样的投资者永远只是热衷于短线投资，比如他们买了股票，不会长期将股票拿在手里等着升值，而是只要觉得价格好，哪怕今天才买进，明天就想卖出。对他们来说，只要赚了钱就行了，不用考虑那么长远。

其实，很多成功的投资大师在投资时大多是长线持有。例如股神巴菲特，他不在乎蝇头小利，总是将一只股票持有几年甚至几十年，其间冷静地分析市场的动态，把握机会，这样放长线钓大鱼，往往是成功的。

有一个从美国学成归来的计算机博士，由于学历高，还是海归，因此对于在国内找到一份不错的工作还是非常有信心的，可是几次应聘他接连碰壁。不是有的公司因为他的学历过高，害怕请不起而婉拒他，就是有些公司虽然可以给他提供一份工作，但是他觉得工资水平达不到自己满意的程度而婉拒了公司。

经过几次失败之后，这位博士开始放低姿态，他将自己的硕士和博士证书收起来，带着自己的本科证书出去找工作，刚好有一家公司需要一名技术人员，于是就把他招了进去。虽然这份工作非常简单，工资也不高，但是博士还是一丝不苟地认真工作。

没过多久，老板就发现这个新招来的年轻人与众不同，因为他总能指出程序中出现的错误，并提出自己独特的见解，于是老板就询问他。这时候这名博士拿出了自己的硕士证书，老板看了之后，二话没说就提拔他当了部门的主管。

又过了几个月，老板看他不仅能带领团队出色地完成任务，而且还能协助其他团队按时完成任务，就又和他谈了一次，这时他把自己的海外博士证书拿了出来，这次老板直接把他提拔为公司的副总。就这样，这名当初四处碰壁的海归博士终于在一步一步努力下取得了成功。

从某种意义上来说，这名博士的行为就可以理解为投资者在进行的长期投资行为，一个生意人如果能够像那名博士一样，把目光放长远一点儿，而不是只注重眼前的利益，明白投资是一种过程，那么他就一定会取得成功。那些热衷于短线投资的人永远只能做个朝不保夕的投机者，而着眼于未来的人才是成功的投资者。

避免投资的失误是每个商人的必修课

商业投资应该冷静客观，最忌为情所动而破坏心态的平衡。

——李嘉诚

作为一名成功的投资者，李嘉诚对投资很有心得。在他的心目中，投资环境是否成熟，是他考虑要不要进行投资的一个重要因素。如果投资环境不够成熟的话，他就会谨慎观望，以免造成“进退两难”的局面。李嘉诚当初选择在中国内地市场投资，正是因为他觉得内地市场的环境已经成熟了。

善于抓住机会的李嘉诚发现内地拥有非常广阔的市场空间，因为当时内地正值改革开放的时候。李嘉诚一向谨慎，为了确定内地的环境是真的良好，他专程飞到北京，亲自考察了解。

1992 年，李嘉诚来到北京考察，被中央领导人接见。中央领导人的支持态度无疑让李嘉诚更加放心，他加紧了向中国内地市场投资的准备。在北京、汕头和深圳转了一圈后，李嘉诚很快就做出了投资的决定。1992 年 5 月 1 日，李嘉诚在中国大陆注册的第一个联营公司宣布成立，叫作“深圳长和实业有限公司”，投资方由李嘉诚的长实集团和深圳市政府的深圳投资管理公司以及国家计委属下的中国机电轻纺投资公司联合组成，港方和大陆方各占 50% 的股权，注册资本有 2 亿港元。

这家公司运营了一段时间之后，投资回报良好。财团的中期业绩报告出来后，李嘉诚明确指出了投资重点应该向中国内地转移。报告中称："中国国民经济的发展具有光明的前景，其增长幅度是任何国家都难以比拟的。"

在这之后，李嘉诚加紧了对中国内地的投资，1992 年 10 月，以和黄集团为核心的港方财团和深圳财团就深圳盐田港发展权签署了合同。在这个项目中，港方财团占了 70% 的股权，深圳财团占了 30% 的股权，这个项目计划是建成和香港货柜码头互补的世界顶级盐田货柜码头，投资 50 亿元人民币。

同时，李嘉诚还和他的老搭档胡应湘合作，达成了合作发展广深珠高速公路第二期广州至珠海的协议。这是一项大工程，投资大，风险大，见效慢，但李嘉诚并不介意这些，他认为虽然回报慢，但这个项目非常具有发展前景，有着长期性和稳定性，值得投资。

除了这些投资，李嘉诚还进行了很多大大小小的投资，都是利国利民而且赚钱的投资。李嘉诚这些投资得到了很好的回报，又提升了自己的名誉地位，可以说是名利双收。他的投资之所以能够屡屡取得成功，得益于他在投资前总是进行谨慎认真周详的考察，还有他精准独到的眼光。

很多投资者总希望能够短期获利，急切的利益需要会蒙蔽他们的眼睛，令他们看不到潜在的威胁，故而容易造成投资失败。李嘉诚之所以每次都能十拿九稳地取得投资的成功，避免失误，主要是因为他有耐心。

一对情侣在咖啡馆争吵后，男人摔门离去，留下女人伤心哭泣。女人心烦意乱地拿勺子搅拌着面前的柠檬茶，柠檬片被她戳得不像样子，茶中泛起淡淡的苦涩。女人叫侍者给自己上了一杯新的柠檬茶，并特意强调茶里的柠檬要去皮。

片刻后，侍者端上一杯柠檬茶，女人发现茶里的柠檬依然带皮，便大为光火，她训斥侍者，侍者并不生气，淡定地说道：“请您不要着急，柠檬皮经过充分浸泡后，苦味溶解于水中，将会呈现出一种甘甜的味道，但一定要等上一会儿，不要想着在几分钟内就品尝到可口的柠檬茶，那样只会喝到一杯苦茶。”

女人被侍者的话触动了，她问侍者需要多长时间才能把柠檬皮的香味都发挥出来。侍者告诉她需要12个小时，如果想要喝到最可口的柠檬茶，就需要耐心地等上12个小时。其实不只是泡柠檬茶，生命中的很多事情，只要肯在前期付出长时间的等待和忍耐，那么后面会变得顺利许多。

就在女人慢慢品味柠檬茶的味道时，之前冲动出走的男人抱着一大捧玫瑰花回来了，男人向女人道歉时，女人向他讲了柠檬茶的道理。两个人都平心静气了，耐心等待那杯柠檬茶泡出最可口的味道。

李嘉诚就是一个非常懂得等待的人，他很有耐心，在进行每一项投资之前，他付出的努力比别人都多，他知道凡事只有未雨绸缪，预先考虑到各种失败的可能，才能在投资过程中做到更加周全。所以说，每一次成功都不是轻易得来的，想要成功，就要预先付出比常人多百倍千倍的努力。

第八章

风险管理：

境界不同，结果就不同

不考虑未来的管理者没有未来可言

谁不思考未来，谁就没有未来。

——李嘉诚

战国时期的魏国军事家吴起曾说过："用兵之害，犹豫最大。"同样，在生意场上，一个成功的商人一定是一个多谋而又善断的人，甚至很多时候需要有背水一战、破釜沉舟的勇气。

塑胶花生意为李嘉诚赚取了人生的第一桶金，在稳固了香港市场后，李嘉诚开始积极开拓海外市场，在成功开拓了欧洲市场之后，他把目光又转向了北美地区。

李嘉诚在北美地区先期进行了强大的宣传攻势，很快就有一家销售网络遍布美国、加拿大，堪称是北美地区最大的贸易公司找到李嘉诚的公司，想要商谈合作事宜。这让李嘉诚感到很兴奋，因为这是一个进入北美市场的绝佳机会。

这家公司派代表到李嘉诚的公司进行考察，在临出发前就电话告知李嘉诚，除了要考察他的公司外，还想让李嘉诚陪同参观一下其他几家生产塑胶花的大型厂家。李嘉诚当然明白对方的意图，他们想要考察整个香港地区的塑胶花市场，然后从中挑选优质的厂家进行合作。这让李嘉诚感到十分为难，他知道凭着自己工厂现有的规模，不可能让来自先进工业国的外商感到满意。

几经思考之后，李嘉诚召开了公司高层会议，并在会议上做了一个决定：在外商到来之前的一周内，把自家厂子的塑胶花生产规模扩大到令外商满意的程度。

当时，李嘉诚正在筹建一座工业大厦，原本想等到大厦建成后留出两套厂房自己用，但是现在时间不等人，为了能够迅速扩大生产规模，李嘉诚不得不把旧的厂房退租，重新租赁厂房。由于资金不足，李嘉诚还将筹建工业大厦的地产抵押给银行，以换取贷款。

新的厂房租到手后，李嘉诚还面临新设备的购买、安装、调试，新员工的招聘以及上岗培训等一系列困难，为了克服这些困难，他和全体员工一起忘我地工作，在奋战了六个昼夜之后，终于保证了新工厂开始正常运转。

可以说，李嘉诚如果不扩大生产规模，他获得外商认可、从而进入北美市场的机会就等于零。但是扩大生产规模，也未必能够获得外商的认可，他也只有 50% 的胜算，但是就因为这 50% 的机会，在外商还没有到来、谈判还没有启动之前，李嘉诚就决定放手一搏，可谓是一步险棋。

让李嘉诚欣慰的是，当外商来到李嘉诚的新厂房看到它的生产规模以及样品之后，立刻决定不再考察其他塑胶花生产厂家，马上与他签订了合同，因为他觉得李嘉诚的工厂完全可以和欧美同类的大厂家相媲美。从那以后，李嘉诚每年都能够从北美市场获利数百万美元，并通过这家合作的贸易公司，将加拿大帝国商业银行变成了自己的合作伙伴，为其进军海外架起了一座桥梁。

从李嘉诚扩大生产规模这件事可以看出，世上没有万无一失的成功之路，一个人要想在波涛汹涌的商海中自由遨游，就必须要有背水一战的勇气，拥有冒险的精神。永远循规蹈矩、犹豫不决的人最终只会一事无成。但是我们也应该记住一点，冒险不等于盲目，盲目的冒险会把你带到万劫不复的深渊。我们这里所说的冒险是一种不打无准备之战的睿智表现。

世界著名服装设计师皮尔·卡丹就是一个敢于冒险的商人，他是时尚界的领头羊，却很少有人知道，他在餐饮界的成功也是首屈一指的。

19世纪末，一个名叫马克西姆·加雅尔的人以自己的名字命名，创建了马克西姆餐厅，这家法国最为著名的高档餐厅曾辉煌一时，成为当时最时髦的社交场所。不仅航空、汽车等工业巨头、艺术家们时常在这里聚会，而且法国及其他国家政界要人也频繁出入该餐厅。但是到了20世纪70年代，这家餐厅的经营却越来越不景气，到1977年时，已濒临倒闭的边缘。

1981年，皮尔·卡丹以150万美元买下了这家餐厅。在当时，他的很多朋友都纷纷劝阻他，不要冒险接这块烫手的山芋，甚至有人断言，如果皮尔·卡丹接下它，他很快就会破产。面对质疑，皮尔·卡丹没有改变自己的决定，他认为马克西姆餐厅虽然目前经营得不景气，但是其历史悠久，品牌效应好，这是其优势。而它之所以会出现困境，是因为餐厅的档次太高，普通大众消费不起，而且市场也仅限于法国国内，如果进行一系列的改革，餐厅一定会走出困境。

皮尔·卡丹接手马克西姆餐厅后，改变了以前只经营单一的高档菜的方式，菜肴、价格等全部定为普通百姓可以接受的，并且改变了以前仅对少数会员开放的俱乐部模式，全天对外开放。同时扩大了经营范围，除菜点外，兼营鲜花、水果和高档调味品。经过改革，餐厅一时间顾客如潮。随着餐厅营业额逐月上升，皮尔·卡丹将分店开到了世界各地。事实证明，皮尔·卡丹当初的冒险是非常正确的。

在某些时候，利润与风险是共存的，财富总是对有勇气的人青睐有加。所以要想得到财富，就必须有战无不胜、勇往直前的气势，能够在冒险中抓住机会。而犹豫畏缩，总是想“万一失败了怎么办”的人，只能在追逐财富的道路上原地踏步，眼睁睁地看着机会从身边溜走。要知道，在成功者的字典里，“冒险”与“成功”具有同样的含金量。

舞台大了，机会就多

我从不间断地读新科技、新知识的书籍，不致因为不了解新信息而和时代潮流脱节。这个世界每天都在变，如果你还是用老眼光看世界，你就会被世界遗弃。

——李嘉诚

在生意场上，经营任何项目都是有风险的，只赚不赔的买卖是永远不会存在的，因此许多商人都坚守着“不把所有鸡蛋放在一只篮子里”的原则。之所以不要把所有的鸡蛋放在一只篮子里，是因为这样做风险很大，如果一只篮子被打翻了，那么全部鸡蛋就会碎掉，最终一无所有。做企业也是这个道理，如果经营单一化，那么一旦这一行业遭遇巨大的冲击，企业就会全部在狂风暴雨前轰然倒下，最终满盘皆输。李嘉诚十分认同上述这一原则，因此他倡导企业应该多元化经营。这样，在市场不景气的时候，经营多种业务可以分摊风险，降低成本，渡过难关。

在从事了多年制造业、地产业之后，从2000年开始，李嘉诚扩展了业务范围，进军了IT等多个行业领域。面对经济全球化的日益进展，李嘉诚认为目光应当放得更远一些，香港虽然经济发达，但毕竟地方不算大，对于积累了庞大财富的李嘉诚来说，这个舞台实在不够大。正如马世民所说的那样：“若说香港对我们而言太小，这的确有点狂妄，但是困境正在日渐逼近，我们没有多少选择余地。”

李嘉诚认为只有将业务拓展到国际上去，勇敢地接受经济全球化的挑战，才能继续发展长江实业。通过跨国投资，不但可以拓宽业务渠道，更能为长江实业提供安全保障，非常符合“不要把所有鸡蛋都放在一只篮子里”的原则。李嘉诚说企业家要懂得何事该为，何事不该为，何事可行，何事不可行。

向国外投资，李嘉诚先看中的目标是加拿大。1977年，他在加拿大温哥华购置物业，到了1981年，他又斥资6亿多港元，收购了加拿大多伦多希尔顿酒店。经过几次尝试后，他发现加拿大的投资环境比较好，便在1986年12月投资了32亿港元，购入加拿大赫斯基石油公司52%的股权，这家公司在加拿大西部拥有大片的油田和天然气开发权，还有一个大炼油厂以及343家加油站。当时世界石油价格正值低潮，石油股票价格也不高，李嘉诚用较少的资金成功投资，赚了一大笔钱。

这就使李嘉诚再次打了一个漂亮的胜仗，从最初创业时生产塑胶花开始，到后来挺进房地产行业，再到投资IT行业，李嘉诚所经营的企业已经遍及塑胶、地产、股票、货运码头、通信、电力等多个行业。这正是“不把所有的鸡蛋放在一个篮子里”的投资法则的具体体现。他没有局限在某一个业务上，也证明了他的视野超越了同辈许多企业家。

经营企业的时候有很大的风险，一着不慎就可能导致满盘皆输。所以精明的投资者都懂得通过分散经营来降低风险，即将资金分散在不同的投资领域里，而不是集中放在一个产业里，最终实现企业的多元化经营。

联合利华一直坚持着商品多样化和商标多样化的原则，尽管联合利华有很多品牌闻名世界，但是这些品牌都是以独立的形象出现在消费者面前，而不是统一冠以联合利华的商标。作为一个拥有百年历史的公司，联合利华之所以能够经久不衰，成为全球最大的消费用品制造商之一，就在于它懂得分散经营的策略。联合利华的每一类产品都有多种不同品牌，例如食品品牌立顿、家乐，日化品牌金纺、奥妙、旁氏等。商品、商标的多样化不仅很好地避免了单一、呆板的消费形象，而且还规避了某一品牌一旦出现问题，连带公司其他产品一起遭到抵制的风险。

同李嘉诚一样，靠报业起家的默多克也十分懂得规避风险，实行分散经营。默多克早期一直对文字传播情有独钟，但是从1980年开始，他敏锐地发现，自己过去那种把资金全部投入报业的投资方式过于单一，因为在全球信息社会中，世界范围的卫星电视将会成为未来信息传播的主流，因此他立刻转变投资方向。1983年，默多克首先在伦敦买下一家卫星电视公司的69%股权，接着在美国收购了好莱坞二十世纪福克斯公司的一半股权。1985年，默多克又以15亿美元收购了美国第四大电视集团都城媒介公司属下的纽约、洛杉矶、芝加哥、休斯敦、达拉斯和华盛顿六家地方电视台。这充分表明了默多克把经营重点从报纸转向电视和电子媒体的决心。

结果证明，默多克的投资思路是正确的。时至今日，默多克所创建的新闻集团的核心业务已经涵盖电影、电视节目的制作和发行，无线电视、卫星电视和有线电视广播，报纸、杂志、书籍出版以及数字广播等多个领域，堪称世界规模最大、国际化程度最高的综合性传媒公司之一。默多克之所以成功，是因为他掌握了分散经营的原理。

分散经营的好处在于可以降低风险，这个项目赔钱的话，还有其他的项目在赚钱，从而避免了因为企业经营项目单一再加上经营不善而导致全盘皆输的局面。分散经营在每个市场上都有机会，经营者就能够轻松把握各个机会。

现金流是正数才是王道

一家公司即使有盈利，也可能破产，一家公司的现金流是正数的话，便不容易倒闭。

——李嘉诚

对于一个成熟的企业来说，控制好现金流是至关重要的。它是企业能否规避风险、稳健发展的关键。有很多企业，无论做了多少投入，财务状况一直紧绷，在需要现金的时候拿不出来，最后企业家只能通过破产或者被收购清偿，把自己辛苦做大的企业拱手送给他人。

李嘉诚之所以能够成功，就在于其对风险高度戒备，并深知现金储备的力量，他总是时刻确保自己旗下的公司有充足的现金流，在需要资金的时候不必听命于他人。李嘉诚曾说："现金流、公司的负债的百分比是我一贯最注重的环节，是任何公司的重要健康指标。任何发展中的业务，一定要有让业绩达致正数的现金流。"

在经营过程中，如果没有特别好的投资机会，李嘉诚就继续持有现金，采取观望的态度。而一旦出现特别好的投资机会，他就会立刻进行投资并大赚一笔。正是因为其战略背后有着强大的财务支撑力，所以李嘉诚的几次重大交易，比如 1979 年收购和记黄埔、1985 年买下香港电灯等，都是在极短时间内调动巨额现金完成的，这令任何一个竞标对手都望尘莫及。

在 1997 亚洲金融危机爆发前，李嘉诚就敏锐地觉察到危险，他开始大手笔减持手中的股票，他旗下的公司也多次抛售手中的物业与楼盘，从而回笼了大量现金。随后的金融危机使香港股市和楼市受到重创，两市持续下跌，但是李嘉诚受到的影响却非常小。1998 年香港房地产业进入低潮期，李嘉诚在这一时期抓住竞争者减少的机会，成为竞标拿地的大赢家。他用手中现金以低价大举购入土地，用超低的成本建造房产，待香港经济复苏之后再以高价卖掉，从中赚取了巨额利润。

正是因为李嘉诚旗下的公司一直奉行“现金为王”的财务政策，在任何时候都保有大量现金，不仅降低了经营风险，同时又不错过绝佳的投资机会。在过去的数十年中，无论全球经济繁荣还是萧条，李嘉诚旗下的公司都能保持盈利，长期屹立不倒。

在日趋激烈的市场竞争中，一个企业能否持续发展，能否在危机来临之际站得住脚，在很大程度上取决于企业的现金流。资金的周转速度和管理财务的能力对企业意义重大，所以，企业想要健康发展，就要有良好的财务状况。

同李嘉诚一样，华为老总任正非对资金也是十分看重的。在创业初期，华为一直被资金匮乏问题困扰，很多机会就在眼前，但却无法施展拳脚，严重阻碍了华为早期的发展。那个时候，为了能让企业渡过难关，任正非还借过高利贷，带头只领一半的工资，甚至不领工资，让财务给自己打个白条。

创业初期对资金的巨大需求，让任正非认识到现金流对于一个企业来说意义重大，即便企业在外有着很多款项，但如果企业的财务账上资金不充足，那也是无济于事的。所以，任正非在经营华为的过程中，对现金流特别重视。他曾经对同事这样说道：“‘家有粮，心不慌’，在深圳，口袋里有钱，心就不慌，在最关键的历史时刻，我们一定要重视现金流对公司的支持。在销售方法和销售模式上，要改变以前的粗放经营模式。我宁肯卖得低一些，但一定要拿到现金。这个冬天过去，没有足够现金流支撑的公司，在春天就不存在了，这个时候我们的竞争环境就会有大幅度的改善。西方公司因为巨大的财务泡沫受到了影响，他们自己已经乱了阵脚。他们乱了阵脚，我们做什么呢？乘胜追击，争取更多的市场、更多的机会，我们就能活到春天；活到春天，我们存的粮食吃光了，再种。”

可见，一向很有危机意识的任正非在企业的发展过程中，非常重视现金流和回款。华为开拓海外市场的时候，首先遇到的就是海外回款期长、风险大等问题。对于华为这种要将业务开拓到全球多个国家和城市、市场拓展无比迅猛的企业来说，现金流的压力特别大。2004年前，任正非就非常有预见性地设置了专门负责回款的市场财经部门。为了尽可能地减少回款危机，华为一般采取三种方式避免海外贸易的回款风险。

第一种：在签订项目合同之前，让对方先付30%的预付款，提供抽样产品后再付40%的款项，剩下的30%等到全部交货后付清。第二种：针对一些比较特殊的国家，可以利用政府的协议，比如华为要和某个有石油的国家进行项目合作，华为可以通过中国政府与这个国家建立关系，中国和这个石油国家进行贸易，然后华为再从政府那里获得资金。第三种：针对非洲一些国家，利用当地的资源，华为和其他公司合作，这样风险会均摊，不会只让华为一家企业承担风险。

一直维持充裕的现金流，是华为在海外市场发展顺利并突飞猛进的基本保障，是华为持续发展壮大的物质保障。

不要和业务“谈恋爱”

大前年赚了，前年赚了，去年也赚了，如果今年还能赚到，那就

好了，可是这个世界没有那么顺利的事情。不要与业务谈恋爱，也就是不要沉迷于任何一项业务。

——李嘉诚

“经商而不沉迷于商业活动。”这是真正的大智慧，是有着丰富经商经历的人自在出入商界的纯熟情感。对于成功的商界人士来说，只有盈利的生意，没有永远的生意。他们懂得物极必反、盛极必衰。任何一件事情在达到顶峰之后就会走下坡路，这时候，人就应该调整心态，接受暂时的低迷甚至失败，而不强求成功。

众所周知，李嘉诚是靠塑胶起家的，当李嘉诚的厂子经过一步步的发展成为香港塑胶行业的龙头老大时，他感到了危机，他认为世间万物都有盛极必衰的规律，只有那些在得意时懂得规避风险的人，才能永久地立于不败之地。

经过仔细的分析，李嘉诚决定把资金转投到房地产业。他认为香港地少人多，随着人口的增多，经济的发展，住宅需求量一定会持续增长。从1958年开始，李嘉诚就在繁盛的工业区北角购置土地，兴建起一座工业大厦，拉开了自己进军房地产行业的序幕，随后他不断买进土地，在地产界开始大显身手。

然而，直到20世纪60年代中后期，香港的房地产业仍然十分疲软，没有回升的态势，李嘉诚在这个行业已经投入许多资金而没有获得多少收益，许多先前将资金投入房地产业的人都因为信心不足，而纷纷抽走资金，改投其他行业，一时间香港的很多地皮都开始低价抛售。

这时，李嘉诚并没有跟风抛售自己手中的地产，相反，他经过深思熟虑之后，决定继续将大部分资金投入到房地产业，甚至他公开宣称："你们大拍卖！我来大收买！以后，你们有追悔莫及的那一天！"就这样，李嘉诚用手中剩余的资金，以极其低廉的价格收购了一块又一块地皮，大兴土木，建起了一栋栋高楼大厦，大厦落成后用来出租回笼资金。

事实证明，李嘉诚的这种灾难式投资是正确的。从20世纪70年代开始，香港的房地产业开始回暖，这导致香港的地皮和房价持续攀升。李嘉诚将手中的部分地皮和大楼高价抛售，获得了成倍的利润，而他也成为这次房地产灾难中最大的赢家。

一个成功的企业家往往具备审时度势的能力，他知道在什么时候出手买进，在什么时候出手放弃。真正精明的商人，能够反其道而行，走别人不敢走的路，虽然会有风险，但是带来的收益是巨大的。李嘉诚就是这样的人，在没有找到合适的机会时，他会把持资金，稳中求进，但是一旦机会来临，他就会进行灾难式投资，采取人弃我取的投资策略，为自己的财富帝国再添砖加瓦。

在随后的投资生涯中，李嘉诚多次在石油危机和经济萧条的时期，趁楼价下滑，采取人退我进、人弃我取的战略入货，结果在楼市转暖回升时获得巨利，使手上的资金暴增。

2007年中国经济持续高速发展，这也导致股票和房地产市场的双重利好，人们纷纷投身股市，希望能从中赚到大钱，然而李嘉诚却在这时对包括中国远洋、南方航空及中海集运等8家企业的股票进行了明显的减持。2007年末，李嘉诚更是公开表示，近期港股仍会波动，建议投资者谨慎。在李嘉诚密集减仓后，恒生指数果然持续下跌。2008年初更是从2007年末的31638点跌穿到25000点，这也让许多投资者血本无归，但是李嘉诚却在这场投资中毫发无损，并且大赚了一笔。

人生有舍才有得。李嘉诚告诫大家："要永远相信：当所有人都冲进去的时候赶紧出来，所有人都不玩了的时候再冲进去。"

戴维·德瑞曼是美国著名的逆向投资者，他著有一本名为《逆向投资策略》的书，在书中，他指出，"二战"以来，美国市场经历11次危机，如果在危机发生1年后投资，投资者将有10次赚钱，只有1次亏本，且只亏3.3%，平均收益为25.8%，其中收益最高者可达43%(1969年到1970崩盘后的)。危机后将股票持有两年的获利是惊人的，买家在11次的危机中都将赚钱，两年的平均收益约为38%。而在1973—1974年下跌后，买入股票收益将高达66.5%。因此他认为在恐慌中买入并持有，做逆向投资是投资制胜的策略。

2008年爆发的全球金融危机让许多企业都受到冲击，这些企业纷纷减产、裁员，以期能度过"寒冬"。但是在中国的汽车行业，有一个人却逆市而行，在全球同行业不约而同地进入"冬眠期"的时候，他却让所有员工加足马力扩大生产，要在危机中创出一片新的天地，他就是中国吉利集团董事长李书福。

李书福的做法让很多人感到不理解，但他却有自己的见解。在一次采访中，他说过这样一段话："一到冬天，你们就担心中国的汽车工业太弱小，可能会被冻死，你们这个观点是要遇到很多挑战的。对吉利和中国本土汽车工业来说，这次危机其实是财富和机会。因为现在遇到困难最大的是美国的三大汽车公司，它们每年几乎都要亏几百个亿。即使是奔驰这样的欧洲公司，现在也遇到很大的麻烦。而它们今天遭遇的困难，我早在10年前就预测到了，这是全球汽车工业格局发生变化的必然，也是产业转移的必然。中国汽车是大有可为的！我们现在说汽车出口，不是说我们在国内打不赢了就跑出去，而是这个产业转移带来的必然结果。中国汽车产业必然会发展起来，对于这点，我是有信心的。”

正是因为具有这样的信心，李书福才会在世界经济“万马齐喑”的时候，高调“逆反”扩大生产，结果也正如他所料，在全球汽车业销量急转直下之时，吉利非但没有受到冲击，反而整体销量逆势上扬，造就了一个奇迹。

在这个世界上，每个人都能够成为商人，但成功的并不多；每一件事物都有两面性，当大多数人只看到一面忽视另一面时，而你却能从中看到不同，你就离成功就不会太远，离财富也不会太远。所以，与其跟在大多数人的身后亦趋亦步，还不如培养自己的眼光和胆量，然后另辟蹊径，这样我们就能更快地到达成功的彼岸。

好的时候不要看得太好，坏的时候不要看得太坏

一棵树根部的分支可能散布在50英尺、100英尺以外的地方，但主根仍在。

——李嘉诚

李嘉诚在地产投资中获得了很大的利润，积累了丰厚的财富，在这个时候，李嘉诚做好了让公司上市的准备，他打算筹集社会资金，推动公司再向前迈一大步。但当时在香港，企业想要上市并不是容易的事情。那时候，香港的大公司都是借助股票市场向社会筹集资金，然后扩大规模。通过股票上市，可以令公司提升知名度，然后继续扩大规模再生产。上市可以说是公司壮大的一条“便捷之道”。

香港正式的股市交易活动在1891年就开始了，但是，那时候香港的企业想要上市，条件非常严苛，很多华资大企业都被拒之门外，把不懂英语的华人经纪人排除在外。所以，想要在香港上市，光有雄厚的资金是不够的，那个时候的香港股市只有英国资本家和少数华人商人才能进入。

不过，李嘉诚并没有放弃，他一直在寻找机会，很快他就等到了。1969年，以李福兆为首的华商组建的“远东交易所”正式营业，打破了香港会对证券交易的垄断地位。“远东交易所”不像香港会那么苛刻，条件放宽了不少，给一些公司上市创造了很好条件。在“远东交易所”开了这个好头之后，香港又陆续成立了“金银证券交易所”“九龙证券交易所”，使得公司上市变得更加容易，刺激了股票价格的飙升。

香港股市的行情变得非常好，正是在这样的背景下，李嘉诚看到了自己公司上市的希望，他开始积极操作这件事情。1972年，李嘉诚向这几家证券所提交了上市申请，很快获得通过，在1972年11月1日获准正式挂牌，法定股本2亿港元，李嘉诚的长江实业集团正式开始了股票公开发售权。

长江集团上市了，这是李嘉诚经商生涯中做出的一个重要决定。

长江集团选在了好时机上市，公众的反应是非常强烈的，认购额超出了发行额的65倍，最后为了安抚买家，只能用抽签的办法来决定谁买。在上市仅仅 24 个小时之后，长江实业的股价就翻了一番，李嘉诚的个人财富一夜之间便翻倍。这种情况在香港并不多见。长江实业的股票之所以会这么受欢迎，主要是大家对李嘉诚的信任。李嘉诚凭借他多年来累积的信誉度，令自己和自己的企业受到了广泛的关注和好评。

虽然出师告捷，但长江集团上市的成功并没有冲昏李嘉诚的头脑，他依然冷静地观察大局，当很多人向他表示祝贺时，他只是淡然地说道："好的时候不要看得太好，坏的时候不要看得太坏。"李嘉诚凭着多年的经商经验感知到，天底下没有一直好的情况，也不会有一直糟糕的情形，物极必反，这是规律。李嘉诚敏锐地察觉出香港当时的股票升值如此之快速，那么下跌也可能就是转瞬间的事情，绝对不可以被一时的利益冲昏了头脑，一定要警觉地观察。

所以，当香港人纷纷为股市疯狂的时候，李嘉诚并没有表现出多大热情，他在牛市时吸纳了巨额的资金之后，马上将这些资金投至物业。在那时，香港人纷纷低价卖出物业而去高价购买股票，李嘉诚则是一边发行股票，一边用资金去收购那些被港人抛售的低价物业。通过两次发行新股，长江实业集资 1.8 亿元，成功购入了许多物业。

果然如李嘉诚所料，香港股市的行情并没有一直看涨。受到世界经济危机的影响，香港股市出现萎缩，股价大跌，很多人赔得血本无归。但因为李嘉诚坚持不炒股，还将融资投放进不会轻易贬值的物业，所以李嘉诚的财产并没有受到什么损失，公司的运营也没有受到什么影响。

作为一名企业的管理者，任何时候都不能大意，要有风险意识。逆向投资是一种策略，也是一种智慧，如果一个项目 100% 的人都看好它，认为有利可图，那么你最好不要再参与进去；如果只有 50% 的人看好它，那么你可以尝试一下，但是你必须要付出比他人多百倍的努力；如果只有 1% 的人看好它，那么你完全可以放心地参与进去，不久的将来，你或许会大赚一笔。

第二次世界大战爆发后，很多城市因为战争而变成废墟，人们流离失所，无家可归，自保都成问题，就更别说想着如何赚钱了。

战区的人民因为忙于逃难，又不忍心白白浪费辛苦赚来的家产，因此纷纷低价抛售。当时有两个年轻人看到这种情况，其中一个年轻人从中看到了商机，他认为战争终有结束的那一天，到时候人们必然会回到正常的生活轨道上。战时如果低价买入难民们抛售的家产，等到战争结束后再高价卖出，必然会让自己大赚一笔。

这个年轻人把自己的想法向另外一个年轻人说了，但是他的同伴却认为，一旦买入这些家产，运输会是难题，如果在运输过程中碰到敌军，不但这些物品会被没收，恐怕连生命都会丢掉，因此他拒绝了同伴联合收购的建议，跑到安全地区避难去了。

第一个年轻人没有因为同伴的退缩而改变主意，他一方面大量收购人们抛售的物品，另一方面冒着风险将这些物品运到安全地区保存好。几年后，战争终于结束，这个年轻人立刻抛售手中的物品，大赚了一笔，成了一个富翁，而他的同伴仍然只是一个碌碌无为的普通人。

经商的道理有时候很简单，敢于抓住别人不敢去抓的机会，敢于走别人不敢走的路。能做到人弃我取，人取我弃，那么你就可以成为一个成功的企业家。

危机变生机

商业投资的风险有很多种，规避风险的正确方式之一就是要对时机进行准确的分析，因为时机一旦看错，就会导致满盘皆输。更要忌讳人云亦云，被误导而投资失败是很可惜的。

——李嘉诚

正所谓树大招风，李嘉诚创办的塑胶厂在获取成功、引起人们关注的同时，也引起了同行的妒忌。有一些竞争者为了搞垮李嘉诚，竟然雇佣一些社会人员到李嘉诚的工厂捣乱，对他破旧的厂房拍照，并扬言要把这些照片卖给报社，让大家看看李嘉诚的工厂有多破旧。面对挑衅，工人们全都义愤填膺，有的要去抢夺相机，有的要赶跑这些拍照者。李嘉诚却阻止了工人们，他平静地对工人们说：“今天把他们赶跑了，明天他们还会来，他们不达目的是不会罢休的。”

虽然李嘉诚表现得很淡定，但是他深知这件事如果处理不好，对于自己的公司将会是一场大灾难。在报纸上出现“且看李嘉诚破旧的塑胶厂”的负面新闻后，李嘉诚决定主动出击，将危机化为生机。

李嘉诚背上一袋自己工厂所生产的塑胶花，并且拿着那张报道工厂负面新闻的报纸开始拜访客户，每到一处，他都会不厌其烦地对客户说，因为长江塑胶厂现在正处于创业阶段，资金短缺，所以厂房显得十分破旧，“但是我们并没有因为厂房破旧就降低产品的质量，我们生产的塑胶花是十分精美的，并且有些是在欧美市场都无法看到的品种。”听了李嘉诚诚恳的话语，再看看李嘉诚展示的精美的塑胶花，客户们都被李嘉诚的坦诚所感动，不仅没有因为他的厂房破旧而与他终止合作，反而在参观了他的厂房后，都与他签订了大笔的订单。

面对不正当竞争，李嘉诚并没有采取同样的措施进行反击，而是将对方对自己的恶意诋毁当成是一次实惠的广告，将危机转变为生机。

在这个世界上，每个人都能够收获成功，但是有时候就是差那么一点点儿火候，就使我们与近在咫尺的成功失之交臂。其实，只要思路灵活一些，遇上的危机就可能转为良机，从而使自己大获全胜。

在国外一个法庭上，一个年轻的妻子正在声泪俱下地控诉自己的家庭出现了“第三者”，并指责丈夫不分昼夜地与“第三者”在一起，完全不顾及她的感受，她要与丈夫离婚。

当法官问年轻的妻子“第三者”是谁时，妻子的回答是：“足球。”

听了妻子的话，旁听席上的人们哄堂大笑，有一个人却站起来说：“我是一家生产足球的工厂的厂长，我愿意赔偿足球给这位女士所带来的伤害。”

得到赔偿的年轻妻子自然喜出望外，而由于这个国家的人们对足球已经达到痴狂的状态，所以这家生产足球的厂家也因此声名大振，足球的销量开始直线上升，而他并没有花一分钱的广告费。

美国前总统尼克松曾说过这么一句话：“汉字用两个字符来书写Crisis（危机）这个单词。‘危’字代表着危险的意思；‘机’字则代表着机会的意思。身处危机中，意识到危险的同时，不要忽略机会的存在。”任何危机都蕴藏着新的机遇，这是一个亘古不变的定律，学会变通地对待危机，可能前一分钟还让你头痛不已的“麻烦”，下一分钟便会变成让你喜笑颜开的机会。

“碧绿液”是法国著名的矿泉水品牌，不仅在法国家喻户晓，而且还出口多个国家，享有很高的知名度。1989 年 2 月，美国食品卫生部门在抽样检查中发现部分“碧绿液”矿泉水含有超过规定标准 2 ～ 3 倍的苯，长期饮用会有致癌的危险。

正所谓“坏事传千里”，消息很快被传播出去，“碧绿液”矿泉水的销量开始直线下降。面对危机，“碧绿液”公司董事长并没有为公司进行辩解，而是紧急召开记者招待会，宣布就地销毁已销往世界各地的 1.6 亿瓶矿泉水，随后用新产品加以抵偿。

这一决定让参加招待会的记者们一片哗然，为了部分不合格的矿泉水就要销毁这么多已经销往世界各地的矿泉水，直接导致的经济损失要高达 2 亿多法郎，这么做值得吗？

“碧绿液”公司销毁全部产品的特大新闻在美国乃至全世界传播开来，顷刻间，为顾客着想、对顾客负责的美名让“碧绿液”公司变得四海皆知，虽然公司损失了 2 亿多法郎，但却赢得了信誉和名声，人们都期待着新产品上市后去品尝一下，这要比直接花 2 亿多法郎做广告的影响力大得多。

俗话说：“东方不亮西方亮。”当危机来临的时候，有人只看到了危险，而有人却抓住了危机中的机会。作为一名管理者，如果你知道怎样利用危机的话，危机就是你最大的盟友，你就可以通过危机走向胜利。

有些生意，利润再高也不做

不义而富且贵，于我如浮云。是我的钱，一块钱掉在地上我都会去捡；不是我的，一千万块钱送到我家门口我都不会要。我赚的钱每一毛钱都可以公开，就是说，我不是不明不白赚钱的。

——李嘉诚

1943年，李嘉诚的父亲因为肺病去世，为了安葬父亲，李嘉诚把母亲和舅父东拼西凑来的安葬费交给两个客家人，委托他们去寻找合适的墓地。

为了能找到一块好的墓地安葬父亲，在看墓地期间，李嘉诚坚持要跟着两个客家人一起去看。有一次，当他们来到一块埋有他人尸骨的坟地时，以为李嘉诚不懂客家话的两个人开始商量如何把这块坟地挖开，把尸骨弄走，然后骗李嘉诚把父亲安葬在这里。

听了两个人的话，李嘉诚感到万分震惊，从小就受到良好教育的他万万没有想到，在这个世界上竟然还有这样丧尽天良的人，连死人的尸骨都不放过！而如果自己的父亲被葬在这样的地方，无疑是鸠占鹊巢，他的在天之灵也不会得到安息。深知要不回来已支付安葬费的李嘉诚不得不做出一个痛心的决定，他告诉两个客家人不要挖掘他人的坟墓，已经支付的钱他也不再收回，他另外再筹钱寻找卖主。

这次经历给李嘉诚留下了深刻的印象。在李嘉诚以后的经商生涯中，他始终坚持一个原则，那就是："绝不同意为了成功而不择手段，刻薄成家，理无久享。"并且李嘉诚还时常告诫员工，在生意场上不要占任何人的便宜，绝不要赚“黑心钱”。

李嘉诚曾在巴拿马进行过投资，拥有集装箱码头、飞机场等项目以及大片的土地，带动了当地经济快速发展。为了表示感谢，巴拿马政府曾拿赌场牌照作为酬谢的礼物送给李嘉诚。开赌场可谓是一本万利的买卖，李嘉诚当时在巴拿马有三家旅馆，开在任意一家都可以为他赚取巨额的利益。但是就是这样一个赚钱的项目，却被李嘉诚委婉谢绝了。因为他认为自己的旅馆绝对不能开赌场，有些钱他是不会赚的，这是他的原则。

1997年亚洲金融危机，香港地产和股市受到很大冲击，国际对冲基金和大炒家们多次利用股市的崩盘来获取暴利，有人曾建议李嘉诚这时也抛售股票，加速股市崩盘，从中获取利润，但是李嘉诚却认为，这样做会对香港的经济造成很大的危害。

无论是创业之初还是大富大贵之后，李嘉诚始终坚守不赚黑心钱这一原则。李嘉诚曾说过：“我对自己有一个约束，并非所有赚钱的生意都做。有些生意，给多少钱让我赚，我都不赚……有些生意，已经知道是对人有害的，就算社会容许做，我都不做。”当然，在商人中间，像李嘉诚这样坚持自己原则的人并不多，大多数商人满脑袋只知道赚钱，不顾道德原则，做出恶劣行为，他们伤害到企业本身及整个行业的形象。也有一些企业钻营于道德标准和法律尺度的灰色地带。今天商业社会的进步，不仅要靠个人勇气、勤奋和坚持，更重要的是建立社群所需要的诚实、慷慨，从而创造出一个更公平、更公正的社会。

胡雪岩是中国近代著名的红顶商人，是富可敌国的晚清著名企业家。他涉足多个行业，在风险之中赚取巨额利润，但是他的心中也是有底线的，对于不义之财，他一分也不会赚取。

清朝后期曾爆发过轰轰烈烈的太平天国运动。有一次，太平军的队伍逼近杭州城，当时杭州城的守将是王有龄，因为城内粮草缺乏，士兵们的士气十分低落。眼见形势十分危急，胡雪岩带领几个人冲出重围，为清军购买粮草。可是当他带人准备杀回杭州城时，却得到杭州失守王有龄自杀身亡的消息，于是胡雪岩不得不将粮草转运到其他地方。

在转运的过程中，守卫宁波的清军得到消息，希望能够从胡雪岩手中买下粮草，以解燃眉之急，此时胡雪岩如果将这批粮草高价卖出，必然会赚取几倍的利润，但是他并没有卖，而是将粮草借给宁波驻军，并要求他们在重新夺回杭州后，归还所借的粮草。

君子爱财，取之有道，商人的本质是追求利润，这本无可厚非，但是一个人如果盲目地为利益所驱使，就很可能一不小心落入别人的陷阱。这不仅会给自己的人生留下不光彩的印记，也会使自己陷入困境。

曾经连续15年占据全国奶粉销售冠军宝座的石家庄三鹿集团股份有限公司，为了不义之财，丧失最基本的伦理道德，竟然拿婴幼儿的安全健康做赌注铤而走险，在奶粉中添加三聚氰胺，导致全国多名婴儿出现肾结石。2009年，这个曾无比辉煌的企业被法院宣告破产。从1956年只有32头奶牛和170只奶羊的幸福乳业合作社，发展到品牌价值近150亿元的大型企业集团，三鹿用了整整50年；而从年销售收入亿元的企业走向破产，三鹿却只用了不到一年的时间。

在商业社会中，赚钱是可以的，但是违背最基本商业道德的企业注定是无法长久发展的。一个商人不应该为了赚钱不择手段，坦坦荡荡地做生意，清清白白地做人，才是商人应有的气节。

用“高尔夫”思想管理企业

现今世界经济严峻，成功没有魔法，也没有点金术，但人文精神永远是创意的泉源。作为企业领导，他必须具有国际视野，具备全景思维，有长远的眼光，务实创新，掌握最新、最准确的资讯，做出正确的决策，迅速行动，全力以赴。更重要的是正如我曾经说过的，要建立个人和企业的良好信誉，这是在资产负债表之中见不到但价值无限的资产。

——李嘉诚

李嘉诚非常喜欢打高尔夫球，他每天早晨都打高尔夫球。李嘉诚说，保持健康，没有比这更好的运动了。有记者采访他时，曾对他每天打高尔夫球感到吃惊，便问李嘉诚每天打多长时间的高尔夫球。李嘉诚回答道，一般一个多小时。李嘉诚总是能从生活的细微处发掘出真谛来，他常常把经商比作打高尔夫球。他说：“做生意一定要同打球一样，若第一杆打得不好的话，在打第二杆时，心更要保持镇定及有计划，这就表示这个洞不一定会输。就如同做人及做生意一样，有高有低。身处逆境时，你先要镇定考虑如何应付。”

打高尔夫球需要保持平稳的心态、高超的球技和充沛的体力，这三样要素少了哪一样都没办法打好球。在这三样要素中，心态最为重要，可以直接影响到打球的结果。高尔夫的场地会有很多变化，风速或者草地的坡度等等，都会影响到球的路线，所以，打球的人如果被这些外因干扰而心烦气躁，即便技术再好，也没办法打出好球。

想要将高尔夫球打好，一定要沉心静气，不要被外界因素所干扰，做到眼中心中只有球。经商也是如此，生意场上风云变幻，许多管理者因为疲于应付外界的干扰，令自己的企业陷入了困境。李嘉诚不会这样，他在管理企业时，总是排除外界的干扰，做出自己的判断，不会人云亦云，更不会随大流去做生意。

就像打高尔夫球一样，李嘉诚知道，做生意每时每刻都会面临风险，很多企业的管理者在面临风险时，常常不能稳住自己，先自乱阵脚，这样自然无法带领企业员工抗击风险。作为有经验的管理者，不论面对任何风险，都应当有处变不惊的风度，才能使下面的人员安心，与自己一起和衷共济。

做生意如同打高尔夫球一样，总会有失误的时候，失误造成的风险是在所难免的。遇到这种情况，不要慌乱，如果想要挽回败局，就要慢下脚步，总结失败的经验教训，而不要为了弥补过失，一味地去追求更大的获利方式，那样只会加大风险。

在激烈的市场竞争中，管理者总会因为种种原因犯下这样那样的错误，令企业蒙受损失。失败的确是苦涩的，令人不甘心的，但失败带给管理者的教训也是非常重要的。作为企业的管理者，在发现自己犯了错误时，一定要勇于承认，并积极改正错误，不要碍于面子，或者有自大的心理，将错误放过去。

1993 年，巨人集团犯了一个错误。但史玉柱在面对自己犯的错误时，并没有第一时间做出清醒的认识，他一直在错误的方向上做徒劳的努力，他试图通过融资、贷款将错误纠正过来，结果贷款越来越多，巨人集团陷入了贷款的压力之中，经营越来越困难，最后无力偿还。到 1997 年，巨人集团欠了 3 亿元的债务。

虽然后来史玉柱从头再来，创下了脑白金这样的辉煌，但如果当初他能及早正视自己犯下的错误，那也就不会欠下 3 亿元的巨额债务吧。

马云曾经说过："顺风顺水成就的是我们的事业，而逆风逆水成就的则是我们的人。不管做任何事情，有些错误是必须犯的，而且越早越好。"很多企业的管理者往往没有这样的思想觉悟，他们有了失误后，为了掩盖失误，常常会急功近利地做出更多错误的决策，令情况越来越糟糕。

其实，一个企业的管理者犯了错误之后，能尽早改正，对企业是有很大帮助的。马云早年跟随陈氏太极拳第十九代传人王西安先生学习太极拳时，马云请教道："您和您儿子，在太极上的造诣谁更高？"

王西安先生回答："我虽然功夫很好，但我的文化水平不高啊，表达不清楚，所以在练习的时候走过很多弯路，犯过很多错误之后才逐渐感悟出来；而我的两个儿子很幸运，在我零距离的指导下，几乎没有走过任何弯路，所以十几岁就能够打遍天下无敌手了。"

马云听了之后深受启发，觉得这和企业管理思想是相通的。其实这和李嘉诚的"高尔夫"管理思想也有相通之处，端正心态，正确面对风险，才是一个管理者应当有的态度。

第九章

自我管理：

天下事成败都在自己

个人的努力是创造事业的基本条件

我认为勤奋是个人成功的要素，所谓“一分耕耘，一分收获”，一个人所获得的报酬和成果，与他所付出的努力有极大关系的。

——李嘉诚

世界著名数学家华罗庚曾说过：“勤能补拙是良训，一分辛劳一分才。”的确，几乎所有成功者的成功之路上都洒满了他们辛勤的汗水。一个人要想成就一番事业，就必须勤奋肯干才行，否则，无论他是多么聪明的人，也无法抵达成功的彼岸。李嘉诚就是一个勤奋的人，他在走过人生数十个年头后，回过头总结自己的经验时，不无感慨地说道：“因为我勤奋、节俭、有毅力、肯求知，善于建立良好的人际关系，才取得了现在的成绩。”

李嘉诚随家人到香港时，因为之前没有接触过英语，所以他连字母都认不全。但当时香港的官方语言是英语，所以李嘉诚的父亲认为，要想融入香港的大环境，在香港立足，李嘉诚就必须攻克语言关，学好英语。

从那以后，李嘉诚变得对英语十分痴迷。上学、放学的路上，他总是边走边背单词；夜深人静的时候，为了能够学习且不打扰家人的休息，李嘉诚会偷偷地跑到屋外路灯下背诵英语单词。父亲去世后，辍学的李嘉诚并没有放松对自己的要求，在打工之余仍然坚持学习英语。正是靠着这种勤奋，很快就熟练掌握了英语。

英语为李嘉诚带来了财富，也为他日后跻身上流社会做好了准备。开办塑胶厂时，李嘉诚就能流利地使用英语与外商谈判了，而他创办塑胶厂的灵感也是来源于英文版的《塑胶》杂志。

父亲去世后，李嘉诚承担起家庭的重担。没有任何背景的李嘉诚初入社会，品尝了各种人间辛酸，在进入茶馆工作后，李嘉诚很是珍惜这份来之不易的工作，努力想尽各种办法将工作做到最好。茶楼是供客人休闲、消磨时间的地方，营业时间特别长，李嘉诚总是第一个去，最后一个走，每天超负荷工作十几个小时以上，他这种勤奋工作的态度让茶馆老板对他倍加赞赏。

在创业之初，李嘉诚更是将勤奋当成一种习惯，他每天都很早起来外出推销或采购，等回到工厂之后，他先检查工人上午的工作情况，有时还要手把手教工人如何出产品，就这样一直忙碌到深夜。在这样的奔波忙碌中，李嘉诚的厂子逐渐红火了起来。

李嘉诚一生都将勤勉贯彻在工作生活中，回忆起那段艰苦的创业岁月，他曾这样说："我自己从创业开始到1963年这一二十年来，平均每天工作16个小时，而且每星期至少有一天是通宵达旦的。一个小公司在实力和资金都很单薄的情况下，与众多实力雄厚的大公司竞争，其中的艰辛是可想而知的。"

正所谓“天道酬勤”，一无所有的李嘉诚在创业初期，靠着自己的勤奋，一步一步走上了成功的道路。

日本有一句著名的谚语：“除了阳光、空气是大自然赋予的，其余的一切都要靠劳动才能获得。”古今中外，凡是能够有成就的人，都有一个共同的特点，那就是勤奋。著名企业家史玉柱就曾说过：“我从来没有想过自己有什么光辉的一面。我的长处是勤奋，是坚强。别人用5个小时做的事，我会攻它三天三夜。”而当有人向比尔·盖茨问起他的成功秘诀是什么时，比尔·盖茨的回答是：“工作勤奋，我对自己要求很苛刻。”

《财箴》被誉为是影响世界的犹太财富圣经，其中有这样一段话：“财富像一棵大树，它是从一粒小小的种子发育而成的。金钱就是种子，你越勤奋栽培它，它就长得越快。”这段话深深地影响着一代又一代的犹太人。犹太人厌烦那些整天游手好闲、无所事事的人，而非常欣赏那些终日忙碌、勤劳赚钱的人。他们认为造物者终究会给后者最高的荣誉和奖赏，而对于前者，造物者是不会给他们任何礼物的。正是带着这样的理念，犹太民族才成为世界上最努力的民族，他们就像一群从来不知疲倦、不知辛苦的人，能够长期忍辱负重地工作而没有丝毫的怨言，也正是因为他们这种勤奋的习惯，才造就出数不清的犹太富翁。

周星驰在刚出道的时候，只能够扮演“龙套”角色，诸如士兵甲、群众乙之类。很多角色没有名字，甚至没有台词，往往刚一出场就会被主角杀死，但是周星驰并没有抱怨命运的不公，他总是努力、勤奋并认真地演好每一个角色。当其他龙套演员在抱怨命运之神为什么不垂青于自己的时候，周星驰在默默努力；当其他龙套演员因为倦怠角色而厌烦演戏的时候，周星驰仍然在努力，他就像一个永不止步攀登高峰的人一样，靠着勤奋和努力一步步到达了光辉的顶点，最终成为一代“喜剧之王”。

“不积跬步，无以至千里；不积细流，无以成江海。”不一步步向前走，不可能到达千里之外。也许有的时候勤奋并不能使人成功，因为勤奋只是催生成功的条件之一，并未涵盖所有成功的条件，但我们如果欠缺勤奋，害怕艰辛，想要取得成功一定会遥遥无期。

管理好自我是管理者的必修课

好的管理者真正的艺术在其将新事、新思维与传统中和，形成更新的能力。人的认知力由理性和理智交融贯通，我们永远不是也永远不能成为“无所不能的人”，有时我很惊讶地听到还有管理人以“劳累”为单一卖点。

——李嘉诚

孔子曾说过：“其身正，不令而行，其身不正，虽令不从。”意思是说一个管理者如果能够以身作则，起到表率作用，那么不用他下命令，下属也会行动起来。如果管理者自身行为不端，即使制定各种制度，员工们也不会服从。“自我管理”对于一个企业家来说，永远是一门重要的必修课，因为其中包含着企业家成功的要诀。一个不能自律的企业家，会让员工和合作伙伴产生不信任的感觉，影响企业的发展。你的企业能够发展到多大规模，财富帝国能够盖到第几层高，在很大程度上取决于你是否能够自律。在这一点上，李嘉诚就做得非常好。

在一次演讲中，李嘉诚曾说："在我看来，要成为好的管理者，首要任务是自我管理，在变化万千的世界中，发现自己是谁，了解自己要成为什么模样，建立个人尊严。"李嘉诚认为，一家企业的管理者具有怎样的素质，这家企业的员工就具有什么素质。因为管理者的种种思想会渗透到公司的每一个角落，不仅会被下属们所效仿，还会深刻地影响到企业文化。

因此，无论何时何地，李嘉诚都做到言行一致，以身作则，给员工们起到示范作用。虽然李嘉诚是公司的董事会主席，位高权重，但是他和普通员工一样上下班，每天第一个到公司，下班后最后一个离开公司，离开前他还会仔细检查公司的每一个地方，以防有些粗心的员工忘记关闭门窗。这种勤奋的态度让员工十分感动，他们认为这样一个老人都如此勤奋，那么他们这些年轻人又有什么理由懒惰呢？

李嘉诚给高层管理人员做过一个规定，那就是给下属开会的时间不要超过45分钟，一旦超过时间，就要立刻终止会议，有什么事情没有交代明白，私下里去找员工说明白，这也就保证了管理层不会在会议上说一些鸡毛蒜皮的小事，而是每次开会都首先把重要的事情说出来。

有一次，李嘉诚和几名高层管理人员一起商讨一件事情，由于事情比较棘手，过了一个小时仍然没有讨论出结果，这时李嘉诚发现自己已经违反了规定，马上宣布散会，并向大家道歉。由于事情没有解决，并且还比较紧急，所以几名高管都劝说李嘉诚破一次例，坐下来继续开会，把事情解决掉。李嘉诚拒绝了他们的请求，他说："大家都是公司的高层人员，公司上下数千双眼睛都盯着我们看，我们要给员工做出一个好的榜样。"正因为李嘉诚能够严格自律，管理好自我，才使得长实集团发展得越来越强大。

荀子曾说过："官人守数，君子养原，原清则流清，原浊则流浊。"这句话的意思是，官吏要遵纪守法，君子要修养本源（仁德），源头清澈，河流必然清澈，源头浑浊，河流一定浑浊。就比如越王勾践喜好勇士，所以越国的老百姓大多能在战场上不怕牺牲，奋勇杀敌；楚灵王喜好腰细的宫女，楚国的好多女子为追求瘦身而饿死。因此，做好自我管理是一名管理者让属下信服、成大事的基本因素。

海尔的张瑞敏曾说过："管理者要是坐下，部下就躺下了。"优良的示范是最好的说服，以身作则的目的，就是通过管理者的示范作用，来让公司的员工完全遵从公司的规章制度。

2013年1月14日，华为在深圳坂田基地再一次召开"董事会自律宣言"宣誓大会，这次会议由轮值CEO郭平主持，包括任正非、孙亚芳、徐直军在内的全体董事会成员面对来自全球的几百名中高级管理者，一起举起右手，庄严宣誓："……我们是公司的领导核心，是牵引公司前进的发动机。我们要众志成城，万众一心，把所有的力量都聚焦在公司的业务发展上。我们必须廉洁正气、奋发图强、励精图治，带领公司冲过未来征程上的暗礁险滩。我们绝不允许'上梁不正下梁歪'，绝不允许'堡垒从内部攻破'。我们将坚决履行以上承诺，并接受公司监事会和全体员工的监督。"集体宣誓之后，董事会的成员们又依次进行了个人宣誓，表达了自己一心为华为谋利，不为自己谋私利的决心。

在中国的企业界，贪腐现象时有发生，它就像是寄生在企业内部的暗疮，随着时间会越变越大，最终导致企业消亡。任正非对这一现象深恶痛绝，他曾在一篇名为《不做昙花一现的英雄》的文章中写道："任何一个干部都要清清白白做人、认认真真做事，做员工学习的榜样。不仅要严格要求自己，也要严格要求部属。只有一个群体具有高水平，才表明你这个干部的高水平。我们要持之以恒地在高中级干部中贯彻坚持原则，反对贪污，反对浪费，反对盗窃，反对假公济私，反对任人唯亲。"因此，华为从创立之初起，就要求所有管理者做到严格自律，并提出要制度化地防止干部腐化。每年华为都会聘请五大所之一的德勤对公司进行财务审计，并且还专门成立了纪律检查部门，在日常工作中对中高层管理者进行监督审查，干部离职前还要接受严格的财务审计。在华为内部，如果发现高层干部或其亲属与公司有关联交易，一经查实，立即免职，永不再录用。

2005年12月，华为召开了EMT民主生活会，并在会议上通过了《EMT自律宣言》。2007年9月29日，公司举行了首次《EMT自律宣言》宣誓大会，表明了高层领导从自身做起、严格自律、把所有力量都聚焦在公司业务发展上的决心。从那以后，华为每年都要举办一次这样的誓师大会，通过这种制度化宣誓方式使制度层层覆盖所有干部，使所有干部接受全体员工的监督，保持干部队伍的廉洁自律，这也确保了华为能够长足发展。

英国有一句谚语："好人的榜样是看得见的哲理。"一个优秀的榜样，能够为其他人树立学习的典范，就像茫茫大海中的灯塔，为轮船指明前进的方向，使其不至于迷失在海中。同样，一个管理者如果不能以身作则，为下属树立良好的榜样，往往会导致“上梁不正下梁歪”，使企业走向衰败。所以，管理者首先应该做好自我管理。

名誉是第二生命，有时候比第一生命更重要

对一个成功的商人来说，名誉比赚钱更重要，良好的声誉会带来更多的财富。

——李嘉诚

在生活中，李嘉诚十分注重名誉对自己的影响。平时他很注重自己的言行，如果在公众场合，有女星想和李嘉诚攀谈或者向他敬酒，李嘉诚都会婉拒，然后迅速离开，不给记者留下拍照的机会。香港某刊物还曾发布重金悬赏通告，称如果哪位女明星能够和李嘉诚合一张影，那他们会出 40 万港元来买这张照片，悬赏多年，至今仍一无所获。

有一段时间，《明报周刊》曾刊登过一篇题目为《一生最怕惹绯闻，视名甚重》的文章，这篇文章中写到一位姓李的地产商人和某某港姐有染。在那段绯闻闹得沸沸扬扬期间，香港著名作家林燕妮曾因为其他事情采访过李嘉诚，李嘉诚一坐下来先谈的不是公事，而是要澄清媒体记者对他的绯闻传言。李嘉诚对林燕妮说：“我跟某某港姐绝对没

有关系，亦不认识，外边乱讲。”对于那段绯闻，林燕妮并没有问，李嘉诚就主动解释，由此可见对于绯闻，他是多么排斥。李嘉诚之所以会对林燕妮解释这件事情，是因为那时林燕妮替《明报周刊》做“数风云人物”的专访，李嘉诚知道林燕妮在香港记者中的地位，想借她的笔澄清自己。

林燕妮事后谈到对此事的印象时说道：“我们是做广告的，绯闻我们不关心，但他显然十分介意。”李嘉诚这样在乎自己的名誉也是出于无奈，因为曾经有很多成功的商人由于行为不检点而断送了自己的前程。

李嘉诚一生都看重自己的声誉，在夫人庄明月病逝后，他一直守着对夫人的感情没有再娶。尽管李嘉诚拥有万贯家财，但他的私生活却始终很检点，从不放纵自己，他努力将自己与绯闻隔离开来。李嘉诚如此严格要求自己，所以人们对于一些有关于李嘉诚的流言蜚语自然也就不会轻易相信。

李嘉诚坚持洁身自好。在李嘉诚心目中，保持自身的名誉清白，不仅仅是声名上的问题，更是一个人品格的保证。

对于名人来说，有一个好名声是非常重要的。俗话说：“雁过留声，人过留名。”好的名声能为其带来更加丰厚的社会财富。李嘉诚不止一次地忠告一些焦躁不踏实的人，“注重自己的名声，努力工作，与人为善，遵守诺言，这样对你们的事业非常有帮助。”

很多成功的人正是因为注重自己的名声，看重自己在社会上的名誉，才奠定了自己的成功基石。提起李宁，我们的第一印象就是“体操王子”，除了赛场上的形象，多年之后，人们再提起退役的李宁时，仍然对他很崇敬，这是因为好的声望和名誉给他带来了崇高的地位。

李宁退役之后，一直以推动中国体育事业发展为己任，并创建了以自己名字命名的运动服品牌。1992 年巴塞罗那奥运会时，“李宁牌”便被选为中国体育代表团专用领奖装备，从而结束了中国运动员在奥运会上穿着国外体育品牌服装的历史，为国家争得了荣誉。

在 2008 年的北京奥运会开幕式上，李宁作为最后也是最重要的火炬手点燃奥运圣火，使他的个人形象得到进一步提升。李宁非常热心于公益事业，他担任了“中华骨髓库”大使，帮助贫困地区的白内障患者恢复视力；亲自参与“护鲨行动”，号召全社会保护野生动物；建立李宁基金会及“振梅基金会”，致力于广西地区的教育、体育等公益事业……一系列的公益活动为他的形象增光添彩，这也直接促进着“李宁”品牌系列产品的销售。

人格操守是事业上最靠得住、最坚实的资本，李嘉诚对这一点认识得很清楚。李嘉诚的企业能够做到现在这么大的规模，也正是因为他认识到了这一点。有很多大公司愿意花费昂贵的代价，用已经去世很多年，甚至超过上百年的名人的名字来做公司的名称，之所以这样做，正是因为这些名人都是人品可靠、名誉很好的人，用他们的名字作为公司的名称，能让消费者和客户对公司产生信任。

做大事的人、走向成功的人都是将事业建立在自己良好的品格上的。良好的声誉是事业的资本，做任何事情，都不要为了蝇头小利去放弃做人的底线。很多人为了尽快成功，尽早拥有财富，就丧失道德底线。这样的人，即便拥有了金钱和社会地位，也是人格堕落的人，也不能成为大家眼中成功的人。

有多少人信任你，你就拥有多少次成功的机会

我生平最高兴的就是我答应帮助人家去做的事，自己不仅完成了，而且比他们要求的做得更好。当完成这些承诺时，那种兴奋的感觉是难以形容的。

——李嘉诚

经济学家亚当·斯密曾说："商人本来最怕失去信用。他总是时刻小心翼翼地按照契约履行所承担的义务……"所以说，做商人应当以诚信为首。李嘉诚做生意讲诚信，诚信也帮了李嘉诚。

俗话说，"无商不奸"，许多商人以"厚黑"作为自己的经商准则，认为只有奸诈一些，才能赚取更大的利润。但是李嘉诚对这一观点嗤之以鼻，他一直坚守着中国人的道德之本，即"诚信"。李嘉诚曾说："一个人一旦失信于人一次，别人下次就再也不愿意和他交往或进行贸易往来了。别人宁愿去找信用可靠的人，也不愿意再找他，因为他的不守信用可能会生出许多麻烦来。"李嘉诚一生都恪守商业道德，他将诚信落实到自己人生的每一步，为他在商界和社会上都赢得了极佳的口碑。

回顾李嘉诚在事业上的每一步，特别是在至关重要的转折点，他都将诚信落实得分毫不差。第一次是离开打工的塑胶公司自己创业，辞行时，李嘉诚非常诚实地对老板说："我离开您的塑胶公司，准备自己单干，难免会用到在您这儿学到的技术和管理理念，甚至可能会开发同类的产品，请您理解。因为，从现在的形势来看，我不开塑胶厂，其他人也会开。不过，请您相信，我不会违背做人的原则，绝不会带

走您的客户。我会另外开辟销售市场。”

第二次是李嘉诚自主创业后，代表自己的工厂和老外谈生意。由于用货量很大，外商要求李嘉诚出示担保人的亲笔担保书，但是李嘉诚的企业太小，没人愿意为他担保，他只得告诉外商：实在抱歉，我没有找到担保人。外商见李嘉诚如此诚实，竟然破例同意和李嘉诚的厂子签合约，并夸赞李嘉诚，说他的为人就是最好的担保。

外商告诉李嘉诚：“说实话，我们从来没有和没担保的公司合作过，但是，你的诚意打动了我，我们做生意最看重的就是诚信，你不必去找担保公司了，我愿意与你合作。”

没想到，面对渴望已久的合约，李嘉诚却拒绝了。他对外商感激地说：“感谢您这么信任我，可是，由于资金问题，我没有办法给您这么多货。谢谢您的好意，我们还是无法签约。”

李嘉诚的这一举动让外商很诧异，对这个中国人也更感兴趣，生意圈内没有谁不想着占便宜谋利润，而李嘉诚却将做人看得比利润还重要，是一个真真正正的君子。于是，外商决定无论冒多大风险都和李嘉诚合作，帮这个年轻人一把。李嘉诚的诚实为厂子解决了资金问题，他做人的诚实也为同行所称赞。

上述两例只是李嘉诚诚实经商中常见的表现。李嘉诚曾多次讲过这样一件事情：“20 世纪 50 年代，我刚做塑胶花的时候，常在皇后大道中看到一个行乞的老妇，四五十岁，很斯文的样子。她从不伸手要钱，但我每次都给她钱。一天，我问她会不会卖报纸，她说有同乡干这行，我便让她带同乡来见我，我想帮她做这小生意。在约好的那天，有个客户刚好要到我工厂参观。客户至上，我必须接待。交谈中，我突然说：'Excuse me！'便匆忙离开。客人以为我上洗手间，其实我跑出工厂，飞车奔向约定地点。途中，违反交通规则的事差不多全做了，但好在没有失约。见到那妇人和她的同乡，问了一些问题后，就把钱交给了她。她问我姓名，我没说，只要她答应我一件事，就是要努力工作，不要再让我看见她在香港任何地方向人乞钱。事后，我又飞车回工厂，客户正着急，他说：'为什么洗手间里找不到你。'我笑一笑，这事就过去了。"在生活和经商中，李嘉诚每时每刻都在用自己的行动证实着自己做人的诚实和道德的完善。

诚信对一家企业的发展是至关重要的。企业不但要对客户诚信，对市场诚信，也要对自己的员工诚信，让员工能够百分之一百地信任企业。任正非曾说过："如果我们企业内部不能够依靠诚信制度建立起一种互相信任的关系，企业就不可能有好的发展。"《第五代管理》的作者查尔斯·萨维奇说："怀疑和不信任是真正的成本之源。"所以说，管理者和员工之间如果没有诚信基础，彼此之间互相猜忌，就会对员工造成心理压力，工作效率会降低。

企业越发展越大，成员越增加越多，彼此之间只有相互信任，才能协调工作。而信任是建立在诚信的基础上，企业要有一个诚信的管理制度，如果管理者欺瞒员工，不然会让员工在心理上对企业产生隔膜，对工作不能够尽心尽力，所以管理者要将"德"放在企业文化的首位，要让员工知道，企业是不会欺瞒员工的，但员工也不要试图靠小聪明来欺上瞒下，双方之间要彼此诚信、彼此信任。

同时，经商虽然要赚钱，但千万不能为了赚钱而放弃道德底线。只有人品好、讲信誉、诚实可靠的人，才能在商海沉浮中立于不败之地。那些投机取巧、偷奸耍滑的人最终会被大家看清，与之划清界限。

有一个人开了一家酿酒坊，自己酿酒自己卖，由于待人热情，酿出来的酒也非常好，所以生意兴隆，常常是供不应求。

有一天，这个人因为琐事要外出半个月，于是将生意交给弟弟，让他帮忙代为打理。半个月后，这个人回来了，弟弟一见到他就兴奋地邀功说："哥哥你看，这半个月我赚的钱比你一个月赚的都多。"

听了弟弟的话，哥哥也很高兴，问弟弟买卖为什么变得这么好，弟弟神秘地说："我往酒里兑了水，节约了成本，当然赚得要比平时多了，你……"

弟弟还没有说完，哥哥就气得瘫坐在地上，因为他深知自己酿的酒好，给的量足，大家才愿意买他的酒，如今弟弟这样不诚信地坑害顾客，无疑是砸了自己的招牌。后来果然如哥哥所料，尽管哥哥采取了补救措施，但是"酒里兑水"这一事情还是被传得沸沸扬扬，因为失去了人们的信任，店里的生意日渐冷清，最终不得不关门停业。

如今商海竞争激烈，唯有讲求诚信者方能长久。正如李嘉诚所言："诚实的人，方能永远有饭吃。"人人皆知诚实，却未必人人都能践行。李嘉诚却可以做到将诚信落实到自己人生中的每一步，这一点值得我们尊敬和学习。

感恩是一种品德

善与人同，乐与人同，会使我们的心灵更舒畅，生活更愉快。发挥人性中光明与高贵的一面，为无助者提供无偿服务。想想明天会更好，想想世界上有多少更苦的人！在别人无助的时候，帮一下他们，这是有益处的。

——李嘉诚

古人云：“受人滴水之恩，当以涌泉相报。”知恩图报是所有人不可磨灭的良知，懂得知恩图报的人，也就拥有了人生最重要的美德、生活最重要的智慧。李嘉诚正是一个懂得感恩的人。

当年，李嘉诚在五金厂打工时，由于头脑灵活，干活勤快，深受老板的器重。后来当李嘉诚决定跳槽到更有前途的塑胶行业时，五金厂的老板更是数次诚恳挽留，但是李嘉诚的去意已决。为了报答老板的知遇之恩，在离开前，他向老板提出了自己对五金厂日后发展的建议。

李嘉诚告诉五金厂老板，目前塑胶业正在突飞猛进地发展，由于塑胶制品容易成型、重量很轻、色彩丰富、美观适用，日后必然会很快取代众多木质或金属制品，这也就会导致五金厂出现危机。因此他劝告老板最好尽快转行做更加有前景的行业，或者是调整产品的种类，开发新的金属制品，以适应新的市场竞争格局。

然而，在李嘉诚离开后，五金厂老板并没有听从他的建议，仍然按照旧的生产模式进行经营，没过多久，这个五金厂就受到来自塑胶行业的冲击，濒临破产。

当五金厂即将倒闭的消息传到李嘉诚的耳中时，李嘉诚万分焦急，虽然自己已经不是那里的员工，但是五金厂老板一直对自己非常好，现在老板有难了，自己不能坐视不管。李嘉诚马上赶到五金厂找到老板，经过一番详谈之后，五金厂老板决定听从李嘉诚的意见，停止生产镀锌铁桶，转而生产系列铁锁。

李嘉诚自从离开五金行业后，仍不忘经常抽时间了解五金制品的市场行情。这次知道昔日工作的五金厂濒临破产，他根据以往的调查分析得出结论，目前市场上还没有一家专门生产铁锁的五金厂，如果此时五金厂能及时转型，制订计划生产系列铁锁，不仅能够避免与其他行业竞争，也能够先人一步推出新产品制胜。

果然，在调整了五金厂的产品种类后，五金厂没过多久就度过了危机，并且收益颇丰。五金厂老板在对李嘉诚表示感谢的同时，也对其知恩图报的处世态度非常钦佩。

后来，李嘉诚又一次从塑胶厂辞职，准备自己创业，在临别的当天，十分赏识李嘉诚、并在工作中对其照顾有加的塑胶厂老板设宴款待了李嘉诚，这让李嘉诚非常感动。尽管李嘉诚离开后开的也是一家塑胶厂，但是他尽量避免与原来的厂子形成竞争，当原来厂子的一些客户找到李嘉诚想要和他合作时，李嘉诚都一一谢绝了，同时他也杜绝用原来厂子的销售网络推销自己的产品，而是另外开辟了新的销售渠道。

当塑胶行业在20世纪70年代受到冲击时，李嘉诚更是将自己公司库存原料分出一部分给原来的塑胶厂，将其从倒闭的边缘挽救了回来。

《圣经》上说："一生一世，都是恩惠。"任何一个幸福、成功的人，都应该是一个懂得感恩的人。无论是亲朋好友还是那些陌生人，只要他们给过你些许的帮助，你就应该去感谢他们，而那些整天只知道抱怨的人，必然不会发掘出自身的价值优势。

相传在一个寺庙里，住持规定每到年底，寺庙里的和尚都要对他说两个字。第一年年底，一个新来的和尚对住持说了“食劣”两个字，第二年年底，这个和尚说的是“劳累”，第三年还没到年底，这个和尚直接找到住持，说道：“再见。”然后转身走出寺庙。望着这个和尚远去的背影，住持叹息说：“唉，心中有魔，难成正果。”

那个和尚心中的“魔”就是无穷无尽的抱怨，他只知道抱怨，却从来不考虑对别人感恩，这恐怕是世界上最大的悲剧和不幸。

班尼迪克特说：“受人恩惠，不是美德，报恩才是。当他积极投入感恩的工作时，美德就产生了。”一个不懂得感恩的人，不会是一个快乐的人。因为不懂感恩，他对生活的要求总是不能得到满足，无论别人为他做什么事，在他的眼中都是理所应该的；因为他内心的期待总是远远大于现实，他会对生活越来越不满，甚至会认为全世界都对自己不公平，最终他就会变得越来越麻木，以至于对任何事情都缺乏热情，变成行尸走肉。

“阿里妈妈”是阿里巴巴旗下的网络营销平台，马云曾公开表示过，创建“阿里妈妈”的初衷并不是为了自己盈利，而是为了表达对当初支持阿里巴巴和淘宝的中小网站的感激。

在众人眼中，马云的阿里巴巴创造了令世界瞩目的成就，可是大家没有看到阿里巴巴在艰难时期，那些给予过马云支持的人。阿里巴巴创建起来的时间还不长，与一个已发展几十年甚至上百年的成熟企业相比，它还是一个稚嫩的孩童。假如没有投资者的信任和帮助，仅凭自身的力量，这个孩童又如何能一路成长起来呢？

淘宝网现在已是一个尽人皆知的大型交易平台，也是阿里巴巴的支柱产业。然而，支撑起今日辉煌的背后，是曾经的那些困难和风浪。那时候，国际巨头几乎将所有大型网站的广告都买断，这也就意味着淘宝网处于一个被软禁的境地，步履维艰。万般无奈之下，马云不得不找到众多的中小型网站，并最终依靠它们突出重围，战胜了对手。

试想下，如果当时那些中小网站没有及时地伸出援手，那么今天的阿里巴巴还会存在吗？当然不会。所以，马云今日的成功从某种程度上来说是那些中小网站所给予的。若不是它们，当初阿里巴巴也不会突出重围，在险恶的环境中成长起来。

这样的恩情，马云没有忘记。到成功之后，他记得自己在困境中接受过的种种帮助，甚至于回报这些中小网站成了马云的一个心结。在马云看来，中国的互联网要想健康持续地发展下去，就完全不能由几个大型网站将其垄断和控制，而是要由各中小企业参与竞争，形成良好的网络生态环境。为了达到这个目的，也为了回报让他“起死回生”的众多中小网站，马云认为无论如何也要支持它们的发展。于是在这样的背景下，诞生了“阿里妈妈”。

马云明确地表示，“阿里妈妈”能否为他带来盈利他并不在意，他所看重的是“阿里妈妈”能否创建一种合理的盈利模式，能否让中小网站获利。而“阿里妈妈”创建后收获的一系列“数字”表明，马云再一次成功了。他那颗感恩的心也得到了安慰。

纵观各路成功人士，懂得感恩是他们共同拥有的美德。无论是李嘉诚还是马云，无论当初别人对他们多么好或者多么差，他们都好像从放大镜中看到了对方的恩情一样，用一颗感恩的心回报一路走来让他们得以成功的人。试着学会感恩，摒弃那些阴暗自私的欲望，不要再计较，不要再抱怨，用感恩滋养你的生活，让平和抚慰你的身心。

行为低调好做人

保持低调，才能避免树大招风，才能避免成为别人进攻的靶子。如果你不过分显示自己，就不会招惹别人的敌意，别人也就无法捕捉你的虚实。

——李嘉诚

老子曾说过："江海所以能为百谷王者，以其善下之。"意思是说，江海之所以能成为一切河流的领袖，就是因为它善于处在一切河流的下游。在生意场上，许多成功的商人都一直保持着低调的处世态度。

有人曾做过一个形象的比喻，认为金钱就像流水一样，从高处向低处流，流到最后，覆盖的面积也就是整个流动过程中最大的。赚钱也是这样，一个始终保持低调的人，金钱就会顺势向他流去。对于这一观点，李嘉诚是非常认同的。很多人都曾向他请教过赚钱的秘诀，而他给出的答案往往只有一个，那就是保持低调。

成名之后，李嘉诚的经商策略被人们奉为经典，人们争相效仿，渴望也能够一夜成名。但是对于李嘉诚低调做人的观点，很多人并不接受，认为用自己辛辛苦苦赚来的钱使自己过得奢华一点儿，没有什么不好。不管别人怎么评说，李嘉诚依然保持着自己一贯的低调作风。

李嘉诚为人谦虚谨慎，他的行为举止非常检点，他非常重视自己的名誉，时刻保持低调做人的风范。他虽然经营着规模庞大的企业，管理着众多员工，可出风头的意识一点儿也没有，他并不经常接受采访，不参加电视节目。据传，香港记者没有一个人专访过他，就连香港记者中名气很大的林燕妮女士想要采访李嘉诚，都被他拒绝了。后来在万般无奈之下，林燕妮以广告商的身份去长江实业洽谈业务，这才见到了李嘉诚。

当年李泽钜举行婚礼的时候，李嘉诚破例让记者进入自己的家中参观。李家住宅并不奢华，只有区区的三层，李嘉诚本人住在第三层，李泽钜和新婚妻子则住在第二层。面对蜂拥而入的记者，李嘉诚自嘲说："一层才 2000 平方英尺，不算大呀……长实集团公司起码有 100 个职员住的地方不比这里差……你们记者去过多少富豪家宅，好多都靓过我这里。"

在筹建汕头大学时，有的人建议李嘉诚以自己的名字命名这所大学，这本是一个很出风头的行为，但是李嘉诚却拒绝了。他说："这个名呢，真的是……如果你建起一个大学，太多的股东的名字，这边一个，那边一个，我自己好像感到有不好的地方。有的人希望最好自己的名字更大一点儿，更醒目一点儿。但是，一个人有一个人的人生观，我的人生观就是我做的都是自己认为对这个国家民族有利的，只要能这样做下去的话，那么没有我的名字是不要紧的。只要做好这个事业就行。"

李嘉诚就是这样一直低调做人，从不在乎自己的名望高不高。在李嘉诚看来，虚名不但无益于事业的进步，反倒可能成为事业发展的累赘。他不仅时刻告诫自己要保持低调，而且也经常告诫两个儿子，为人处世不要过分张扬。当李泽钜自立门户开始创业的时候，李嘉诚赠送给他的第一句话就是：“树大招风，保持低调。”

古人曾说过：“地低为海，人低为王。”意思是地不畏其低，方能聚水成渊；人不畏其低，故能孚众为王。以低求高，以曲求直，是一种姿态，一种修养，也是做人的一种品格。正如明朝杨慎所著《韬晦术》中说所说“谋大者无形，音大者无声”，真正的伟大往往弥漫于普通、谦逊之中，是无边无界、浩然无限的。

同李嘉诚一样，华为的老总任正非也一直非常低调。华为缔造了一个又一个传奇，但华为的领军人任正非却总是“神龙见首不见尾”，作为一家大企业的管理者，他性格低调，从不张扬，他被贴上了各种标签：“土狼”“军人”“硬汉”……但他从不对此做出回应。他就被称之为“中国最神秘的企业家”。

不管媒体怎么追踪，任正非都一直与其保持距离，他在公众面前很少露面，总是把自己隐藏在幕后。任正非对各种采访、活动都避而不去。他还向华为的高层下过死命令：“除非重要客户或者合作伙伴，其他活动一律免谈，谁来游说我就撤谁的职。”整个华为由此上行下效，全体以近乎本能的封闭和防御姿态面对外界。任正非就这样一直躲在幕后，当有人问他为什么不愿意接受采访时，任正非是这样回答的：“我们有什么值得见媒体的？我们天天与客户直接沟通，客户可以多批评我们，他们说了，我们改进就好了。对媒体来说，我们不能永远都好呀！不能在有点儿好的时候就吹牛，我不是不见人，我从来都见客户的，最小的客户我都见。”

任正非这样低调，一是因为性格使然，他沉稳大气的性格让他成了一个稳重低调的管理者；另一方面，任正非也是为华为考虑，华为做出的成绩过于突出、过于优秀，俗话说树大招风，任正非也是不想为华为招惹是非。在一次去国外出差的旅途中，任正非发自肺腑地说道：“当台风来的时候，什么措施最保险？不是站得高、挺得直，而是趴下，尽量低一些，再低一些，才能不被吹倒！我们不知道什么时候会来大风，所以，我们一直要尽量低一些。”

正是由于任正非的低调做人，才使得他有更多的时间和精力思考公司大战略，从而带领着华为创造了一个又一个辉煌。

从某种意义上来说，低调做人是一个人成熟的标志，因为只有阅尽了世事沧桑的人才会懂得低调做人的重要性，低调做人同样也是生存的大智慧，因为过分地彰显自己，就会像暴露在外边的椽子一样，在饱受风吹雨打之中，最先腐烂。

中国第一经理人唐骏在自传《我的成功可以复制》一书中提出“低调进入”是“职业经理人‘潜规则’之一”。他如此解释自己刚加盟盛大集团时的表现：“在还没有对盛大有更多了解前，尽可能不急于发表意见。在进入盛大的初期，我不希望因自己的任何言论影响未来做决策时的信服力。头几个月我真的做到一言不发，我想那是一个更好的学习和了解盛大的过程。”此外，他还认为新加盟的经理人应该尽量尊重企业原有团队，而不要以“企业的救世主”自居。事实显示，唐骏在加盟盛大集团的4年里做成了许多大事，却“没有与陈天桥红过脸，就连小的争议都没有”。

所以，不论你想取得什么样的成功，低调做人都是必要的品质。只有懂得低调做人，你才能在社会这个大舞台上扮演好自己的角色，你才能在人生的旅途中平稳地走好每一段路，你才能拥有一颗平凡的心，才不会被外界所左右，才能够变得冷静、务实，最终确保你到达成功的顶峰，演绎精彩的人生。

知识才是一个人最宝贵的资产

在知识经济的时代里，如果你有资金，但是缺乏知识，没有最新的讯息，无论何种行业，你越拼搏，失败的可能性越大。但是你有知识，没有资金的话，小小的付出就能够有回报，并且很可能取得成功。现在跟数十年前相比，知识和资金在通往成功路上所起的作用完全不同。

——李嘉诚

俗话说："书中自有黄金屋，书中自有颜如玉。"在这个世界上，唯有在知识上的投资是一本万利的，尤其是在当今社会，知识已经成为每个人的核心竞争力。

经常会有人问李嘉诚是靠什么取得成功的，李嘉诚的回答是："知识。"这两个字在李嘉诚心目中的地位是非常重要的。他曾说："知识是最重要的环节，不管工作多忙，我都坚持学习。白天工作再累，临睡前，我都要斜靠床头翻阅经济类杂志，我从中汲取了大量的知识和信息，我的判断力由此而来。"

在很小的时候，李嘉诚就明白知识能够改变命运这个道理，因此他养成了读书的好习惯，他经常会待在父亲的书房里读书，一看就是一整天。后来由于家庭变故，李嘉诚不得不忍痛终止学业，外出打工，但是他并没有放弃对知识的渴求，在茶楼打工时，他常常利用短暂的休息时间来学习，为自己充电。后来在工厂打工时，同事们在闲暇的时候都会聚在一起打麻将，李嘉诚却会捧着书仔细地研读，并且天天如此，丝毫不在意别人的嘲讽。

由于家境贫寒，没有多余的钱买更多的书，李嘉诚就买旧书来自学，每学完一本就卖给书店，然后用卖书的钱再买来旧书学习，这样节省了钱，又学到了知识。

李嘉诚后来形容自己当时的状态是在抢学问，而不是求学问。通过学习，他不仅了解到世界潮流的发展趋势，掌握必要的信息，使他在以后的投资过程中能够游刃有余，更重要的是，学习使他的人生境界、胸怀都得到了拓宽。假如没有当初的勤奋努力学习，那么现在的李嘉诚肯定是一事无成。

在汕头大学的一次演讲中，李嘉诚对大学生们说过这样一段话："我常常说'知识改变命运'，这是我根据自己的经验得来的，你们以后在社会上奋斗还是要有知识，知识不是你从大学那边拿到的。现在世界每天都在变，变得非常快，从中拿到最新的知识，也是各位同学应该努力争取的。我每天也都在争取。"正是带着这种时刻求知的态度，在取得一定成就后，李嘉诚并没有沉迷于声色犬马之中，而是仍然努力地学习。

不管白天多么忙碌，每天晚上睡觉之前，李嘉诚都要看一会儿书，这个习惯至今仍然保持着。有一次，别人问李嘉诚每天晚上都在看什么书，李嘉诚回答说："我昨天晚上看的是关于资讯科技前景研究的书，我相信这个行业发展会非常快。未来两三年里，电影、电视都可以在小小的手提电话中显示出来。我比较喜欢科技、历史和哲学类的书籍，最近对网络资讯也比较感兴趣。"李嘉诚同时也表示，自己从来不看小说，对娱乐新闻也从来不关注，因为他觉得看这些东西是浪费时间。

正是由于李嘉诚这种持续不断学习的精神，才使他在一生中多次把握住了获得财富的机会。虽然知识并不意味着财富，但是有了知识就可以创造更多获得财富的机会。

一个成功的商人，一定是一个学习能力极强的人。在变幻莫测的生意场中，只有不断地学习，才能适应这种变化。一个懒惰的人无法跟上时代的潮流，一个不懂得学习的人注定会被时代所抛弃。

一天，一位富翁的家中被盗，窃贼拿走了他将近50%的财产，可谓是损失严重，亲朋好友们以为富翁会大发雷霆，痛哭流涕，甚至从此一蹶不振，于是纷纷来安慰他。谁知富翁只是笑着对亲朋好友们说："我没有损失得非常严重，窃贼只偷走了我1%的财富，99%还在，它们就是书架上的书本和我头脑中的知识。"果然，没过多久，富翁又重新富有起来了。这个故事告诉我们，有一种财富是偷不走的，它就是人们头脑中的知识和智慧。

美国现代管理学家彼得·德鲁克曾经说过："知识将成为真正的资本和首要财富。"几乎每个人都想赚取更多的财富，然而有些人却在追求财富的道路上偏离了方向，他们为了多赚钱，放弃了学业，放弃了提高技能的机会。物质的财富是暂时的，它终有用完的那一天，而知识财富却是用不尽的。

德国科技企业管理专家斯坦门茨刚移居美国时，为了生存曾在一家很小的公司谋生。有一天，福特公司的一台电机出了故障，很多人都尝试着修好它，结果都无功而返，后来福特公司专门请来斯坦门茨修理。斯坦门茨在电机旁边仔细观察后，就知道了故障的原因。他用粉笔在电机外壳上画了一条线，说："打开电机，把记号处里面的线圈减少 16 圈就可以了。"人们按照斯坦门茨的指点打开电机，果然很快就排除了故障。当提到酬金时，斯坦门茨索要 10000 美元，福特公司老板让他列出合理明细表，说明费用的出处。斯坦门茨写道："用粉笔画一条线 1 美元，知道在哪儿画线 9999 美元。"后来，福特公司不仅照付了酬金，还重金聘用了他。

知识能带给我们智慧，带给我们成功。面对当今社会日新月异的经济环境，你必须不断地学习，不断地充实自己，只有这样，你才能适应变局，才能识透格局，才能打破僵局，才能掌握全局。

越是赚大钱的人，态度越谦虚

我深信谦虚的心是知识之源，是通往成长、启悟、责任和快乐之路。在卓越与自负之间，智者会亲前者而远后者。背道而驰的结果，可能是一生净成就得之极少，而懊悔却巨大，成为你发挥最佳潜能的障碍，减弱你主控人生处境的能力。

——李嘉诚

古人常说："谦卑者其实最高贵。"这是因为谦卑是高贵者的通行证。谦虚的人能够保持冷静的头脑，虚心向别人请教学习，因此行万里也会路途顺畅。骄傲的人觉得自己最聪明、最厉害，他们往往看不起别人，因此还未动步，路就已被堵塞。李嘉诚说过："我这个人有自己的傲骨，我并不是神仙。但我清楚，如果你不过分显示自己，就不会招惹敌人的敌意，别人也就无法捕捉到你的虚实。我表面谦虚，其实很骄傲，别人天天保持现状，而自己就老想着一直爬上去，所以当我做生意的时候，就提醒自己，如果继续有骄傲的心，迟早一定碰壁。"

李嘉诚之所以能在生意场上收获巨大的成功，这与他一直保持着谦虚的态度、不自负和不骄傲的品质是分不开的。

香港著名作家林燕妮曾投身于广告行业，当初与李嘉诚的公司有着密切的业务往来。在香港广告业刚刚发展的初期，广告市场属于买方市场，由于是广告商求客户来刊登广告，因此就形成了一些客户盛气凌人的风气，他们对广告商横加指斥、蛮横无理，因为他们根本不愁找不到好的广告公司，而广告公司的工作人员面对客户的无理取闹，也只能赔着笑脸应付，把委屈装在心中。

有一次，林燕妮来到李嘉诚的公司谈广告业务，刚一到公司大厅，就发现李嘉诚已经派专人等候在电梯口，把她引领到李嘉诚的办公室。那天恰好是阴雨天，看到林燕妮的衣服被雨水淋湿了，李嘉诚亲自帮助她脱下外衣，并帮她把衣服挂在办公桌旁的衣架上。李嘉诚的这种做法，让长期以来备受他人责难的林燕妮十分感动。

万通集团总裁冯仑曾参加过一次李嘉诚组织的晚宴，当他和 30 多位企业家的访问团的代表进入电梯口时，惊奇地发现李嘉诚已经在电梯门口等候，并且按顺序给他们分发了名片。宴会厅内一共有 4 张桌子，晚宴开始后，李嘉诚并没有在主桌上一直坐下去，而是每一张桌子坐 15 分钟，确保自己能够和每一桌的人都聊天。晚宴结束后，李嘉诚一定要与每个人握手告别，包括距离较远的服务人员，然后又送每个人到电梯口，直到电梯关上才离开。

多年来始终稳居香港首富宝座的李嘉诚，富甲一方却仍保持着创业初期谦虚的品性。他的作风告诉我们，一个人如果能够在创业之初保持一颗谦虚的心，就能够让人们快速地接纳他，帮助他赢得更多的机会；而当他获得一些成就之后，若还能保持一颗谦虚的心，那么他的事业就会蒸蒸日上。

在《塔木德》中有这样的记载："降低自己的人，上帝抬高他；抬高自己的人，上帝降低他。"明代的陆绍珩也曾说："人心都是好胜的，我也以好胜之心应对对方，事情非失败不可。人都是喜欢对方谦和的，我以谦和的态度对待别人，就能把事情处理好。"谦虚是一种促使人进步的力量，而刻意地抬高自己，必然拉开与他人的距离，而并不能提升自己的高度。一个人只有低头，才能积蓄向上攀登的力量。事实上，越是有学识、有成就的人越懂得谦虚，也正是这种谦虚的精神，才促成了他们学术和事业上的成功。

富兰克林年轻的时候总是表现得很高傲，有一天他去拜访一位学者，在进门的时候不小心撞到了门框上，因为那道门比一般住宅门矮很多。富兰克林感到十分恼怒。看到富兰克林窘相的学者笑着说："年轻人，撞痛你了吧。如果你要懂得生活，你就必须学会在该低头时低头，而要想登上山峰之巅，就必须让自己低头弯腰，努力向上攀登，这才是你今天到这里来的最大收获。”

学者的话深深地印刻在富兰克林心中，从那以后，他变得非常谦逊谨慎，并把“学会低头”写进了他的行为准则之中，这对他今后成为影响世界的伟人起着至关重要的作用。

有人曾说过这样一句话：“一个人若种植信心，他会收获品德。”同样的道理，如果一个人种下自负的种子，那么他必然会收获失败。一个过分卖弄自我的人，只会让自己显得更加可怜。

王刚是一个刚毕业的大学生，在找工作时，一家很有发展前景的公司向他发出了面试邀请，这让他非常兴奋。

第二天，王刚来到面试地点，主考官非常满意他的简历，并决定只要王刚符合几项关键指标，就给其一个机会。于是开门见山地问王刚：“我们这项工作需要一个英语好的人，看你的简历已经过了英语六级，请问你的口语怎么样？”

“我不仅能够熟练进行英语交流，还自学了日语、法语、阿拉伯语等多种语言，与外国人交流没有问题。”

“那么你的社交能力和组织能力怎么样？在学校里组织过什么活动？”主考官又问。

“我是校学生会的主席，组织过学校的多场大型活动，而且……”

没有等王刚说完，主考官就打断了他的话，严肃地对王刚说：“本来我想给你一个机会留在公司，但是现在没有必要了，据我了解，你虽然过了英语六级，但是口语能力偏弱，其他外语能力也只是会简单的单词，而且你只是校学生会的普通人员，根本没有组织过大型的活动，我们这里不需要夸夸其谈的人，希望你以后能够保持诚实和谦逊的态度。”

俄国作家契诃夫曾说：“人应该谦虚，不要让自己的名字像水塘上的气泡那样一闪就消失了。”谦虚是人们必备的一项美德，位置站得越高的人越要懂得低头，特别是当你站在财富的巅峰时，一定要保持谦逊。这样不但可以增添你的人格魅力，还可以帮助你走向更高的境界。

第十章

财富管理：

我首先是一个人，再而是一个商人

节俭是成功之本

要在商场上获得成功，首先要学会处理自己的金钱，明白金钱得来不易，要好好地爱惜它、保管它。切忌花天酒地，花个精光。因为金钱本身也好像是有灵性似的，人不理会、不爱惜它时，它会无情地和你分手。

——李嘉诚

宋朝的司马光曾说过一句至理名言："由俭入奢易，由奢入俭难。"有很多人在创业初期能够保持节俭的作风，然而等他们小有成就之后，往往会变得不思进取，挥金如土，过上奢华的生活。他们所创造的财富也就快速地流失，过不了多久，他们就又回到了起点。

对于李嘉诚来说，事业上的成功并没有让他抛弃节俭的作风，他坦言自己是喜欢节俭生活的人："我的生活标准甚至还不如1962年的生活标准，我觉得简朴的生活更有趣。"这并非李嘉诚在故作姿态，而是他真实的生活状态的写照。

1950年李嘉诚开始创业，创建了"长江塑胶厂"，由于是创业初期，人手不够，他一个人就要担任厂长、会计、技术师傅等数种职务，他每天和工人们吃住在一起，和工人们同甘苦、共患难，一起体味创业的艰辛。

凭借着这种节俭作风，李嘉诚的事业开始有了起色。他苦心经营，最终成为香港首富，进入世界富豪前列，但是创业初期保持的节俭风格仍然是他的美德和习惯。

李嘉诚的西装大多都是穿了很多年的旧衣服，鞋子也是如此。他不讲究衣服和鞋子的牌子，只要得体、整洁、干净就可以。在吃饭方面，李嘉诚给自己定的标准是一菜一汤，或者两菜一汤。在宴请宾客的时候，他一般不会饕餮浪费，而是根据客人的人数和爱好来选择菜肴。

李嘉诚的办公室、会客厅里面，几乎没有什么太值钱的装饰品和摆设，一个普通的皮座椅他一坐就是20年，从来没有要求更换过。

作为十余家公司的董事长或董事，李嘉诚每年能够拿到丰厚的董事酬金，但是他把这些钱都归到公司的账上，而他自己全年只拿5000港元。多年来，李嘉诚一直过着普通人的生活，他的消费水平甚至还不如打工的白领。

李嘉诚对于自己的生活没有太高的要求，虽然他富可敌国，可他并不因为自己有钱就去过奢侈的生活。他曾说过："我喜欢有自己比较宁静的内心世界，因为我对物质生活没什么要求，我个人的生活很简单，我吃的东西简单到你都不相信。如果我一个人吃饭，一般只煮一碟青菜、几条小猫鱼。最近去北京穿的这双鞋，其中一条饰带烂了，我索性就剪掉它，两只鞋一只带饰带而另一只不带饰带，但是照样穿。

我穿的鞋多数穿到换底。”

正如一位理财专家所说：“不要以为明天一定和今天一样，唯一的保障来自于你自己。”这就要求我们应该学会节俭，学会守住财富。其实节俭并不是丢人的事情，事实上很多管理者都跟李嘉诚一样十分勤俭，这不仅仅为他们带来了好的名声，同时也增加了他们的人格魅力。

华为在 1998 年开始国际化竞争的道路之后，每一分钱都变得特别重要。对华为来说，控制好成本，多省出一分钱，就有一分钱的胜算，毕竟这场国际化的竞争之战是场硬仗。

在当时，任正非认为首要任务是要抓好对办公费用和差旅费的合理化和有效管理，他曾这样说道：“我看了财务报表，去年办公费用和差旅费用的增长率均远远高于收入的增长率，我们已经成为运作成本高的公司，这种状况与我们所面临的竞争压力是极其不相称的，一定要降下来。我们在一段时间内也不要抓太多指标，不能千手观音。当前就主要抓两项：一个是办公费用；一个是差旅费。降低费用，不是简单化一刀切，而是要重点抓办公费和差旅费的合理性、有效性。”

华为将勤俭节约贯彻在了工作的每一处小细节中，比如，在华为的很多部门都贴有“下班之前过五关”的卡通画，这卡通画是在提醒员工们下班之前别忘记关灯、关电脑、关门窗等事项。据华为内部的统计数据表明，通过养成这些好习惯，华为每个月光电费就可以节省几十万元。

节俭不仅是积累财富的基石，同时也是一面照出一个商人内在品质修养的镜子。已故苹果原总裁乔布斯曾表示：“开支最省这一原则的重要性无须多言。大多数企业在还没能做出用户需要的东西之前就垮了，而其中最常见的原因是他们资金短缺。开支最省几乎等同于不断地、快速地改进。而事实上，这一做法的重要性还不止于此。开支最省能够让一个企业保持活力，这一点跟运动能让人保持活力是同一道理。”

美国石油大王约翰·洛克菲勒可谓是富可敌国，但是在生活中，他却十分节俭，甚至显得有些吝啬。洛克菲勒常到一家熟识的餐厅用餐，每次餐后都会给服务生15美分作为小费。有一次，因为没有零钱，他只给了服务生5美分小费，服务生有些埋怨地说：“如果我像你这样富有，绝不会吝啬这10美分。”听了服务生的话，洛克菲勒笑了笑，说：“这就是你为什么当服务生的。”

在日常生活中，洛克菲勒就是这样一个节俭的人，他总是随身带一个记账本，每一笔花费都清清楚楚地写在上面，从不遗漏任何一笔开支，并且每张纸正反面都用。

也许有的人会说，“今朝有酒今朝醉”，我自己赚取了财富，那么凭着我的努力，以后金钱也会源源不断地来到我的手中。只要让自己得到享乐就行，没有必要为了给自己留足过冬的粮食而节俭。前世界拳王泰森或许就是这样一种人，在他处于职业巅峰的时候，一场比赛就能够赚取数千万美元，因此被媒体夸张地称为“世界上最棒的印钞机”。由于金钱来得过于容易，在台下他忘乎所以，成为“散财童子”，把自己的全部金钱都花在几个与他有染的美女身上。结果，当他过了职业的巅峰时期后，生活水平立刻一落千丈，变得穷困潦倒，甚至一度沦落到靠在街头卖唱来赚钱饱腹。

所以说，能够正确对待金钱的人，才能够做到事业有成。因为他们明白钱真正的用途是什么，他们能够将钱用在最该用的地方。很多人常常怕自己没钱而被人看不起，从而打肿脸充胖子，花钱装点面子工程，这是很没有必要的。人们从心里尊重的是那些能使物尽其用、有着正确价值观和金钱观的人，而懂得节俭的人，懂得克制自己花钱欲望的人，会拥有更多的财富。

太多的物质反而有害

我跟一个有五代历史的欧洲家族吃过饭，他们十分有修养、有礼貌。中国有句老话“富不过三代”，但今天的教育、组织不同，事业可以继续，相信这句话以后会得到修正，正如这个欧洲家族今天的事业比过去任何一代都好。

——李嘉诚

俗话说“富不过三代”，这是中国自古以来的一个奇特现象。无数富人都没有摆脱这个魔咒的安排，许多曾经显赫一时的富贵人家，没有经过三代，财富大厦就轰然倒塌。其实这并非是中国特色，放眼全球，葡萄牙有“富裕农民父亲——贵族儿子——穷孙子”的说法；西班牙也有“酒店老板，儿子富人，孙子讨饭”的说法；德国则用三个词“创造、继承、毁灭”来概括三代人的命运。正因为有这些教训，李嘉诚才十分重视对子女的教育，他认为一个人能否成就大事，关键就在于平时的磨砺。只要从平时抓起，从一点一滴抓起，把基本功练扎实，那么子女们日后必然会有所作为。

李嘉诚对待子女教育的问题很有一套自己的想法，他有很多财富，即便他的两个儿子什么也不做，也足够生活。但李嘉诚对儿子绝不溺爱。在两个儿子还很小的时候，他就培养他们的独立自主精神。有一次，刚学会走路的李泽楷不小心碰了一块大石头，立刻号啕大哭起来，一边哭一边看大人，希望大人能过来哄哄他。但李嘉诚不但自己不去抱起儿子，还不让身边的人去抱，他希望通过这样的小事情，培养李泽楷凡事都靠自己的意识。在李泽钜和李泽楷八九岁的时候，李嘉诚就要求他们两个列席公司的董事会，两个小孩子根本听不懂大人们开会在说些什么，但李嘉诚就是不许他们离席，李嘉诚这样做，是希望让两个儿子从小就明白做生意不是容易和好玩的事情，挣钱也不是那么简单的事情。

“带他们到公司开会，目的不是教他们做生意，而是教他们明白做生意不是简单的事情，要花很多心血，开很多会议，才能成事。”李嘉诚对儿子的教育很是严格，但毕竟他们还是小孩子，在董事会上一坐就是几个小时，让李泽钜和李泽楷很是受罪。李嘉诚的夫人心疼儿子，便劝李嘉诚：“孩子太小，等他们长大了再跟你们学习也不晚。”

对夫人疼爱儿子的心情，李嘉诚虽然表示理解，但他依然坚持自己的做法，他对夫人说：“是的，他们年龄小还不懂事，但是我想早一点儿对他们进行启蒙教育，让他们从小就知道父辈创业的艰难，学习父辈顽强拼搏的精神，长大了才能成为栋梁之才。如果现在放松了对他们的早期教育，他们成了只知道吃喝玩乐的纨绔子弟，再教育就迟了。”

正是因为李嘉诚有这样未雨绸缪的意识，李泽钜和李泽楷长大后，并没有像其他一些有钱的公子哥儿一样，成天只知道挥霍父辈积累的财富，而是努力工作，认真做人做事。

虽然李嘉诚是大集团的老板，但他凡事都让自己的两个儿子亲力亲为，他不给孩子太多的物质享受，他担心过多的物质享受会扼杀了两个儿子艰苦打拼的精神，让他们成为温室里弱不禁风的小花。李嘉诚可不希望自己的两个儿子将来长大后成为不能经受风吹雨打的弱苗子。

在两个儿子读大学的时候，李嘉诚给他们的生活费并不多，如果他们想要有其他的花销，就要靠自己劳动去赚取。李嘉诚并不是吝啬，而是想让儿子通过打工来尽早接触社会，学会如何与不同的人打交道。李泽楷为了赚零花钱就曾在高尔夫球场当过球童，他后来提起那段打工经历，说不但锻炼了体力，培养了自己吃苦耐劳的精神，更培养了自己与人交往的能力，尤其是如何与上流社会的人打交道。

谈到对两个儿子的“苛刻”，李嘉诚提到两个儿子上大学时的一件事情。他的一位朋友的孩子去外地读书，那位朋友给孩子买了一辆最新款的敞篷车，但是李泽钜和李泽楷只有两辆单车。“直到有一天，我在 9 楼公寓等他们回家吃饭，看到一辆单车冒雨在车群中‘之’字形穿梭，险象环生，骑车的就是我儿子。他到家时已浑身湿透，还背着几十磅东西。这时，我才叫他们第二天去学车，买一辆坚固的车。”

李嘉诚这样做并不是不疼爱儿子，他说道：“是否疼爱不是靠金钱或物质去衡量。儿子在外地读书时，我给他们开了两个银行户头，一个他们绝对不能动用，但已经准备足够他们完成博士课程的费用。至于使用另一个账户的钱，他们必须写信给我报告，我会在24小时内回复。后来因为他们功课太多，才接受他们要求改用电话说明。这才是有用的疼爱，我个人认为太多的物质反而有害。”

在李嘉诚的这种教育下，他的两个儿子成长得非常健康，能力也都很强，他们虽然是富家子弟，却没有一点富家子弟的纨绔习性，反而非常有韧性，也很能应对各种突发状况，使得李嘉诚的事业后继有人。

让财富顺利传承，把财富传到第二代人的手上，并且使企业可持续地健康发展下去，是每一个富人最大的愿望。这个愿望说难不难，说易不易，只要采取得当的方法，财富传承就不是一个令富豪们头疼的难题。

商人也要保留除金钱之外的思想

不只是商人，一个国家亦是无信不立。人要有金钱之外的思想：心中若能保留自己值得自傲的地方，人生活得就会更加有意义。

——李嘉诚

李嘉诚虽然很有赚钱的能力，但他并不是很看重金钱。李嘉诚在股市取得了一番不俗的成绩之后，就慢慢淡出了股市。从1984年开始，李嘉诚先后实行了三次私有化，所谓的“私有化”，就是指改变原上市公司的公众性，令其成为私有公司。

长江实业成为一家上市公司后，从股市中筹集了大量的资金，这些资金帮助长江实业迈上了新的台阶，令长江实业更加发展壮大。但凡事有利就有弊，长江实业上市后要按照上市公司的规则运作，要接受证交所和证监会的管理以及监督，向证交所提供财务报表，上市公司的公众持股量必须在25%以上，公司的一切经营活动和财务状况一定要向公众股东们公开，公司的重大决策必须经过股东大会讨论来决定等等。这些繁多的规则在很大程度上束缚了管理者的手脚，令管理者不能大刀阔斧地管理公司。

李嘉诚正是意识到了这些问题，他最后决定逐步淡出股市。这也就是长江实业私有化的原因。私有化后，公司不能再从社会上集资，也不能再具备以小搏大的优势。很多公司上市后虽然面临了各种各样的问题，但基于资金的考虑，常常会选择继续走下去，李嘉诚却没有为了钱而妥协。他将长江实业旗下的部分公司实行私有化，一方面是因为长江实业集团非常庞大，仅仅长江实业、和黄、港灯这三家公司，就足够获得集资计划了；另一方面将部分公司私有化后，就可以不受公众股东和证监会的制约，这样更加有利于保守商业机密。

打定要私有化的主意后，便是要选择一个合适的时机。当时骑牛上市，或者借熊退市是许多股票投资者常用的办法，但是李嘉诚并不打算这样做，因为这样会损害小股东的利益，会让他们心生不满。所以，李嘉诚在实行私有化的时候，很注意地规避了这一点。1985年，李嘉诚宣布将国际城市有限公司私有化，出价1.1港元收购，此价比市价高出一成，对于这个价格，小股东们喜出望外，纷纷接受收购。这一次的私有化，李嘉诚选择在牛市的时候，虽然付出了比较高的代价，但他并不后悔，照顾小股东的权益，才是他优先考虑的问题。1988 年，李嘉诚宣布青洲英泥私有化，同样也是照顾了小股东们的利益，收购进行得很顺利，仅仅用了两个多月的时间就完成了私有化。

李嘉诚为了维护商业机密，选择了将企业私有化，但他同时也考虑到了私有化可能会给股东们带来什么影响。他宁肯自己吃亏，也要照顾到股东们的权益。李嘉诚对于财富不是大肆追求奢侈，而是力求带动更多人富裕，这种精神非常可贵。

“我们都痛恨世界上现存的不正义和不公平现象，但我们可带来改变的能力却有局限；然而我深信忠诚、正直、公正无私及同情心是重要和不可替代的价值观。如果有人对你说这些人生观已不合时宜、不适用，这不令我感到惊奇。对于某些人来说，为了追求商业上的成就，或要牺牲以上的价值观。当然现实中的商业社会需要不断更新求变，我深信在获取更多盈利及更多效率所带来的巨大压力下，也不应牺牲我们维护公平及减除疾苦的决心。如果我们选择只为追求金钱及权力，而牺牲人类高尚情操的话，则一切进步及财富的创造都变得没有意义。”这是李嘉诚在一次演讲中说过的话，他是一个有智慧的高尚的商人和企业管理者，他先考虑的是他人的利益，甚至把自己的利益让给别人。这样做看似损失了财富，其实得到了更大的利益。

李嘉诚在一次商业活动中被问及当下社会中存在的“仇商仇富”情绪的时候，发表了上面一番言论，他表示自己不仅是君子爱财取之有道，更是用之有道，这样才是社会全面发展和富裕动力。

在路口的一个小角落里，长期蹲着一个衣衫褴褛的老婆婆，老婆婆面前放着一个篮子，篮子里面有一些手工缝制的小玩意儿。过往的行人匆匆忙忙，很少会注意到她，有一个年轻人每天上下班的时候，都会买一个小玩意儿。

一天，天很晚了，老婆婆准备收拾东西回家去，那个年轻人匆匆忙忙跑了过来，递给老婆婆十元钱："今天我还没买东西呢。"

老婆婆说："年轻人，我知道你是好心，但你不用买我的东西接济我。"

年轻人笑着说："我不过是在自己力所能及的范围内做一点举手之劳的事情，何况我是用钱币换取你的商品，这不是接济，我们是在做生意。"

看着年轻人离去的身影，老婆婆眼眶湿润了。

年轻人首先将老婆婆看作是一个人，一个需要帮助的人，其次才将老婆婆看作是一个商人，他与老婆婆进行的交易，不过是一种慈善事业。

不仅仅是商人要肩负起慈善事业这份社会责任，就是平凡的普通人，也要力所能及地为社会进步贡献自己的力量。在李嘉诚看来，为人类付出的意义远远超越赚取的价值，他一生的事业有两个：一个是不断赚钱的生意，一个是不断花钱的公益事业。先为人，再为商，这是人生真正的、宝贵的意义。

对其他需要你帮助的人有贡献，乃真财富

人生在世，能够在自己能力所及的时候，对社会有所贡献，同时

为无助的人寻求及建立较好的生活，我会感到很有意义，并视此为终生不渝的事业。

——李嘉诚

成为香港首富之后，李嘉诚并没有忘记家乡，也没有忘记祖国，他致力于促进香港与内地之间的经济发展，关注慈善事业，热心于公益事业。他曾说：“我目睹祖国之高速进步，在四个现代化政策之推动下，一切欣欣向荣，深感雀跃。支援国家建设，报效桑梓，此乃本人毕生奋斗之宗旨也。”

社会上有不少贫富不均的情况，李嘉诚作为一个企业家，认为首要的社会责任就是消除这种不均。他长期资助他人和投入资金，竭力去改变当今社会对贫穷的冷漠，希望能够唤醒全社会的爱心和关怀。李嘉诚所投入的公益事业有很多，李嘉诚并不认为这是一种负担，反而希望能够有越来越多的人像他一样，思考如何去帮助别人，改变那些不幸的人的悲惨命运。

“我们每一个人，都要思考自己不同的助己助人的办法。”李嘉诚谈到最初做生意取得成功，有了些财富之后的想法：“1957—1958年，那时刚赚了些钱，觉得好快乐。但那时我就开始在想，是不是人生有钱就真的快乐？我也有些迷惘，也不肯定。没有钱会给人烦恼，但太有钱也会令人很迷惘，富足并非拥有，而是如何运用。”

生意越做越大的李嘉诚开始思考自己的身份，他认为自己的商人身份只是其次，首要的身份是一个人。作为一个有血有肉的人，自己就应当做一些令世界美好、不让人生虚度的事情。由此，李嘉诚开始投入公益慈善事业。

慈善事业的完全公益性，令这份事业十分辛苦。不过，李嘉诚不在乎金钱上的流失，在他看来，能够帮助需要帮助的人，“为世界留下美好种子，人生才不会白过”。

多年前，李嘉诚去中国西部贫困地区考察，在贵州省镇宁布依族苗族自治县石头寨中心小学举行的一个教育工程开幕式上宣布，他的基金会将捐资3亿元，支持中国西部地区的教育和医疗事业的发展。

在开幕式上，李嘉诚对大家讲述了他的一个梦：“我昨天晚上做了一个好梦，在我们祖国的土地上，辽阔的沙漠有良好的道路，干旱的地区有充足的水源和肥沃的土地，各地的天然资源得到合理有效的发挥，人口密集的城市有舒适的生活环境，风和日丽，商业繁荣，来自不同民族的人一起和睦健康快乐地共处。”为了这个梦想，李嘉诚一直在努力奋斗着。

2004年，在北京人民大会堂举行的奥运捐赠仪式上，李嘉诚捐款1亿元，用于奥运会场馆的建设。北京成功申办了2008年奥运会后，李嘉诚及其旗下的李嘉诚基金会多次赞助庆功仪式，将香港特区的奥运会欢乐气氛连续推向高潮。2008年5月12日，汶川发生大地震，李嘉诚在第二天就以李嘉诚基金会的名义，向四川地震灾区捐助3000万元人民币赈灾，第二轮捐助多达1.2亿元。李嘉诚的种种捐款行动，展现了一个爱国商人的高尚情操。

美国钢铁大王卡耐基曾说过：“在巨富中死去是一种耻辱。”卡耐基将自己全部财产几乎都捐献了出去，用于兴办学校，兴建图书馆，投入到教育机构中。还有比尔·盖茨，他也不断捐献出自己的巨额财富，而且还承诺，在自己去世后，只会留给自己孩子很少一部分财产，其余的都会用于慈善事业。

犹太人认为，提供帮助是“富人的责任”，获得帮助是“穷人的权利”。在《塔木德》中有这样的记载：“有钱是好事，但是知道如何使用更好。”犹太富人接济穷人，热衷于公益事业已经成为犹太民族的一种社会习惯。哪怕是家无三餐的穷苦犹太人，也都保存着一个攒钱的小盒子，准备施舍给比他们更穷的人家。

在犹太人的社团中，必定会存在一个依靠犹太富人来维持的慈善机构。在每周不同的日子里，穷苦的犹太学生能够分别到较富的犹太人家中去吃饭，以便这些学生能够安心读书。

犹太商人如此乐于做善事，为他们在全世界赢得了很好的口碑，也间接地为犹太人企业提高了知名度，扩大了影响，博得了消费者的好感。

在中国，也有很多商人同李嘉诚一样热心公益、热心慈善事业，其中陈光标就算一位。这个只有初中文化的人，却掌管着一家年营业收入高达90亿元人民币的企业。陈光标靠收废品起家，发家致富之后，没有吝惜自己的财富，而是慷慨回赠社会。在汶川地震之后，他是第一个进入灾区进行救援的企业家，他组织企业的工程机械率先到达地震灾区，并亲身投入到灾区的抢救工作中。

迄今为止，陈光标捐赠给灾区的物资已经超过了1亿元。陈光标不仅为灾区捐款，还在很多慈善项目上都有投入。他与李嘉诚一同荣膺2008年“中华慈善奖”的最高奖项——“特别贡献奖”。陈光标总是为慈善事业奋斗，他说：“我不打算上市，这是我这些年来的一贯想法，我提倡有多大能力办多大事。这也是放心捐赠的底气所在。”

像李嘉诚、陈光标这样拥有慈善爱心的企业家有许许多多，他们热心公益，积极投身慈善，但这并不妨碍他们在商海沉浮中挥斥方遒，攀登高峰。投身公益反倒让人们更加相信他们的良心和诚信，愿意与他们做生意，使他们获得身心双重的财富增值。

内心的富贵才是财富

财富不是单单用金钱来衡量的。衡量财富就是我所讲的，内心的富贵才是财富。如果让我讲一句，“富贵”两个字，它们不是连在一起的，这句话可能得罪了人，但是，其实有不少人，“富”而不“贵”。真正的“富贵”，是作为社会的一分子，能用你的金钱，让这个社会更好、更进步，让更多的人受到关怀。所以我就这样想，你的贵是从你的行为而来。

——李嘉诚

在这个世界上，有很多物质上的富人精神上的穷人。很多人挥霍着大把的钞票，享受着最奢华的生活，但他们的精神田地却是一片贫瘠，寸草不生。这样的人不能算拥有真正意义上的财富。

古罗马的哲学家西塞罗曾经说过：“追求财富的增长，不是为了满足一己的贪欲，而是为了要得到一种行善的工具。”随着自身财富的增多，人心中的贪念不能随之增加，要学会利用自己的财富多造福他人，为社会做贡献，这样的富才是真正的贵。

李嘉诚在数十年的商海沉浮间，始终坚持一条人生信念，那就是：富贵如浮云。在李嘉诚的心目中，财富不单单是用金钱来衡量的，内心的充盈才是真正的财富。李嘉诚常说的一句话是："富贵"这两个字必须分开看，"富"者不一定"贵"，真正珍贵的，是你为这个社会做了什么有意义的事情，否则，即使家财万贯，也只是"富而不贵"。

李嘉诚的富贵就是内心的富贵，他乐于助人，喜欢帮助别人。在李嘉诚看来，自己无论得到多少财富，也不如将利益分享给别人得到快乐。李嘉诚主动对自己的财富做出支配，奉献出一部分给社会。对待公益慈善事业，他向来都不吝啬，总是一掷千金。在长江商学院一次毕业典礼上，首批MBA和EMBA的毕业生为李嘉诚献上了一份贵重的礼物——一个名叫"种子"的礼品。

这个礼物是一个汉白玉的雕塑，据学生们讲，这个礼物象征着一颗纯洁的心。他们对李嘉诚是这样解释的："汉白玉雕成的种子，预示着李嘉诚先生是当之无愧的播种人，长江商学院是当之无愧的播种机，我们长江的学生是中华民族当之无愧的优良种子。"

李嘉诚收到这个礼物，听到这样的解释后，眼中闪现出激动的泪花。他哽咽着说道："这是我一生中收到的最有意义的礼物……"李嘉诚之所以这样看重这个礼物，并且被这个礼物深深感动了，是因为他看到了自己在长江学院的学生心中播下的种子已经发芽了。

"常常会有很多人问我，你一生努力建立一个成功的企业，为股东和公司员工创造价值，现在你又为何如此专注投身公益事业？身处现今流行的社会资本和社会企业的滔滔理论中，我的答案却很简单。在我脑海中有一连串问题，如果把人类历史中兴衰递变的一切得失细列在资产负债表上，那最真实和公平的观点会是什么？在一个变幻莫测的社会中，老定律已非必然，那么我们历久常新的价值观在哪里？在一个丰裕和竞争激烈的社会，当争取个人成就的愿望是如此强烈，谁又会领会为社会和谐付出心思与诚意的呼声？在一个官僚和公式化令想象力流于匮乏的世界，多元的科学和哲理经验与情操如何能成为一个人生命的重要元素？

“在现实社会中，各种价值观充斥着，互不融合和相互矛盾，我不认为能有单一的良方可达至真正的社会和谐，但我深信其中一个关键——是我们每一个人的‘至诚’。当我们在建立自我成功的同时，永远不要忘记追求无我，常常抱着为民族和人类做出贡献的良愿。当有能力及有意愿对社会竭尽一己之责，我们必能创出希望和有效的变革，打造一个真正公平、公正，充满自由动力和快乐和谐的社会。这是我个人的追求，我知道这也是你们的追求，愿与大家共勉。谢谢。”这是李嘉诚 2008 年 12 月在长江学者奖励计划十周年颁奖典礼上的致辞。

李嘉诚是一个真正富裕的人，他拥有的不光是身外财富，他的内心财富更加丰厚。李嘉诚从最初做生意起，就一心投身公益事业，慈善的意义对他来说非常重大。李嘉诚一生追求的不仅仅是物质上的丰富，更是心灵上的满足。

一个人并不会因为财富的增多而变得更加富有，物质上的富有只是表面上的富贵，精神上的富有才是真正的富贵。如果一个人的灵魂不够高尚，做人不够磊落，那么，这个人就永远不可能成为真正富有的人。只有心灵富裕、充满美好感情的人才是真正的富贵之人。

许多世界级的巨富都热衷于做慈善事业，他们这样做不仅表现了一种慷慨的品质，更能从中得到心灵的慰藉。他们不被财富所奴役，而是超然对待财富，成了财富的主人，也就从中得到了快乐和平静。

台湾已故“经营之神”王永庆也总是在不断追求精神上的富贵。他曾说过：“一个人永远不能回忆自己出生时的情形，一个人永远也想不到自己何时死亡，所以我们在活着的时候，要时时提醒自己，这样我们就可以放开胸怀，趁活着的时候，多做一点儿对社会大众有意义的事，等我们死了以后，会有活的人想念我们、赞许我们，才算对人生一场有了交代，没有辜负此生此世。”

1984 年，王永庆和弟弟王永合捐了 1 亿新台币给社会福利事业，创下台湾私人捐款的最高纪录。

从 2004 年起，王永庆对大陆贫困地区开展无偿捐资助学活动，计划通过国家教育部在全国建立 1 万所希望小学，援建学校统一命名为明德小学。

2005 年，王永庆捐赠 3700 余万元投入残疾人事业，把将近 200 个人工耳蜗捐赠给耳聋患者。

汶川地震发生后，王永庆决定由企业捐赠 1 亿元人民币，支援四川灾区，创下台湾企业向汶川地震灾区捐款之最，充分体现了“同胞爱，手足情”。

多年来，王永庆在慈善公益活动中的投入接近 90 亿元人民币。他在去世前曾给儿女们留下一封信，告诫他们“以服务奉献社会、造福人群为宗旨，而非只以私利作为追求目标，如此才能建立广阔和宏伟的见识及胸襟，充分发挥智能力量，而不负生命之意义”。

王永庆竭尽全力回报社会的行为，得到了大家的认同。在他的心中，善举其实也是一种财富，只是这种财富是精神的财富，让人们的精神得到快乐。

基金会是我的第三个儿子

我最近常常对人说，我有了第三个儿子，朋友们听说后都一脸不好意思地恭喜我。我是很高兴，不仅我爱他，我的儿子也将爱他，我的孙儿也将爱他。我的基金会就是我的第三个儿子。

——李嘉诚

有人说，李嘉诚的事业有两个：一个是赚钱的事业，一个是花钱的事业。2005年在接受香港《亚洲周刊》杂志的采访时，李嘉诚将他创立的李嘉诚基金会称作是自己的第三个儿子。他对公益事业的这种上心程度甚至超过了他挣钱的念头。李嘉诚对待财富的态度就是这样。他的大儿子李泽钜曾这样评价李嘉诚："爸爸很懂得用钱，懂得用钱是指他知道生命中哪些事情对他重要。他觉得如果能在一生中帮助那些较不幸的人，不论在医疗方面还是在教育方面，他觉得这样做可使他感觉到更富有。"

从1980年开始，李嘉诚就不断为公益事业投入大量财力和精力，他成立了李嘉诚基金会，主要在教育、医疗、文化、公益事业几方面进行有系统的资助。他陆续斥资18亿元，在中央政府和广东省政府的支持下，创建了汕头大学；后来在1994年又捐资1100万元，帮助家乡潮州贫困地区建立了50所基础教育学校；在1997年，捐资1000万美元，为北京大学建新图书馆；在2000年，捐资2400万美元，参与国家互联网 Internet II 发展计划，在清华大学建设国家未来互联网技术研究中心……

2003年，李嘉诚也曾迷茫过，他时常在思考一个问题，那就是将自己这几十年来辛辛苦苦赚来的钱投入到基金会，送给那些自己并不认识的人。这样做到底值不值得？经过思索，李嘉诚大彻大悟，他认为自己已经有了两个儿子，只要将基金会当成自己第三个儿子，将财富的三分之一分给基金会，也就理所当然了，这样既能避免自己的至亲骨肉经历自己所受的苦难，又可以做自己认为很重要的善事。

2006年，李嘉诚宣布把其私人持有的约28.35亿股长江生命科技股份悉数捐给李嘉诚基金会，这些股权总值约24亿港元。李嘉诚还承诺，未来还将有巨资投入，“直到有一天，基金一定不会少于我财产的三分之一”。捐出这些财产后，李嘉诚高兴地跟家人说：“我一生可以成立这样规模的基金会，心里绝对不会惋惜。捐出来，是高高兴兴捐出来，去做，也是高高兴兴去做，一点儿都不会后悔。”

根据基金会网站公布的数字，这么多年下来，李嘉诚的基金会陆续捐出的款项和已经承诺要捐出的款项达到约76亿港元，这个数字还在不断增加。李嘉诚在1993年就曾明确表示过：“我现在的事业，是有比较大的发展，但对我来说，我最看重的，是国家教育和卫生事业的发展。只要我的事业不破产，只要我的身体还好，脑子还清楚（他指了指自己的头），我就不会停止对国家教育、卫生的支持。”

李嘉诚经营的慈善事业帮助了很多人，可能99%的人都与李嘉诚素未谋面，永远不可能相识，但这并不妨碍李嘉诚向他们伸出援助之手。在李嘉诚看来，自己所经营的慈善事业、公益事业也是生意，不过这样的生意与他平时做的生意不同，一般的生意是付出精力与智慧，赚取物质上的财富；而慈善事业所能带来的却是满满的精神财富，是可以让人享用一辈子的。

在英国有一个74岁的老人，他一无所有，穷困潦倒，但他却被媒体称为“当代英雄”，甚至被称为“圣人布洛克”。这个老人在美国生活了几十年，一直住在用1美元租来的一所废弃校舍里，睡在一块破旧的垫子上，唯一陪伴他的是十几年前被他收养的一只流浪狗，他和流浪狗吃的用的都是别人送来的。

这样一个老人却创办了“偏远地区医疗志愿团”（缩写为RAM），已经在全球十多个国家为数十万穷人提供了免费医疗服务。老人名叫布洛克，他之所以要创立这样一个志愿团，是因为他16岁时随在政府任职的父亲到南美北部巴西与圭亚那的交界处时，一次意外从马上摔了下来，需要马上就医的布洛克被同伴告知，离他们最近的一个医生的家，走路过去要26天时间。

幸运的布洛克挺过了那次意外事故。康复之后，他有了一个想法：要让偏远地区的穷人也可以免费看病。1985年，布洛克终于创办了RAM。RAM在全球多处地方救治了无数的病患。为了能够让RAM继续运作下去，布洛克一直努力，他自己过着最简朴的生活，为的就是让更多穷困地区的人们接受好的治疗。这就是布洛克的故事，一个两手空空的人，凭着一腔热血缔造了一个慈善的传奇。

亚当·斯密在《国富论》中有这样一个重要论点："人以自利为出发点对社会的贡献，要比意图改善社会的人的贡献大。"这里提到的自利并不是自私自利的意思，而是指自己得到利益的同时，也要让别人得到利益，这样社会总财富必然会增加，国家自然富强。

把自己得到的利益拿出来共享，使社会均衡发展，这是李嘉诚投身公益事业的初衷。李嘉诚的精神境界是富国的境界，做公益事业已经不仅仅是一项义务，而是被李嘉诚当作了一种社会责任。在生活中，李嘉诚也将慈善的精神贯彻了下去，用自己的一己之力带动社会的进步。

相比生意，我对汕头大学更用心

汕头大学的创办，就是为国家四化培养人才，为潮汕地区培养出一流人才。为潮汕人民服务，为改变潮汕的落后面貌而出力。以爱国之心办好教育，从而对国家做出贡献，对我个人来说，就是创办汕大的目的和意义；对包括我在内的每一个中国人来说，教育是国家民族兴衰的关键所在。但愿教育的花果开满中华大地，使得锦绣河山焕发新姿，使得中华民族的前途远大辉煌。

——李嘉诚

百年大计，教育为本。社会想要发展，就需要源源不断的人才，而人才的培养，唯有通过教育来完成。李嘉诚正是看到了这一点，才将自己的精力和资金投入到教育事业中。

1979年，中国开始实行改革开放，汕头市在当时被列为经济特区，因此急需各式各样的人才，为了满足这一需求，潮汕地区迫切需要兴建一所大学来培养人才。得知这一消息后，深知教育兴国重要性的李嘉诚举双手赞同，并表示无条件地支持。

1981年，在经过多次商讨后，广东潮汕地区第一所大学——汕头大学，经由教育部、广东省、李嘉诚基金会三方共同兴建完成。汕头大学成立之后，李嘉诚又从国外挖来名师担任学校的教学任务，并且一直对汕头大学进行资金上的支持。在汕头大学筹建期间，即使是李嘉诚的公司面临较大困难时，他也没有停止对汕头大学的资助，他认为自己的事业可以破产，汕头大学却一定要办成。在李嘉诚写给汕大筹委会的信中是这样说的："……近年世界经济衰退，影响所及，本人面临10年来的最困难处境。各行业倒闭及亏损者甚多，本人所经营业务亦深受打击。上述捐赠，在个人今后数年之现金收入，已达饱和。但鉴于汕大创办成功与否，较之生意上及其他一切得失，更为重要。而站在国民立场，能在此适当时间，为国家尽心尽力，即使在可能面对较大困难的经济情况下，也一定要做这件有重大意义的事情。"

在一次答记者问时，一位记者问李嘉诚："您对家乡潮州非常热爱，倾注了您不少心血吧？"

李嘉诚点头称是："的确，我花费了不少心血在家乡，没有任何一个生意比汕头大学更占用我的时间，最初10年我每次到汕大都工作直至凌晨两三点。几年前，我去汕头大学开校董会，市领导安排在饭后会见大群记者，被问及'潮州人以你为荣，你又是否以身为潮州人为荣呢’。回答这个问题不可犹豫，我在两秒内便回答道：‘我以身为中国人为荣。’在我心中，同事中有不同民族，会说潮州话也不会有特别的好处。潮州人有其长处，也有其短处。潮州人‘二战’前多从事米铺、木材、煤炭、苦力、拉车等工作，近几十年潮州家庭也着重第二代教育。但是必须记着，身为中国人，事业有成当然应该对家乡有贡献，更要有远大思想，不只中国，甚至放眼世界。”

从小就深知教育的重要性，却因家境贫寒而没有上过几年学的李嘉诚十分关注祖国的教育事业。香港大学医学院、香港公开大学、北京大学图书馆、长江商学院、东华三院李嘉诚中学以及李嘉诚教育基金等，都得到李嘉诚基金会的大力捐助。为了改变西部地区落后的教学条件，李嘉诚基金会启动了现代远程教育扶贫示范工程，在西部地区建立了10000个接收中国教育卫星多媒体宽带广播的教学点，使10000所中小学校能运用这些设施提高教学质量。汶川地震过后，李嘉诚基金会所捐赠的善款也主要流向教育领域，被用于为震区内受灾学生（包括大、中、小学）设立特别教育基金，资助受灾地区广大学生获得生活费及学费。

李嘉诚曾说道：“我已经工作了60年，虽然事业上略具规模，但我也经历过很多艰辛的事情，更知道战争、失学和贫病的滋味，了解在逆境中求发展的困难。命运的定律并非永远友善及如人所愿，每人际遇不尽相同，各有成就及失落，但我们不能因困难而削弱意志，因逆境而感到沮丧。命运不是定数，我们要力争知识，我是深信知识可以改变命运的人。”

在生意场上，不少富有的商人有社会意识。他们愿意用捐赠的方式来表达自己的社会责任感，而其中得到捐助最多的，就是教育事业。

芝加哥大学的前身是由美国浸信会建立的一所教会学校，1886 年由于财政问题而倒闭。1890 年，石油大王约翰·洛克菲勒的慷慨捐助，芝加哥大学起死回生，仅仅用了 20 年时间，就跻身于世界一流大学之列，成为现代大学的传奇样本。这次捐款也被洛克菲勒本人称为“最明智的一次投资”。

成立于 1901 年的洛克菲勒医学研究所，如今已经成为一所世界著名的生物医学教育研究中心，20 世纪许多重要的科学突破诞生于它的实验室，有 24 位诺贝尔奖得主的研究与该研究所有密切关系。

1915 年洛克菲勒基金会成立了中国医学委员会，由该委员会负责，在 1921 年建立了北京协和医科大学，这所大学为中国培养了一代又一代掌握现代知识的医学人才。

洛克菲勒去世后，得到了美国人这样的评价：“除了我们敬爱的总统，洛克菲勒堪称我国最伟大的公民，是他用财富创造了知识。世界因为有了他而变得更加美好。这位美国首席公民将永垂青史！”

附录 1

李嘉诚演讲

“管理的艺术”（李嘉诚在长江商学院演讲）

屈指一算我的公司已成立了55年，由1950年数个人的小型公司发展到今天全球52个国家超过20万员工的企业。我不敢和那些管理学大师相比，我没有上学的机会，一辈子都努力自修，苦苦追求新知识和学问。管理有没有艺术可言？我有自己的心得和经验。

翻查字典，Art（艺术）的定义可简单归纳为人类发自内心的创作、作为、原则、方法或表达，一般带美感，能有超然性和能引起共鸣，是一门能从求学、模仿、实践和观察所得的学问。光看这些表面字词，管理学几乎和艺术可混为一谈，那么我今天就应该没有什么好讲的了。

你是老板还是领袖？

我常常问我自己，你是想当团队的老板还是一个团队的领袖？一般而言，做老板简单得多，你的权力主要来自你的地位之便，这可来自上天的缘分或凭仗你的努力和专业的知识。做领袖较为复杂，你的力量源自人性的魅力和号召力。要做一个成功的管理者，态度与能力一样重要。领袖领导众人，促动别人自觉甘心卖力；老板只懂支配众人，让别人感到渺小。

想当好的管理者，首要任务是知道自我管理是一项重大责任，在流动与变化万千的世界中，发现自己是谁，了解自己要成为什么模样是建立尊严的基础。儒家之修身、反求诸已、不欺暗室的原则，西方之宗教教律，围绕这题目落墨很多，书店、网上自我增值的书和秘诀数不胜数。我认为自我管理是一种静态管理，是培养理性力量的基本功，是人把知识和经验转变为能力的催化剂。这“化学反应”由一系列的问题开始，人生在不同的阶段中，要经常反思自问，我有什么心愿？我有宏伟的梦想，我懂不懂得什么是节制的热情？我有拼战命运的决心，我有没有面对恐惧的勇气？我有资讯有机会，有没有使用智慧的心思？我自信能力天赋过人，有没有面对顺流逆流时懂得恰如其分处理的心力？你的答案可能因时、因事、因处境，审时度势而有所不同，但思索是上天恩赐人类捍卫命运的盾牌，很多人总是把不当的自我管理与交厄运混为一谈，这是很消极无奈和在某一程度上不负责任的人生态度。

14 岁，穷小子一个的时候，我对自己有一个很简单的管理方法。我知道我必须赚取足够一家人勉强存活的费用，我知道没有知识我改变不了命运，我知道当时的我没有本钱好高骛远。我也想飞得很高，在脑海中常常记起我祖母的感叹：“阿诚，我们什么时候能像潮州城中某某人那么富有。”我可不想像希腊神话中伊卡洛斯（Icarus）一样，凭仗蜡做的翅膀翱翔而坠下。我一方面紧守角色，虽然我当时只是小工，但我坚持把每样交托给我的事做得妥当出色；一方面绝不浪费时间，把任何剩下来的一分一毫都用来购买实用的旧书籍。我知道要成功，不能光靠运气，欠缺学问知识，程度与人相距甚远，运气来临的时候也不知道。还有一个小但重要的点，我想和同学们分享，讲究仪容整齐清洁是自律的表现，谁都能理解贫困的人包装选择不多，但能选择自律心灵态度的人更容易备受欣赏。

22岁我成立公司后，进取奋斗的品德和性格对我而言层次有所不同，我知道光凭能忍、任劳任怨的毅力已是低循环过时的观念。成功也许没有既定的方程式，失败的因子却显而易见，建立减低失败的架构，是步向成功的捷径。知识需要和意志结合，静态管理自我的方法要延伸至动态管理，理性的力量加上理智的力量，问题的核心在如何避免聪明组织干愚蠢的事。“如果”一词对我有新的意义，多层思量和多方能力皆有极大的价值，要知道“后见之明”在商业社会中只有很狭隘的贡献。人类最独特的不仅是我们有洞悉思考事物本质的理智，而是我们有遵守承诺、矫正更新的能力，有坚守价值观及追求目标的意志。

商业架构的灵活制度要建基于实事求是、能有自我修正挽回的机制（Check and Balance）。我指的不单纯是会计系统，而是在张力中释放动力，在信任、时间、能力等范畴内建立不呆板、能随机应变的制度。你们也许听过我说企业应在稳健中寻找跳跃的进步，大标题下的小点要包括但不局限于：开源对节流、监督管治对创意和授权、直觉对科学观、知止对无限发展……

每一个机构有不同的挑战，很难有绝对放诸四海皆准、皆适用的预制组件。老实说我对很多表面的、人云亦云的专家分析是“尊敬有加”，心里有数。说得俗一点，有时大家方向都正确，要的却是花拳绣腿，姿势又不对。管理者对自己负责的事和身处的组织有深层的体验和理解最为重要。了解细节，经常能在事前防御危机的发生。

其次，成功的管理者都应是伯乐，现代伯乐的责任在甄别、延揽“比他更聪明的人才”，但绝对不能挑选名气大但妄自标榜的企业明星。高度竞争社会中，高效组织的企业无法负担那些滥竽充数、唯唯诺诺、灰心丧志的员工，同样也难负担光以自我表演为一切出发点的“企业大将”。挑选团队，有忠诚心是基本，但更重要的是要谨记光有忠诚但能力低的人和道德水平低下的人同样是迟早会累垮团队、拖垮企业的，是最不可靠的人。要建立同心协力的团队，第一条法则就是能聆听得到沉默的声音，问自己的团队和你相处有无乐趣可言，你是否开明公允、宽宏大量，你能否承认每一个人的尊严和创造的能力，你是否有原则和坐标，而不是费时失事、矫枉过正。

领袖管理团队要知道什么是正确的“杠杆”心态。“杠杆定律”始祖阿基米德（Archimedes）（公元前287—前212年）是古希腊学者，他曾说：“给我一个支点，我可以撬起整个地球。”支点是效率和节省资源策略智慧的出发点，试想与海克力士（Hercules，希腊神话中最勇武的英雄）单凭个人力气相比，阿基米德是有效得多。不知从什么时候开始，把这概念简单扭曲为教人迷思四两拨千斤、教人以小搏大。聪明的管理者专注研究精算出的是支点位置，支点的正确无误才是结果的核心。这门功夫倚仗你的专业知识和综合力，能否洞察出那些看不见的联系之层次和次序。今天我们看见很多公司只看见千斤和四两的直接可能，而忽视支点的可能性，因过度扩张而陷入困境。

我没有你们幸运，能在商学院聆听教授指导。告诉你们，我年轻的时候最喜欢翻阅的是上市公司的年度报告书，表面上挺沉闷，但别人会计处理的方法的优点和陋弊、方向的选择和公司资源的分布有很大的启示。

对我而言，管理人员对会计知识的把持和尊重、正现金流的控制、公司预算的掌握是最基本的元素。还有两点不要忘记，第一，管理人员特别要花心思在脆弱环节；第二，在任何组织内优柔寡断者和盲目冲动者均是一种传染病毒，前者的延误时机和后者的盲目冲动均可使企业在一夕间遭受毁灭性的灾难。

最后，好的管理者真正的艺术在其将新事、新思维与传统中和更新的能力。人的认知力由理性和理智交融贯通，我们永远不是也永远不能成为“无所不能的人”。有时我很惊讶地听到今天还有管理人以“劳累”为单一卖点。“天行健，君子以自强不息”，自强不息的方法重要，君子的定义也同样重要。要保持企业生生不息，管理人要赋予企业生命。这不单只是时下流行的在介绍企业时，在 Powerpoint 里打上使命，或是懂得说上两句人文精神的语言，而是在商业秩序模糊的地带力求建立正直的方针。这路并不好走，企业的核心责任是追求效率及盈利，尽量扩大自己的资产价值，其立场是正确及必要的。商场每一天如严酷的战争，负责任的管理者捍卫企业和股东的利益，已经精疲力竭。永无止境地开源节流，科技更新及投资增长，却未必能创造就业机会。市场竞争和社会责任每每两难兼顾，很多时候，也只能是在众多社会问题中略尽绵力而已。

我常常跟儿子说：“你要建立没有傲心但有傲骨的团队，在肩负经济组织其特定及有限责任的同时，也要努力不懈，携手服务贡献于社会，这不只是我对你的一个希望，也是你对我的一个承诺。”今天也和大家共勉。

2005年6月28日

“奉献的艺术”（李嘉诚在汕头大学演讲）

多谢大家常称赞我是一个成功的企业家，对于这些支持、鼓励，我内心是感激的。

很多时候传媒访问我，都会问及如何可以做一个成功的商人，其实我很害怕被人这样定位。我首先是一个人，再而是一个商人。

每个人一生中都要扮演很多不同的角色，也许，最关键的成功方法就是寻找到导航人生的坐标。没有原则的人，会漂流不定。有正确的坐标，我们担当什么角色都可以坚持真我，挥洒自如，有不同程度的成就，活得更快乐更精彩。

不知道什么时候开始，“士、农、工、商”社会等级的概念深深扎根在中国人传统思想内。几千年来，从政治家到学者，在评价“商”的同时，几乎都异口同声带着贬义。他们负面看待商人的经济推动力。在制度上，各种有欠公允的法令历代层出不穷。把司马迁《货殖列传》所形容的商人“各任其能，竭其力，以得所欲”，资源互通有无、理性客观的风险意识、资本运作技巧、生生不息的创意贡献等正面的评价，曲解为唯利是图的表征，贬为“无商不奸”，或是“熙熙攘攘，都是为利而来，为利而往”的唯利主义者。

当然，在商人的行列里，也有满脑袋只知道赚钱，不惜在道德上有所亏欠，干出恶劣行为的人。他们伤害到企业本身及整个行业的形象。也有一些企业钻营于道德标准和法律尺度中的灰色地带。今天商业社会的进步，不仅要靠个人勇气、勤奋和坚持，更重要的是建立社群所需要的诚实、慷慨，从而创造出一个更公平、更公正的社会。

从小我就很喜欢听故事，从别人的生活中得到启发。当然，不单是名人或历史人物，四周的各人、各事，言谈举止，都是如此。在商言商，有些时候，更会带来巨利的机会。洛克菲勒（Rockefeller）与擦鞋童的故事，大家都听过：1929年，华尔街股灾前，一个擦鞋童也想给Rockefeller炒卖股票的秘密消息，Rockefeller听后，马上领悟到股票市场过热，是离场的时候，他立刻将股票兑现，躲过股灾。

范蠡一句“飞鸟尽，良弓藏；狡兔死，走狗烹”，说尽了当时社会制度的缺憾，大家都忘不了他这句话。范蠡是《史记·货殖列传》中所记的第一人，他曾拜计然为师，研习治国方略，博学多才，是春秋时代著名的政治家。

他有谋略，有渊博及系统化的经济思维，他的经济智慧为他赢得了巨大的财富。

现代经济学很多供求机制的理论，我国历史早有记载。

范蠡的“积著之理”研究商品过多或短缺的情况，说出物价涨跌的道理。怎样抓住时机，货物和现金流的周转，要如同流水那样生生不息。

范蠡的“计然之术”，还试图从物质世界出发，探索经济活动水平起落波动的根据；其“待乏”原则则阐明了如何预计需求变化并做出反应。他主张平价出售粮食，并平抑调整其他物价，使关卡税收和市场供应都不缺乏，这才是治国之道，更提出了国家积极调控经济的方略。

“旱时，要备船以待涝；涝时，要备车以待旱。”强调人们不仅要尊重客观规律，而且要运用和把握客观规律，应用在变化万千的经济现象之中。

我觉得范蠡一生可算无憾，有文种这样知心相重的朋友；有共度艰难、共度辰光的西施为伴侣，最重要的是，有智慧守候他的终生。我相信他是快乐的，因为他清楚地知道在不同时候自己要担当什么角色，而且都这样出色，这么诚恳有节。

勾践败国，范蠡侍于身后，不被夫差力邀招揽所动。范蠡助勾践复国后，又看透时局，离越赴齐，变名更姓为鸱夷子皮。他与儿子们耕作于海边，由于经营有方，没有多久，产业竟然达数十万钱。

齐国的人，见范蠡贤明，欲委以大任。范蠡却相信“久受尊名，终不是什么好事”，他散其家财，分给亲友乡邻，然后怀带少数财物，离开齐到了陶，再次变易姓名，自称为陶朱公。

他继续从商，每日买贱卖贵，没过多久，又积聚资财巨万，成了富翁。

范蠡老死于陶。他一生三次迁徙，皆有英名。

书中没有记载范蠡终归是否无憾。我们的中国心有很多包袱，自我概念未能完善发展。范蠡没有日记，没有回忆录，只有他行动的记录，故无法分析他的心态。他历尽艰辛协助勾践复国，又看透勾践不仁不义的性格；他建立制度，却又害怕制度；他雄才伟略，但又厌倦社会的争辩和无理；他成就伟大，却又深刻体会到世间最强最有杀伤力的情绪是嫉妒。范蠡为什么会有如此消极的抗拒（不参与本身就是一种抗拒）？

说完我国著名历史人物范蠡，我想谈一谈一个美国的伟人。

来自另一个世界的本杰明·富兰克林（Benjamin Franklin），他的墓碑上只简单刻着“富兰克林，印刷工人”的字。他是个哲学家、政治家、外交家、作家、科学家、商家、发明家和音乐家，闻名于世，像他这样在各方面都展现卓越才能的人是少见的。

富兰克林，1706年生于波士顿，家境清贫，没有受过正规教育，他一直努力弥补这一遗憾，完全是靠自学获得了广泛的知识。他12岁当印刷学徒，1730年接办宾州公报，他的著作《可怜李察的日记》一纸风行，成为除《圣经》外最畅销的书，他为政府印刷纸币，实业上获得了很大成功。

富兰克林不单有超越年龄的智慧，更对别人关心，有健全的思维，他对公共事业的热心和能力，更赢得了当地居民的信任。富兰克林曾经立下志愿，凡是对公众有益的事情，不管多困难，他都要努力承担。自1748年始，他开展了不同的公共项目，包括建立图书馆、学校、医院等。

做好事、做好人是驱动富兰克林终生的核心思想，他极希望自己做的每一件事均有益于社会，有用于社会，身体力行为后人谋取幸福。

他名成利就后，从未忘记帮助年轻人找到自己增值的方法，在《给一个年轻商人的忠告》的文章内，他的名句“Time is money, credit is money”，将时间和诚信作为钱能生钱可量化的投资；在

《财富之路》一文内，富兰克林清楚简单地说明，勤奋、小心、俭朴、稳健是致富之核心态度。

勤奋为他带来财富，俭朴让他保存产业。

富兰克林的13个人生信条写得简明扼要，“节制、缄默、秩序、决心、节俭、勤勉、真诚、正义、中庸、清洁、平静、贞节、谦逊”都是年轻人的座右铭。

他更是一位杰出的政治家，在美国独立战争期间，他曾出使法国，赢得法国对美国的同情与支持。美国独立后，制宪会议一开始，富兰克林便表现出一个政治家的博大胸怀。虽然他是众望所归，但却提名华盛顿将军当总统。

富兰克林坚持留给制宪会议的绝非是名誉高位，而是胸襟、智慧和爱国精神。

1790年，这位为教育、科学和公务献出了自己一生的人，平静地与世长辞。他获得了很高的荣誉，美国人民称他为“伟大的公民”，历代世人都给予他很高的评价。

人类历史碑上永远会铭刻富兰克林的名字。

范蠡和富兰克林，两个不同的人，不同时代，不同文化背景，放在一起说好像互不相干，然而，他们的故事是值得大家深思的。

范蠡改变自己迁就社会，而富兰克林推动社会的变迁。

他们在人生某个阶段都扮演过相同的角色，但他们设定人生的坐标完全不同，范蠡只想过他自己的日子，富兰克林利用他的智慧、能力和奉献精神建立未来的社会。就如他们从商所得，虽然一样毫不吝啬馈赠别人，但方法成果有天壤之别：范蠡赠给邻居，富兰克林用于建造社会能力(Capacity building)，推动人们更有远见、能力、动力和冲劲。有能力的人可以为社会服务，有奉献心的人才可以带动社会进步。

今天的中国人是幸运的，我们经历中国历史前所未见的制度工程，努力建设持续开放及法治的社会，拥抱经济动力和健康自我概念的发展，尽管未尽完善，但不必像范蠡一样受制于当时社会价值观，所以只能以“无我”为外衣，追求“自我”。今日我们可以像富兰克林一样建立自我，追求无我。

在今天，停滞的思维模式已变得不合时宜，我们不是要弃旧立新，采取二元对立、非黑即白的思维，而是要鼓励传统的更生力，使中国文化更适用于层次多元的世界。

在全球化的今天，我们要懂得比较历史，观察现在和梦想未来。

从商的人，应更积极、更努力、更自律，建立公平公正、有道德感、自重和守法精神的社会，才可以为稳定、自由的原则赋予真正的意义。

虽然没有人要求我们，但我们自己要自愿发挥我们的智慧和勇气，为自己、企业和社会创造财富和机会，大家可以各适其适。

最近我看到一则故事《三等车票》：在印度，一位善心的富孀，临终遗愿是要将她的金钱留给同村的贫困小孩，让他们分批搭乘三等火车，有机会见识自己的国家，增长知识之余，更可体会世界的转变和希望。

“栽种思想，成就行为；栽种行为，成就习惯；栽种习惯，成就性格；栽种性格，成就命运。”这不知道是谁说的话，但我觉得适用于个人和国家。

我最近常常对人说，我有了第三个儿子，朋友们听说后都一脸不好意思地恭喜我。我是很高兴，不仅我爱他，我的儿子也将爱他，我的孙儿也将爱他。我的基金会就是我第三个儿子。

过去60多年的工作，沧海桑田，但我始终坚持最重要的核心价值：公平、正直、真诚、同情心，凭仗努力和蒙上天的眷顾，循正途争取到一定的成就。我相信，我已创立的一定能继续发扬；我希望，财富的能力可有系统地发挥。我们要同心协力，积极、真心、决心，在这个世上散播最好的种子，并肩建立一个较平等及富有同情心的社会，亦为经济、教育及医疗做出贡献。希望大家有慷慨宽容的胸怀，打造奉献的文化，实现我们人生最有意义的目标，为我们心爱的民族和人类创造繁荣和幸福。谢谢大家。

2004年6月28日

"赚钱的艺术"（李嘉诚在汕头大学演讲）

我每次出门，在机场都会看到有关于我的书籍，不知道为什么其中令最多人感兴趣的题目，总是离不开我如何赚钱。既然那么多人有兴趣，我便讲一讲我如何赚钱。

首先，让我回顾一下我和长实系的发展里程碑：1940年因战乱随家人从内地去港，1943年父亲因贫病失救去世，负起家庭重担，1950年创立长江塑胶厂，1971年成立长江地产有限公司，1972年长江实业集团上市，1979 年从汇丰银行收购英资和记黄埔集团 22.4% 的股份。

我个人和公司都是在竞争中成长的，很多人只看到我今天的成就，而忘记甚至不理解其中的过程，我们公司现时拥有的一切，其实是经过全体人员多年努力的成果。

2002 年集团业务已遍布 41 个国家，雇员人数逾 15 万。我个人和公司都是在竞争中成长的。我事业刚起步时，除了一个人赤手空拳，我没有比其他竞争对手更优越的条件，一点儿也没有，这包括资金、人际关系、市场等等。

很多人常常有一个误解，以为我们公司快速扩展是和垄断市场有关，其实我个人和公司跟一般小公司一样，都是在不断的竞争中成长的。

当我整理公司的发展资料时，发现最明显的是我们参与不同行业的时候，市场内已有很强的、具有实力的竞争对手担当主导角色，究竟“老二如何变第一”？或者更准确地说，“老三、老四、老五如何变第一、第二”？或者更准确地说，“老三老四老五如何变第一、第二”？我们今天可以探讨一下。

竞争和市场环境的关系

竞争和市场环境紧密相连，已有很多书籍探讨过这题目，我不再多谈。很多关于我的报道都说我懂得抓紧时机，所以我今天想谈谈时机背后是什么。

能否抓住时机，和企业发展的步伐有重大关联。要抓住时机，先要掌握准确资料和最新资讯。能否抓住时机，是看你平常的步伐是否可以在适当的时候发力，走在竞争对手之前。

抓住时机的重要因素

知己知彼（Know your Personality）

做任何决定之前，我们要先知道自己的条件，然后才能知道自己有什么选择。在企业的层次上，身处国际竞争激烈的环境中，我们要和对手相比，知道什么是我们的优点，什么是弱点，另外要看对手的长处。人们经常花很长时间去发掘对手的不足，其实看对手的长处更重要。掌握准确、充足的资料，可以做出正确的决定。

20世纪90年代初，和黄原来在英国投资的单向流动电话业务Rabbit面对新技术的冲击，我们觉得业务前途不大，决定结束。这也不是很大的投资，我当时的考虑是结束更为有利。

与此同时，面对通信技术变化迅速，在市场不明朗的关键时刻，我们要考虑另一项刚刚在英国开始的电信投资，究竟要继续，还是把它卖给对手？当然卖出的机会绝少，只是初步的探讨而已。

我们和买家刚开始洽谈，对方的管理人员就用傲慢的态度跟我们的同事商谈，我知道后很反感，将办公室的锁按上了，把自己关在办公室15分钟，冷静地思考着两个问题：

1. 再次小心检讨流动通信行业在当时的前途看法。

2. 和黄的财力、人力、物力是否可以支持发展这项目？

当我给这两个问题肯定的答案之后，我决定全力发展我们的网络，而且要比对手做得更快更全面。Orange就在这个环境下诞生了。

当然我得补充一句，每个企业的规模、实力各有不同，和黄的规模让我有比较多的选择。

磨砺眼光 (Sharpen your Acumen)

知识的最大作用是可以磨砺眼光，增强判断力。有人喜欢凭直觉行事，但直觉并不是可靠的方向仪。时代不断进步，我们不但要紧贴转变，最好还要走前几步。

要有国际视野，掌握和判断最快、最准的资讯。不愿改变的人只能等待运气，懂得掌握时机的人便能创造机会；幸运只会降临在有世界观、胆大心细、敢于接受挑战但能谨慎行事的人身上。

设定坐标 (Identify your Coordinates)

我们身处一个多元年代，面临四面八方挑战，以和黄为例，集团业务遍布 41 个国家，公司的架构及企业文化必须兼顾全球来自不同地方的同事的期望与顾虑。

我在 1979 年收购和黄的时候，首先思考的是如何在中国人流畅的哲学思维和西方管理科学两大范畴内，找出一些适合公司发展的和管理的坐标，然后再建立一套灵活的架构，发挥企业精神，确保今日的扩展不会变成明天的包袱。

灵活架构为集团输送生命动力，不同业务的管理层自我发展生命力，互相竞争，不断寻找最佳发展机会，带给公司最大利益。完善治理守则和清晰指引，可确保“创意”空间。企业越大，单一指令行为越不可行，因为最终不能将管理层的不同专业和管理经验发挥出来。

毅力坚持 (Develop your Endurance)

市场逆转情况由太多因素引发，成功没有绝对方程式，但失败都有定律，减低一切失败的因素就是成功的基石。以下四点可以增强克服困难的决心和承担风险的能力：

①谨守法律及企业准则；②严守足够流动资金；③维持溢利；④重视人才的凝聚和培训。

结语

1. 现今世界经济严峻，成功没有魔法，也没有点金术，但人文精神永远是创意的泉源。作为企业领导，必须具有国际视野，能全景思维，有长远的眼光，务实创新，掌握最新、最准确的资料，做出正确的决策，迅速行动，全力以赴。更重要的是，正如我曾经说过的，要建立个人和企业的良好信誉，这是在资产负债表之中见不到但价值无限的资产。

2. 领导者的全心努力投入与热诚是企业最大的鼓动力，透过管理层与员工之间的互动沟通，对同事的尊重，这样才可以建立团队精神。

人才难求，对具备创意、胆识和审慎态度的同事应该给予良好的报酬和显示明确的前途。

3. 商业的存在除了创造繁荣和就业机会之外，最大的作用是满足人类的需求。企业本身虽然要为股东谋取利润，但是仍然应该坚持“正直”是企业的固定文化，这也可以被视为是经营的其中一项成本，但它绝对是企业长远发展最好的根基。一个有使命感的企业家，应该努力坚持，走一条正途，这样我相信大家一定可以得到不同程度的成就。

2002年12月19日

附录 2

李嘉诚所接受的采访

李嘉诚接受央视《面对面》记者采访节选

李嘉诚的第三个儿子

【在香港，李嘉诚被称作李超人，而他的两个儿子也被人们称作小超人。人们用这种方式来形容李氏父子的致富传奇和他们过人的精力。今天，年近 80 岁的李嘉诚仍然保持着忙碌的生活。而在最近几年，公益慈善事业逐渐成为他生活中的重要部分。2005 年初，在接受香港《亚洲周刊》杂志采访时，他甚至把自己一手创立的李嘉诚基金会称作是心中的第三个儿子。】

记者：我很想知道，您怎么会用这样一个概念，怎么会觉得李嘉诚基金会好比您的亲生儿子一样？

李嘉诚：有一个晚上，无端端地就想起来，我这个基金会，一路都是说，每一年摆进去多少，摆进去多少，那么，基金会不是一年年大起来吗？但是，世事难料，你坐飞机也可以出意外，你骤然之间有个疾病，也可以离开这个世界。所以，整个晚上，就完全睡不着。临到天将近光的时候，我说傻瓜，为什么要这么艰难？你有这么多不同的投资，不同的事业，你将这个投资的哪一部分给了，当你有第三个孩子就行。

记者：李嘉诚基金会既然在您的心目当中是您的另外一个孩子，能向我们描述一下，现在基金会有多大？它是什么样子？

李嘉诚：多大啊？现在，还是一个外界不知道的秘密，但是，可以讲，基金会已经足够可以应付了。同时，我自己定下一个规则，基金会现在已经有的资产，跟它增长的积蓄是一直不用的，今年它用多少，做多少，捐多少，我是今年一年就还给它。在我健康状况良好的时候，基金会每年捐的钱都是我额外拿出来的。这个基金会假如今年做 10 个亿，我放进 10 个亿给它。

为慈善事业投资过百亿

【李嘉诚基金会成立于 1980 年，主要在教育、医疗、文化、公益事业几方面进行有系统的资助。根据基金会网站公布的数字，这些年来，基金会已捐出和承诺捐出的款项达到约 76 亿港元。而在今年初，李嘉诚把自己持有的加拿大帝国商业银行的普通股份出售，并宣布由此得到的约 78 亿港元的收入全部捐给公益事业。这笔捐赠成为全球华人圈内有史以来最大的一笔公益事业捐款。】

记者：我注意到，长期以来，您和您的集团已经为慈善公益事业投资过百亿了，那么，很大的成分是放在医疗和教育，这是有您的特别考虑吗？

李嘉诚：有。其实教育是一个社会进步的动力，无论你是什么国家、什么政策，教育都是最重要的。教育能够令社会进步，那么，医疗来讲，是一种关怀，这个社会如果是有进步、有关怀，都是好的。

如果一个社会有进步、有关怀，你这个社会就非常和谐。

记者：我注意到李先生，在您对医疗的投资当中，其中有一个项目是让大家非常感动的，就是宁养服务，“宁养”两个字您是怎么想到的？

李嘉诚：我在香港有一些朋友因肿瘤病过世了，过世之前受过不少痛苦。假如说一个女人分娩的痛苦是 50% 的话，那么这个肿瘤的病症，它痛的时候，是可以达到 100% 的。有一天我去医院看望一个朋友后，就在想，在内地也应该有这样的病症吧，假如家庭环境不好的话，用什么去关怀他呢？后来，我们就先在汕头试点建了一家。他们说这是临终关怀，我说这个名字用得不好，应该说“宁养”。对于有的人，不是治疗，是减轻他的痛苦，今天的药物，可能减轻最少 90% 的痛苦。现在我们在内地已建有 20 家，但这是完全不够的，就是加 100 倍，也是不够的。我不可能将所有的精力都放在这个上，最要紧的就是希望社会上多一点儿人，大家一道来做，这力量就大了，单凭我这个人，是做不大的。

记者：您对教育和医疗的慈善公益事业投入这么大，这跟您幼年的一些经历有什么关系吗？

李嘉诚：有。我是一个非常喜欢读书的人，而童年时因为战争失学一年，再一年、两年，非常希望能够念书，但是，来到香港，因为生活的关系，结果也没有继续念下去。不过，在那一段最困难的时期，我一路都是尽量求进步，尽量抢到多一点学问，到今天，这么多年来，是没有一天停过的。甚至旅行，我还是带着要看的书。还有就是，那时日本人已经占领了香港，我妈妈就带着我弟弟、妹妹回到家乡去了，香港只有我跟我爸爸。每天晚上都听到爸爸咳嗽，可他根本没有看过医生，等到自己知道严重了，才联系公立医院，再过了几个月吧，在医药不够、经济困难的情况下，结果爸爸去世了。所以，这段经历给我留下非常深刻的印象：教育、医疗都是最重要的。

富与贵不是连在一起的

【有人说，李嘉诚有两个事业：一个是拼命赚钱的事业，他名下企业的业务遍布全球52个国家和地区，雇员人数约27万名；另一个是不断花钱的事业，他的投入也足以让他成为亚洲有史以来最伟大的公益慈善家。与财富的这两种打交道的方式和态度就这样奇妙地统一在了李嘉诚的身上。】

记者：您心目当中的快乐是什么？

李嘉诚：有的人虽然长寿，但是一生之中，社会、别人也没有得到他的益处。那么，他这一生是有一点儿浪费了。这个是最要紧的——内心的富贵。我在这里讲，一个人如果衣食住行都无忧了，在有了这个条件之后，那么，应该对社会多一点儿关怀，你可以说义务，也可以说责任。

记者：所以人家说，李嘉诚这么有钱，他根本花不完，所以拿出一点儿去关怀关怀社会。

李嘉诚：其实，拿钱出来，你可以说简单，但付出时间去做了，这个不简单。

记者：您希望我们的世界将来会有越来越多的李嘉诚，会有越来越多的李嘉诚基金才好？

李嘉诚：希望就这样。

记者：您几十年来从事公益事业，是什么东西让您在心里头始终能够保持这样一种激情？

李嘉诚：最要紧的就是内心世界。当你感到世界上有很多不幸的人，那么，你明明有多余10倍、100倍都不止的钱的时候，为什么不用这些钱去帮助那些需要帮助的人呢？做了这些事情，一生之中，也会变得有意义多了。我如果再有一生的话，我还是走这条路。社会要进步，离不开支持关怀，这方面，你可以带给很多百姓幸福安乐。

记者：每个人都会有自己对财富不同的看法，您怎么看待财富？

李嘉诚：有的人相互比财富，但财富不是单单用金钱来衡量的。

记者：那您说，还有什么东西能衡量财富呢？

李嘉诚：衡量财富就是我所讲的，内心的富贵，才是财富。如果让我讲一句，“富贵”两个字，它们不是连在一起的，这句话可能得罪了人，但是，事实上真有不少人，富而不贵。所以，真正的富贵，是你要懂得用你得来的金钱，尽你应尽的义务，作为社会的一分子，你也有责任，希望这个社会更好、更进步，更多的人得到关怀和帮助。这是做人的一个原则。所以说，“贵”是从你的行为而来。

记者：不是冲您的钱而来？

李嘉诚：不是，贵是从你的行为而来。所以，如果你去看我们中国很多哲学家，他们是讲，贵为天子，未必是贵，但是，贱如匹夫，不为贱也。就是一个普通的人，普通大众，低下工作者，不是贱，你天子也不一定是贵。就是看你的一生所做的事、所讲的话，怎么样对人对事，这个是我自己领悟出来的。

记者：怎么能够使一个人内心真正富贵呢？

李嘉诚：你自己能够在这个世界上，对其他需要你帮助的人有贡献，这个是内心的财富。这个是我自己创造出来的，这个是真财富。因为，如果金钱的财富，你今天可能涨了，身家高很多，明天掉下去了，你的财富可以一夜之间变为一半，这是不稀奇的故事。当然我说今天、明天这只是几个比喻，是今年、明年吧，但是在变化，只有你让世上其他人已经得益，这个是真财富，任何人拿不走。

2005 年 11 月 19 日

李嘉诚在汕大商学院与学生交流

问：当企业进行战略调整时，公司内部应进行多方面的变革以适应这种调整。请问，您认为哪些方面的调整最为重要？

答：我个人的经验来讲，最要紧的是要做出正确的方针，但是你做出正确的方针之前一定要拿到最确实的资料，这是绝对不能错的，这是第一点。流动资金，cashflow，你一定要非常留意。因为有的公司有了 profit，但是没有 cashflow 的时候，就容易撞板。还有，最要紧的还是士气，就是公司同事的士气。但原则上，在这个商业社会，员工就是一个宝。还有要注意的就是我刚才讲的，一定要拿到正确的资讯，对你公司所有的业务，你一定要了解，不能够出错。不然，你最好的最有潜力的公司，今天有，明天可能就没有了。

问：面对“知识经济”的浪潮，或者说进入 IT 时代，您认为一个企业应该进行哪些战略调整？

答：IT 时代，其实就是令你所做的实业更有效率，更可以节约时间和金钱。所以，在 IT 时代，需做的战略调整，是怎样可以使你的效率更高，这是 IT 时代最重要的地方。

问：与同行业的企业相比，您认为您名下的企业竞争能力如何？

答：一般来讲，我们到今天为止，99% 的事业都是够竞争力的。在过去的时代，通信不太方便，人们的交流也不太方便。在今天 IT 发达的时代，只要在 Internet 上轻按一下，买家便可比较你的卖价，如果跟不上去，一下子就被淘汰了。所以最要紧的竞争力从你自己的基础开始，你的基础搞得好，你的竞争力就高，很多条件也就能配合得好。我常常讲，一个企业跟我们的一个手表一样，不是电子的（而是机械的），一个齿轮坏了，表就停了。在我来讲，我们每个公司，既有成功，也有需继续改善的例子。自己哪一方面比不上人家，马上改掉。这就是我们经营的方法。

问：请问在新的经济形势下，您怎样看待所从事的传统行业经营？是否看好一些新出现的行业？

答：现在其实我们有很多新的行业，比如生物技术，还有很多现在还没有人知道的行业，我们都在发展。这种行业需要的资金并不太多。但是传统行业如果能够配合新的 technology，就能发展得更好，赚更多钱。我们每一家公司都这样做。除了在香港、内地之外，我们还在国外 27 个国家发展，到今天为止，我们在每一个国家的发展都是非常非常好的。所以传统行业配合 IT 行业那就是 wonderful。

问：许多公司都形成了自己特有的经营管理模式，如内地已有

“海尔模式”。请问李先生，有没有一种“和黄—长实模式”？如果有的话，这种模式具有何种特征？

答：我听说，海尔是做电器的，生产冰箱、冷气机，还有 TV-Set 的。我们是一个国际公司、综合企业，包含非常多不同的行业。我们的模式，原则上是西方管理理念，糅合中国文化的特色。外国有很多 QuarterCEO，表现得不好，就得下台。但我们不会有这样的情况，我们是一家很有人情味的公司。比如一个行业，每一个同行的业绩都跌了 90%，我们只跌了 60%，这个 CEO 我还要奖励他。但是假如有一个行业，人家赚的是 100 块钱，我们赚 80 块钱，那我就会问：为什么人家赚得这么多，你赚得这么少？还有，因为外国的管理模式都是讲效率的，中国人的文化就是有人情味，你要看看情况。同时，我们的规模不算小，我们其中有的公司在世界 500 强排第 90 名，其他排在第 200 名的也有。海尔是内地一个做电器非常成功的公司，他们最初的时候是引进德国技术做冰箱，一般来讲，他们现在的发展也是非常好的。我们跟他们的 manufacture 不一样，我们也有制造，但是不同行业，我们差不多很多行业都有。我们有石油，从开采到加油站、煤油都有。在外国，我们的集装箱码头也是全世界最大的。我们今年处理的集装箱，差不多是三千万个以上。电信我们也做得不少，在很多国家，现在发展到第三代无线电话。所以我说资讯是非常重要的。现在很多报纸都说这个第三代电话会延迟啦，还有一年，明年怎么可以开始啊，其实我已经看到这个手机，日本在月底会有 5000 个人拿着（第三代）手机试用，这是成功的。所以我简单来讲，我们说 information 是最重要的。海尔是一个成功的例子，但是我们是在不同的行业。

问：关于Orange的决策是您做出的吗？

答：Orange是一个奇迹。大概是11年前，我们同时做两个行业——一个是单向的无线电话，只可以打出，人家不能打给你。同时我们又去注册Orange这个PCS无线电话的品牌。自己亲自去试听新电话，声音很清晰，我们就开始（做）了，后来做得非常成功。但是，最后为什么卖，到今天全世界很少有人知道。那个时候，价格就高得不得了。人家来到香港给我们一个300亿美金的offer。但是他们也不是唯一买家，也有人出差不多的价格。我就认为应该马上卖，假如我们做第三代电话，要做到同样多的顾客，我只需花120亿美金。第二代电话具有的特色，第三代全部都有；第三代有的data，第二代却做不到。所以结果就是从认识到成交不到2个小时，亦成为世界上金额较大的单一交易，同时也是赚钱最多的。

问：以前香港商人说过“到大陆做生意都带着公关”，现在他们说“到大陆做生意要带着律师和会计师”，这句话生动地描述了内地投资环境的变化。请问您认为大陆的投资环境是不是发生了这些变化？您认为大陆的投资环境与其他国家和地区相比有何优劣？

答：这里有省、市的领导，还有记者，可不可以讲真话？（全场鼓掌）就是带着会计师，还有皮包，（我们是正正当当做生意的），带着律师，准备非常充分，有的时候也会出毛病。我们国家是全世界最大的国家（以人口来讲），潜力最大。但是过去啊，外边的人在国内投资，吃亏的也不少。国家中央和外边的人签约，是全世界名誉最好的，百分百遵守合约。但是城市、地区的纪律现在有的也不好。所以无论我们领导也好，省、中央的领导也好，市的领导也好，真的要检讨。

外边投资有外边的好，西方国家一般来讲对合约的真诚度是比较重视的。国家开放到今天，不过是 20 多年，所以我相信会慢慢改进的，尤其是加入 WTO 之后。所以，虽然我们也看到有麻烦，但不是太多，我还是有信心的。

问：请问李先生，您记忆中最艰难的是哪一段时间？面对这些困难时，您是如何成功渡过的？

答：艰难的时间就非常艰难啦。我在 1950 年开始创业，那个时候我只有 5 万块港币，最困难的当然是财政。那个时候我已经有了工作经验，所以除了一般跟同业的竞争之外，还有一个长处，就是我肯求取行业最新的知识。其实我不是做生意的材料。因为第一，我这个人怕应酬；第二，我不懂得奉承；第三，诚信的事，我答应人家，就一点儿也不失信，我是守信用的，但是人家答应我的，就未必是很守信用。生意虽然困难，但是因为我肯求取新的知识，肯创新、用功，故事业能不断发展。一方面就是对付自己平常的业务，一方面就是创新。创新虽然有时也会失败，但是有的也成功，成功那个就赚大钱了。所以我觉得这是我的经验。困难啊，我今天跟你讲，就是一种锻炼的形式。

问：李先生手下有许多杰出的高层管理人员，可谓“卧虎藏龙”。请问您是如何降龙伏虎，激励和约束他们，使得他们既能接受管理，又保持自主性和创造性？

答：很幸运，我跟员工的关系非常好。我自己曾经也打过工，受过薪，那我就知道员工的希望是什么。我们集团高级行政人员流失率比香港任何一家大公司都要低，过去 10 年低于 1%。要吸引及维系那些好的员工，要给他们好的待遇及前途，让他们有受重视的感觉。当然还要有良好的 check and balance 制度，这是一定要有的，不管怎么样，都要有个制度，不能山高皇帝远，一个人啊，好的也会变坏。还有一个，我老是在说一句话，亲人并不一定就是亲信，一个人，你要跟他相处，日子久了，你觉得他的思路跟你一样是正面的，那你就应该可以信任他。如果有一个表弟，表弟是非常亲的啦，如果你用人唯亲的话，那么企业就一定会受到挫败。如果是一个跟你共同工作过的人，工作过一段时间后，你觉得他的人生方向是正确的，你交给他的每一项重要的工作，他都会做，这个人就可以做你的亲信。

问：做生意，您认为什么最重要？作为一个生意人，您认为一个人的品德是关键吗？还有，您认为我们的学校教育应注重品德教育还是能力教育？您的经营之道是学老子、佛家还是儒家的？

答：正规的教育我受得非常少，但是，我小时候就懂得要牺牲时间，不看小说，而看对我这一生有重大关系的书。但是，就我的哲学来讲，我掺入了儒家，也掺入了佛家，即佛教，也掺入了道家。你不开心的时候，拿这些书来看一看，你的心可以静一点儿。如果说品德跟能力，我们中国好像有这样一个说法，乱世的时候，你要看重大臣的能力，但如果太平盛世，你要看他的品德。但是原则上，你可能说我守旧，我是把品德看得更重要。一个人有能力，但你要派三个人每天每小时都看着他，那么这个企业怎么做得好啊！

问：现在无论怎样大的企业，只要战略上有一点儿过失，都会使企业损失巨大，您是如何防止贵企业不犯这样的错误？

答：这个问题容易答复。防止人家犯错，就要知人善任，每一个主导的人，一定要知道cashflow的情况。好像一些大企业，世界有名的霸菱银行，一个小小的officer，他买空卖空，去日本买卖期货就可以将它搞垮。另外，就是不要太贪心，要步步为营。现在经济全球化，但这个原则是绝对不能随便变动的，应该多听听行政人员的意见，不能刚愎自用。

问：人的成功离不开机遇。请问李先生，机遇在您的事业发展中是否发挥了作用？人怎样才能抓住机遇？

答：坦白来讲，我1950年或是在我12岁开始工作的时候，是全靠努力、勤力、求知，甚至到我开始创出我的事业的时候，最初五年也不是靠机遇，全是靠我自己的努力创造来的。后来公司越做越大，机遇也就多了。最要紧的是充实自己，多知道外面的事，无论政治、经济，最准确的行情你都要尽量知道。因为你充实了你自己，机遇来的时候才能有能力去抓住它。假如一个人懒，马马虎虎地过日子，机遇就是跑到你面前来，你也抓不住机会。还有，你去找机会难，但是机会来找你容易。因为我公道公正，以前很多跟我合作的人到今天为止，并没有一个不高兴的。很多年来，很多机遇都是跟我合作的人追着送给我的。

问：我想再问一个机遇的问题，当您发现一个发展机遇，而您的意见与其他人的意见相左时，您怎么处理？

答：这一点啊，就是你自己，这个主持人应该知识面广，同时一定要虚心，听听专家对这个行业有经验的意见。我常常是这样，假如一个方案交来，我认为是不好的话，我还是非常虚心地听。有的时候，可能90%和你所想的一样，并不是好的方案，但其中十分之一他讲的可能是你不知道的。那么你查了之后，可能这 Ten percent 就是成败的关键。所以做人要虚心，肯听人家的话，不要自以为是。当然，自己作为一家公司的最后决策者，一定要对你的行业有相当深的了解，不然的话，你的判断力一定会错。不少公司的这个主持人平常就马虎一点儿。一旦马虎了，这个公司就是再大，也会撞板。这是今天的时代，今天跟从前有一个不同，传统的行业错不了多少，但今天的决定错了，可以错得非常离谱。所以说，你要虚心听听人家的意见，还有你要吸收这个行业专家的意见，仍要加上你自己的 knowledge，才好做一个决定。

问：李先生，您的经营理念是什么？

答：在一个商业社会，商人是赚得越多越好。自由的事业，有的机会送到你面前，非常非常吸引你。法律也准许，一般人也是认可，这个事业也是可以做的啊。但如果我对这业务心中有着疑问，我认为是不应该做的，我情愿牺牲这赚钱机会。如果记者先生不写这个的话，我就讲出来。我们在外国一个地区有很大的投资，连机场、高尔夫球场也有好几家，还有 8 万英亩，差不多 50 万亩。那么这个国家的 prime minister 给我一个赌场的牌照，这是配合他整个旅游区的牌照啦。我公司的经理知道我不喜欢这类事，他给我一个提议，说这个是最没本儿的生意，就是不用本钱，又有钱赚的。将这个牌照先租给其他的外国人经营，租金 1.5 亿美金。当时我就说写上“放弃”，绝对不可以经营这个事业。后来这个国家的 prime minister 来香港找我，他说：“整队兵跟着我要牌照，我给你，因为你有大的发展在这里，你为什么不要？你公司的同事要我来游说你，说这是个好事业。”我们开会说，要另造一个房子，在酒店外面，让其他的人做赌场，你要给哪个人牌照三年，我们就租给他三年。所以我那边管这部分的经理常常讲："我们的主席啊，最容易的生意他就不要，辛苦得不得了的他做。"这是我的经营概念：可以赚的钱应该赚，不过要合法合理。在今天的竞争社会，你如果在美国读 MBA，会教你怎么样可以赚 last penny，可以怎么样赚到最后一分钱。我们中国人的想法是，赚钱好，但是对人有害的事情不做。

问：您在百忙之中如何学习"先进的知识"？又是如何保持充沛的精力的呢？又是如何处理与周围人之间的利益关系的呢？

答：第一呢，一个人如果在社会工作，你要保持一个好的体魄，就学识来讲，有所取，有所舍。电视要少看一点儿，小说要少看一点儿。跟你的行业有关的你一定要看，保持充沛的精力，脑子要静下来，不要太烦。作为人与人之间的利益关系啊，就是要公道。但是公道并不是说将你袋子里的钱放到对方袋子里。这样的话，那你也不用念 MBA 了。我不算有充沛的精力。因为最近我晚上看书，10 个晚上有 9 个晚上书是放在这里（手指着胸部）就睡着了。从前，我看书，我就不理时间，看完为止。现在有些时候我不睡，他就自动睡了。（笑声）

问：作为一个管理者，个人的人格魅力是非常重要的，请问李先生，您认为您的人格魅力主要体现在哪些方面？您是怎样培养您的人格的？

答：我啊，其实长得也不英俊，最要紧的是要以诚待人。如果你没有诚意，你周围的人迟早都会离开你。还有，一个企业，不止是靠一个人，是靠大家的。单单你一个人，再有能力也没有用。秦末的时候，项羽是非常勇敢的，打仗也是打得非常好的。但最后失败了。这就告诉你，你再有魅力，单靠自己也成不了事。你要以诚待人，还要有个好的组织，否则，你就是再出名、再能干，也难成事。大企业都有制度，有好的组织，有好的人员，每个人都帮助你的话，你一定能成功。

问：商学院学生要培养哪些素质？

答：好奇，是其中一个，有探索的好奇心。但今天在座的诸位，最要紧的一个，英语啊，我建议大家学好。我们在香港啊，英语一定要好。因为将来面对的是一个新的管理模式。第二个呢，你在这个外企、华企，多听听这个社会的经营者的讲座。会计方面也要注意，多听一下那些有经验的人的讲座，也要记笔记。最重要的是要充实自己，你要多看书。但是有的书呢，如果我介绍给你们也不公道，因为一些外国的书只有西方构思，有的话讲得对，但它的经营方式是西方的。有的非常右派，讲的是没有结果的。在知识经济时代，将来的贫富差距越来越大，如果你的知识不高，将来的机会更少。以过去几十年来讲，低素质、低知识的人，在西方国家，他们的生活条件、生活收益因为有通货膨胀而受限制；知识水平高的，一路涨上去。你们这里的，可以说是“天之骄子”啊。

问：您从未出过一本专著，把自己的经验、秘诀流传给后人。请问您在这方面有何打算？

答：当时曾有人向我提出，但我不想。书我会写，但想过只是写给两个儿子看，怕有些地方会得罪人。叫我写假话，我平常都不讲假话，写书怎么讲假话。书是希望会出，因为不是标榜个人，可能对年轻人有的时候也有用。他们以为现在这个时代只要争取到第一就不择手段，其实我们中国人最古老的文化、最基本的做人方法才是成功的基础。就是说要勤奋、守信，建立自己的信用，不乱花钱，多学多求知。这是你将来的成功秘诀。

2002 年 5 月 17 日

附录 3

李嘉诚生平大事

1928 年 7 月 29 日：李嘉诚出生于广东潮州。

1940 年：12 岁的李嘉诚随父亲移民香港。

1943 年：李嘉诚父亲病逝，李嘉诚为了生计，找到一份茶楼跑堂工作。

1945 年：李嘉诚进入一家钟表店当学徒。

1947 年：李嘉诚进入一家五金厂做推销员。

1948 年：李嘉诚升任塑胶花厂总经理。

1955 年：李嘉诚开始创业，创办长江塑胶厂。

1958 年：李嘉诚在北角购得一块地皮，正式进入房地产市场。

1963 年：李嘉诚与庄月明结婚。

1967 年：地价暴跌，李嘉诚低价购入大批土地储备。

1971 年：成立长江地产有限公司。

1972 年：长江实业上市，李嘉诚被人瞩目。

1979 年：李嘉诚收购老牌英资商行——和记黄埔 22.4% 的股权，成为首位收购英资商行的华人。

1984 年：李嘉诚购入香港电灯公司的控制性股权。

1986 年：李嘉诚进军加拿大，购入赫斯基石油逾半数权益。

1987 年：李嘉诚连同李兆基和郑裕彤一起获得温哥华 1986 年世界专览会旧址的发展权。

1990 年：李嘉诚妻子庄月明病逝。

1994 年：李嘉诚管理的企业税后赢利达到 28 亿美元。

1995 年：长江实业的市值超过 420 亿美元。

1999 年：长江实业集团税后赢利达 1850 亿港元。

2000 年：长江实业集团总市值约为 8120 亿港元。

2009 年：长江实业总市值约为 10000 亿港元。

2010 年：李嘉诚竞购法国电力集团旗下部分英国电网业务。

2011 年：孔子学院把成就李嘉诚的一道功夫茶传奇故事搬上国际频道，中英文全球推广。

2012 年：李嘉诚于福布斯富豪榜排名第 9，为亚洲首富。

2013 年 1 月 10 日：美国财经杂志《福布斯》公布，李嘉诚财富增至 300 亿美元，稳坐香港首富宝座。